天皇陵

「聖域」の歴史学

外池 昇

講談社学術文庫

学術文庫版のまえがき

本書『天皇陵』の原本は、平成十九年（二〇〇七）七月に新人物往来社から発行された『天皇陵論――聖域か文化財か』である。これにはさらに原本があって、やはり新人物往来社による『月刊歴史読本』平成十七年一月号から翌平成十八年十二月号まで計二十四回にわたって連載した「天皇陵入門」が、『天皇陵論』の基本になっている。もっとも連載の単行本化に際しては大幅に加筆修正等をしたので、連載の時の原型は保たれていない。ただし、その『天皇陵論』の講談社学術文庫への収録に際しては、誤記の訂正、表記の統一等を除いては本文には基本的に手を加えないこととした。

私は、本書で取り上げたような天皇陵に関するさまざまな事柄は、一部の研究者のみが考えていれば良いようなものではなく、広く社会一般に対して語りかけ続けられなければならないと思っている。本書が講談社学術文庫の仲間に加えていただくことによってより多くの読者を得ることになったのは、望外の喜びである。

私はこのような考え方のもとに天皇陵について話したり書いたりしているのであるが、この際これに関連して常々思っていることなど二、三書き記しておくことにしたい。これは、これから本書を読もうとしている読者の皆さんにも関心のあることでもあると思う。

第一には、天皇陵に対しては実にさまざまな考え方があり、そのことは天皇についてどう考えるかとか、どう評価するかとかという大きな問題に直結する性質のものだということである。そして、そのようなさまざまな考え方があることについて、充分謙虚であることは必ず求められる。

すなわち、天皇陵について長い間、深く考え続けようとするのならば、さまざまな考え方の人びとのさまざまな意見に総ての先入観を捨てて実直に耳を傾け続けることが必要なのである。それができないようでは、当然天皇陵についてのさまざまな史料にも先入観を持たずに接することはできない。これは、歴史学の方法によって天皇陵について研究するためには致命的である。

二番目には、自分はどのような方法によって天皇陵を研究しているかについて、常に充分な自覚を持っていなくてはならないということである。私は歴史学、なかでも近世史・近代史の方法によって、つまり近世・近代の文献史料を通じて天皇陵を研究しているのであるが、天皇陵の研究の方法は、何も歴史学の方法に限られるものではない。例えば、考古学の方法による天皇陵の研究も大変盛んである。方法が違うということは、学問の領域が違うということである。ともに手を取りあって研究しようというならそれはそれで喜ばしいことであるけれども、方法が違うのであれば、そのことについては大いに自覚した上で進めなければならない。

三つ目は、自分の研究成果を発表しようとするに当たっては、できるだけ分かりやすい言葉によらなければならないし、そのためには努力と時間を惜しんではならないということである。右にも述べたように、研究成果にはさまざまな考え方の人びとに接してもらうことが重要である。そうだからこそ意味があるのである。しかし、さまざまな考え方の人びとに研究を理解してもらうのはそうそう容易なことではない。仲間内で通じる言葉ばかりを使うだけでは、伝えられる範囲も自ずと狭小なものになってしまう。そんなことではいけない。

本書は今から十二年前に出版された拙著の文庫化ではあるが、右の三点についてはその頃から自らに課してきたつもりである。

なお文庫化に際して、表３「平成十九年～令和五年の式年一覧」は、旧著の表に大幅に加筆したものである。また、巻末には補足として「今後の天皇陵」と「世界遺産と天皇陵」を加えた。

さて、読者のみなさんはどのようにお考えであろうか。天皇陵についての新たな議論の出発点になれば幸いである。

令和元年八月

著者識

まえがき

本書で明らかにしようとするのは、天皇陵が「聖域」とされていることの理由である。そのために、宮内庁によって天皇陵とされている古墳は、学術調査目的のために公開されていないのである。

今日宮内庁が天皇陵、また、陵墓として管理するものには、この国の貴重な文化財である巨大古墳が多く含まれている。それらの巨大古墳は、宮内庁によって管理されているために学術調査の対象から切り離され、文化財の保存と活用（公開）を目的とする「文化財保護法」による史跡指定を受けることなく今日に至っている。つまり、この国の歴史が繙《ひもと》かれるにあたって多くの巨大古墳が事実上除外されてしまっているのである。取り上げられるにしても、おおむねどのような形状であるとか、どこにあるとか、造営するにはどのような労力が必要であったか、などといったことがテーマとなるにとどまる。もちろんこれらの事柄も重要ではあるが、もしこれらの巨大古墳が学問のうえで本格的に研究・学術調査の対象となっていれば、この国の国家形成期の歴史を、そして、同じ頃の東アジアの歴史を、どれだけ豊かな奥ゆきと拡がりをもって描くことができるのか、容易に想像することすらできない。

このように、多くの巨大古墳が宮内庁によって陵墓として管理されていることは、とても大きな損失である。これは、学界にとって損失であるというにとどまらない。広く社会一般にとっての損失である。この国がどのようにして成立しどのような発展を遂《と》げてきたか。その礎《いしずえ》を知ることが社会一般の関心事でなかろうわけがない。

それにしても、なぜこのようなことになったのか。その問題に取り組もうとするのが本書である。ここでひと言述べておきたいことは、本書における研究の基本が歴史学、なかでも近世史・近代史にあることである。ともすると天皇陵をめぐっては、考古学や古代史の問題として捉えられる機会が多いが、実は近世史や近代史の視点から研究を進めないと解くことができない問題が極めて多い。本書は、このようないわば天皇陵研究法の面でも新たな視点を提起することを意図したものである。

なお本書は『月刊歴史読本』（新人物往来社）の平成十七年（二〇〇五）一月号から平成十八年（二〇〇六）十二月号にかけて連載した「天皇陵入門」第一回〜第二十四回を基礎とするものであるが、本書の刊行に当たって書名を『天皇陵論――聖域か文化財か』とするとともに構成を全面的に改め、総ての部分にわたって大幅に改稿し、書名に掲げた主旨が読者の皆さんに明確に伝わるように努めた。本書が読者の皆さんにとって天皇陵について考えるためのひとつの手掛かりになれば、著者としてこれに過ぎる喜びはない。

著　者

目次

天皇陵

「聖域」の歴史学

〔例　言〕

陵とは天皇・太上天皇（すでに退位した天皇）・太皇太后（先々代の天皇の皇后）・皇太后（先代の天皇の皇后）・皇后・北朝天皇の遺骸が葬られている場所、墓とはこれ以外の皇族の遺骸が葬られている場所をいい、陵墓とはその全体をいう。つまり、天皇陵とは陵墓のなかのひとつのカテゴリーである。とはいいながら、天皇陵をめぐる問題は、陵墓全体をめぐる問題の核心であり象徴である。本書では書名、また各章のタイトル等では基本的には天皇陵と記したが、陵墓全体をめぐる問題を含んだ表現とご諒解いただきたい。

また、本書は広く社会一般を読者に想定しており、わかりやすい記述であることを何よりも心がけた。そのため史料の引用にあたっては、一般にわかりやすい表記に改めた。例えば、漢文は読み下し文に改め、カタカナ交じり文はひらがなに改め、適宜句読点を加える等した。その際、表記を改めたことを個別に註記した。

はじめに――天皇陵と宮内庁

読者の皆さんのなかには天皇陵を訪れたことがある方は多いことと思う。天皇陵を訪れると、陵道と言われる道に導かれて、鳥居・石灯籠を配し玉砂利を敷き詰め荘重を極めた雰囲気を持つ拝所《はいしょ》に行き着く。そこには何天皇の陵なのかを記した宮内庁による制札が立てられ、管理人のための番小屋もある。場合によっては、鳥居の向う側には水をたたえた周濠《しゅうごう》（古墳の周囲の池）が見える。その先にようやく認められる天皇陵の本体は常緑樹から成る林に覆われていて、葬られているはずの天皇の遺骸を納める場所はどの辺りにあるのかと目を凝《こ》らしたところで、内部の様子は容易に窺い知ることはできない。天皇陵を訪れた人びとの多くは、宮内庁の制札に示されたとおりの天皇の遺骸が確かにそこに納められていると考えるであろうし、天皇の御霊《みたま》が宿るのでは、とまで思いを馳《は》せる人も少なくはないことであろう。

この国の歴史における天皇の占める位置については、ここで改めて述べるまでもない。『日本書紀』『古事記』のいう初代神武《じんむ》天皇以降何代かの系譜をどのように解するかとか、またこの国が倭《わ》といわれていた頃に、未だ大王《おおきみ》と呼ばれていた時期をも含めて今日一括《ひとくく》りに天皇と称していること等については、また別に取り組むべき問題としても、天皇が、古代史から中世史・近世史・近代史、そして現代史までを通じて多くの足跡を残し、また多くの問題をも投げ掛けてきた存在であることは間違いない。そのような天皇が眠るとされる天皇陵が今なお関西地方を中心に宮内庁の管理のもとに存し、時折天皇陵を訪れる人びとは、右に述べたような風景・雰囲気に接することになるのである。

しかし本書は、いまみたような宮内庁が管理する天皇陵には宮内庁による制札が示すとおりの天皇の遺骸が葬られていて、そこには確かにその天皇の御霊《みたま》が安らかに眠っている、という前提には立っていない。果たして本当にそうなのかどうかということをいちいち検証しながら、その周辺の事柄についてもゆっくりと議論を重ねていきたいと思うものである。

宮内庁の組織

天皇陵を管理するのは、宮内庁（東京都千代田区千代田一－一）である。宮内庁の組織は図1「宮内庁組織図」のとおりである。同図は、本書で述べる事柄に関する事項については詳細に記してある。

さてこのうち天皇陵、また陵墓一般に関する事柄を管轄するのはどの部局であろうか。同図をみれば何よりも書陵部が眼にとまることであろう。書陵部に属する陵墓課は陵墓管理係と陵墓調査室から成り、陵墓の管理・調査・考証に関することの事務をつかさどることが「宮内庁組織令」に規定されている。

さらにみれば、書陵部にはもうひとつ陵墓に関する部局がある。陵墓監区事務所である。陵墓監区事務所は多摩陵墓監区事務所・桃山陵墓監区事務所・月輪《つきのわ》陵墓監区事務所・畝傍《うねび》陵墓監区事務所・古市《ふるいち》陵墓監区事務所から成る（表1「陵墓監区事務所一覧」）。陵墓監区事務

陵墓監区（陵墓監区事務所、所在地）	管轄都府県
多摩監区 （多摩陵墓監区事務所、東京都八王子市長房町1833）	山形県・栃木県・東京都・神奈川県・新潟県・長野県
桃山監区 （桃山陵墓監区事務所、京都府京都市伏見区桃山町古城山）	京都府・大阪府・兵庫県・岡山県・広島県・山口県・福岡県・佐賀県・長崎県・熊本県・宮崎県・鹿児島県
月輪監区 （月輪陵墓監区事務所、京都府京都市東山区泉涌寺山内町34－２）	富山県・石川県・滋賀県・京都府・兵庫県・鳥取県・島根県
畝傍監区 （畝傍陵墓監区事務所、奈良県橿原市大久保町71－１）	岐阜県・静岡県・愛知県・三重県・奈良県
古市監区 （古市陵墓監区事務所、大阪府羽曳野市誉田6-11-３）	大阪府・兵庫県・奈良県・和歌山県・徳島県・香川県・愛媛県・高知県

表１　陵墓監区事務所一覧

所は日常的な陵墓管理に関することをつかさどる部局であるが、同表を一見すればわかるように、各陵墓監区の所轄の区分は単純な地域別というわけではない。ことに、兵庫県が桃山・月輪《つきのわ》・古市《ふるいち》の三監区に、京都府が桃山・月輪の二監区に、そして大阪府が桃山・古市の二監区に分けられていることは特徴的である。

さて宮内庁による陵墓に関する業務は、この陵墓課（陵墓管理係・陵墓調査室）と陵墓監区事務所によって総て尽くされているのであろうか。以下、本書全体を通じて考えていきたいテーマである。

陵墓の種類・所在地

右にみた各監区が所轄する都府県は計三十三都府県である。これに基づくと、各監区が管轄しない道県は、北海道・青森県・岩手県・宮城県・秋田県・福島県・茨城県・群馬

図1　宮内庁組織図
＊令和元年５月１日現在の組織図では、東宮職はなく、上皇職と皇嗣職がある

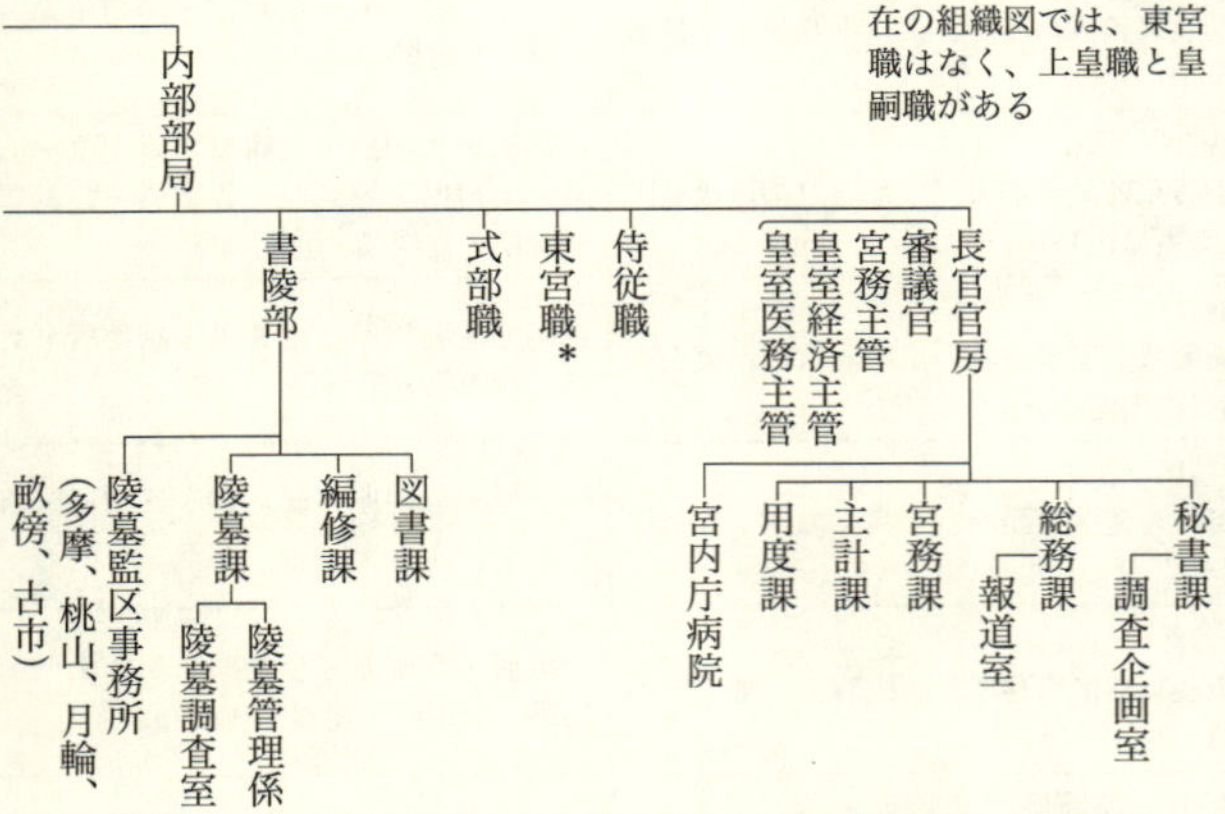

県・埼玉県・千葉県・福井県・山梨県・大分県・沖縄県の十四道県ということになる。つまり、この十四道県には陵墓はないのである。

　このうち北海道は明治二年（一八六九）七月八日に開拓使が置かれるまでは松前《まつまえ》を除いて蝦夷地《えぞち》として異域の地とされており、沖縄県は明治十二年（一八七九）四月四日の沖縄県の設置までは尚氏《しょうし》王朝が存していたのであるから、北海道と沖縄県には天皇陵がありようもないことは歴史的にみてもよくわかる。とはいっても、残り十二県以外の三十三都府県にいずれも宮内庁の管理する天皇陵があるということではない。

　宮内庁が管理するのは、天皇陵に限られているわけではないのである。陵とは天皇・太上天皇（すでに退位した天皇）・太皇太后（先々代の天皇の皇后）・皇太后（先代の天皇の皇后）・皇后・北朝天皇の遺骸が葬られて

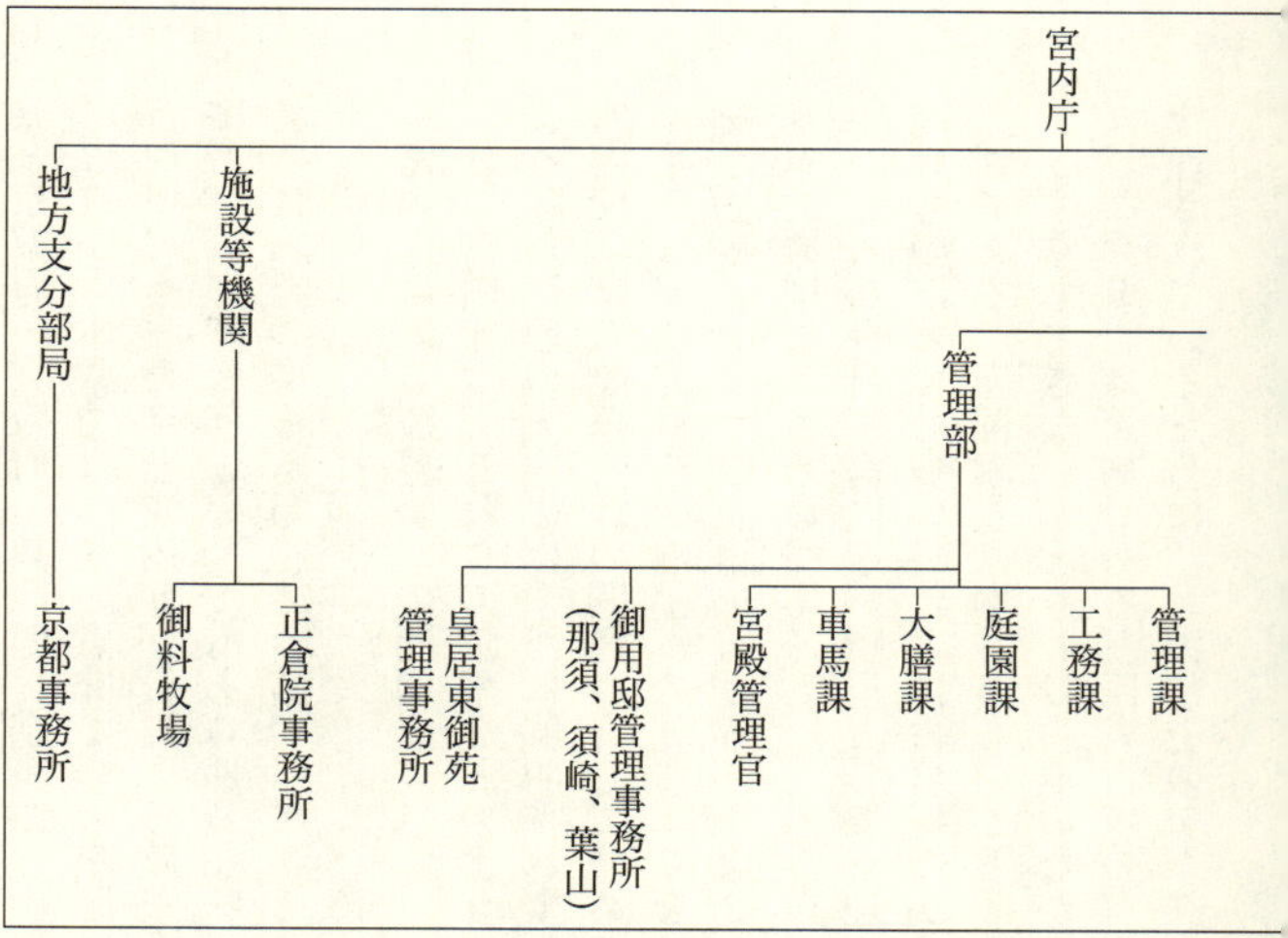

いる場所をいう。また、天皇の遺骨が分骨された分骨所、天皇が火葬された火葬塚《かそうづか》、火葬に付された天皇の遺骨の灰を納めた灰塚《はいづか》、皇子・皇女等や宮家といった皇族の墓、天皇の髪・歯・爪を供養した髪歯爪《はつしそう》塔・塚、分骨された遺骨を埋葬した皇族分骨塔、遺骸を仮に安置した殯斂《ひんれん》地、白鳥と化した日本武尊《やまとたけるのみこと》が停まりその霊廟《れいびょう》とされる白鳥陵、被葬者《ひそうしゃ》（そこに葬られている人）が特定されない陵墓参考地、そして陵墓の本地から離れた陪冢《ばいちょう》・付属地である陵墓飛地といった、実に多岐に及ぶ場所が天皇陵とともに宮内庁によって管理されている。ことほどさように陵墓の内容は複雑である。

　これらを総称して広く陵墓と称するのである。右にみた陵墓の存する三十三都府県というのは、この広い意味での陵墓のうちの少なくともいずれかが存するということなのである。天皇陵に限ってみれば、東京都・滋賀県・京都府・大阪府・兵庫県・奈良県・山口県・香川県の八都府県に存する。

これから本書では、狭い意味での天皇陵に限らない、計四百六十か所にのぼり全国三十三都府県にもまたがる宮内庁が管理する陵墓を総じて考察の対象とする。当然陵墓全体のなかでも、天皇陵は何といってもあらゆる意味で中心をなすものであり、陵墓をめぐる問題を考えるにあたって最も重視されるべきであることは言うまでもない。

宮内庁による陵墓管理の問題点

さて宮内庁は、これらの陵墓をどのように管理しているのであろうか。もちろん宮内庁による陵墓管理の実態には未だに解明されていない部分も多い。しかし以下に述べる二点は、宮内庁による陵墓管理の問題点として極めて重要である。

第一は、研究目的の内部への立ち入りを一切認めないということである。これは、陵墓で安んじる「御霊《みたま》」の静謐《せいひつ》を妨げるようなことがあってはならないという宮内庁の陵墓管理の基本的原則によるものである。

ところが今日、宮内庁が陵墓として管理するもののなかには、文化財としての価値が大変高いものがとても多い。ことに古墳、なかでも巨大古墳が陵墓とされている場合には事態は深刻である。発掘調査はもちろんのこと、墳丘、つまり古墳の表面を歩いて表面観察をすることすらもできない。とりわけ古墳のなかでも中核的な位置を占める巨大古墳についてみれば、なお事態は深刻である。巨大古墳の有力なもののほとんどが宮内庁によって陵墓として管理されているために、考古学上のデータが極端に制限されてしまっているのである。

これは、古墳研究の上での著しい障碍《しょうがい》以外の何ものでもない。もちろん何がなんでも発掘をしなければ古墳研究が全くできないということでもないし、性急な発掘が古墳の破壊にほかならないというのも確かである。そして、それが古墳である以上、たとえ天皇陵でなくとも人の遺骸が葬られた場所であることには違いはないのであるから、被葬者に対する尊厳の気持ちも決して忘れてはならない。

しかし、研究者が墳丘を実地に観察することすらもできないというのは、古墳時代の研究、ひいては古墳の研究ということについていえば致命的である。古墳時代は、この国の国家形成期ともいえるおよそ三～七世紀に当たる。その国家形成期の研究に大きな空白が宮内庁の陵墓管理によって必然的に生じるということは、古代史に限らずこの国の歴史、あるいは広く東アジアの歴史の解明にとって大きな損失である。これは、学界のみならず社会一般の損失でもある。

第二には、陵墓には本当は誰が葬られているのかということである。先にもみたとおり、宮内庁は被葬者をそれぞれの陵墓の制札によって明示しているが、その宮内庁によって決定されている被葬者は、学問のうえでの手続きを経てのことなのであろうか。もし、その被葬者が正しくなかったことが学問的に明らかになった場合には、宮内庁は被葬者を学問のうえでの手続きを経てより適当な被葬者へと改めるのであろうか。

そもそも宮内庁はどのようにして被葬者を決定したのであろうか。ここで古墳が陵墓として管理されている場合について焦点を絞っていえば、一般にこの国の古墳は被葬者を決めることが大変難しい。なぜなら、この国の古墳には被葬者の名を示す、例えば墓誌《ぼし》（被葬者の事績などを石碑に彫り込むなどしたもの）のようなものが全くみられないからである。つまりこの国の古墳は、もともと後世の人びとが被葬者が誰であるかわからないように造られているのである。

とはいえ、宮内庁とても何の根拠もなく被葬者を決定できるはずはない。宮内庁にも宮内庁なりの根拠はあるには違いない。それはいったい何なのか。この点も本書で取り上げることにしたい。

もちろんわれわれは、この古墳の被葬者は誰である、あるいは誰という可能性が高い等という報道や研究にしばしば接することがあるが、それは、その時々の学問の水準でのいわば解釈である。つまり、学問の進歩・発展によって、古墳の被葬者はかわる可能性があるのである。

それならば、宮内庁が少なくとも何らかの形で被葬者名を明示しようとする際に、学問のうえでの手続きを多少なりとも取り入れる姿勢があるのならば、学問の進歩・発展と連動して変更することができるだけの余地を残した明示の方法でなくてはならない。ところが実際にはそうはなっていない。例えば百人の研究者がいたとして、その百人が百人とも宮内庁によって決定された陵墓の被葬者は間違っていると断ずる場合でも、宮内庁は決して被葬者を改めることはない。それはいったいなぜなのであろうか。

宮内庁による陵墓管理は、このように一見してとても理解しにくい。それは単に学界にとって理解しにくいというだけではなく、広く社会一般にとってもわかりにくいものである。また、宮内庁も国の一機関である以上その陵墓管理のわかりにくさは当然国会での質問の対象となっており、そのたびごとに宮内庁はみるからに苦しい答弁の繰り返しを余儀なくされている。

それにもかかわらず、宮内庁は陵墓の管理についての右にみたとおりのあり方を決してかえることがない。とはいってもこのような事態に立ち至った責任を、単に宮内庁の保守的な態度に求めて責め立てるだけでは建設的な議論の組み立ては望むべくもないであろう。このような宮内庁による陵墓管理は、どのような経緯をたどって今日に至ったのか。また、いったい何を目的としたものであるのか。そのことも含めて、われわれは考えなければならないのである。

本書をはじめるにあたって、最新の動向や研究成果を充分に取り入れた内容であることをお約束したい。歴史学・考古学の研究が日進月歩であることは、何もこの分野に限ったことではない。ことに天皇陵をめぐる問題については平成十三年（二〇〇一）四月一日「情報公開法」（正しくは「行政機関の保有する情報の公開に関する法律」）の施行以降、宮内庁、ことに書陵部陵墓課が保管する歴史的資料が一挙に公開されて研究に生かすことができるようになり、これまでの研究の空白が一挙に埋められようとしているのである。それにともなって研究論文等の数も飛躍的に増加し質の向上もまた著しい。本書では、このような新しく研究の俎上《そじょう》に載るようになった資料にもとづいた議論を随時取り入れることにしたい。

また読者の皆さんのなかには、すでに日頃から歴史学や考古学の著作や論文等によく接し、専門的な文章にも理解の深い方もおられるであろう。しかし、本書ではじめて天皇陵なり古墳なりに関する文章に接する方ももちろんおられることと思う。本書では一貫して、できる限り読者の皆さんのすべてにわかりやすい内容や表現を心がけ、議論も具体的なものとすることとしたい。ただし当然のことながら、天皇陵なり古墳なりに関する事柄について本格的に取り組む以上、ある程度の専門用語の助けをかりて論じなければならない場合が出て来ることは避けられない。そのような場合には、はじめて出てくる場所でわかりやすい説明をすることにする。

本書によって、多くの方がたが天皇陵をめぐる問題に関心を持たれるようになり、天皇陵はどうあるべきか、文化財として公開されるべきなのか、それとも聖域として守られるべきなのかについて議論がより活発になることを期待したい。

第一章　創られた天皇陵

1　江戸時代の姿

天皇陵の問題に取り組もうとするにあたって、どの時代からはじめるのが適当であろうか。三世紀の古墳時代のはじまりからはじめるのがよいかというとそうではない。本書は、考古学の立場で古墳を論じようというのではないのである。「はじめに――天皇陵と宮内庁」でみた視点からすると、おおむね江戸時代からはじめるのが適当であろう。江戸時代における天皇陵をめぐる動向のなかには、すでに今日の天皇陵をめぐる問題点が含まれているからである。

文化五年の『山陵志』と『文化山陵図』

ここで取り上げるのは、蒲生《がもう》君平《くんぺい》（明和五～文化十、一七六八～一八一三）が著した『山陵志』と、京都町奉行森川俊尹の主宰のもと法橋山本探淵《やまもとたんえん》によって描かれた『文化山陵図』である。ともに文化五年（一八〇八）のものである。君平による『山陵志』は、歴代天皇陵の制度の変遷を論じ、探淵による『文化山陵図』は、各地の天皇陵の様子を図に描いて収録したものであるが、両者の共通点は、同じ文化五年に著されたというばかりでない。君平も

資料1　蒲生君平

探淵も現地に赴いてつぶさに天皇陵の形状を観察し、そこから得られた成果によって議論を深め、また、画を描いたのである。

　実地の観察にもとづいた成果によって論を組み立て、あるいは絵筆を執《と》るというのは、これ以上ない位当然のことかも知れない。しかし、この文化五年の『山陵志』や『文化山陵図』が著されるためにとられたこの極めて当たり前の方法が、今日では少なくとも天皇陵については全く望むべくもないのである。なぜなら、「はじめに――天皇陵と宮内庁」で述べたように、天皇陵を管理する宮内庁は「御霊《みたま》」の静《せい》謐《ひつ》を守ることを理由に、天皇陵の形状を実地に観察することを堅く禁じているからである。

『山陵志』と「前方後円」

　江戸時代における天皇陵研究家として、下野《しもつけ》（現在の栃木県）出身の蒲生君平ほど著名な人物はいない。『山陵志』は、君平の代表的な著作として、そして江戸時代を通じて著されたあらゆる天皇陵研究書のなかでも最も広く知れ渡っている。しかも君平は誰かに命じられて天皇陵についての研究をはじめたのではない。天皇陵の荒廃を嘆く自らの意思で、町人の身分にあって天皇陵研究を志したのであった。

　その『山陵志』で君平は、天皇陵の形状やその変遷についてよく述べている。そのうちの一部を紹介するとおよそ次のとおりである（原漢文）。

・神武《じんむ》〜孝元《こうげん》

〔読み下し文〕

大祖より孝元に至るや、猶丘隴《なおきゆうろう》に就《つ》いて墳《ふん》を起こす。

〔現代文訳〕

神武《じんむ》天皇から孝元《こうげん》天皇までは、ただ丘によりそって墳《ふん》を起こしただけである。

・開化《かいか》〜敏達《びだつ》

〔読み下し文〕

開化《かいか》より其《そ》の後、蓋《けだ》し寝に制あり。垂仁《すいにん》に及んで始めて備わり、下って敏達《びだつ》に至る。凡《およ》そ二十有三陵は制ほぼ同じ。およそ其《そ》の陵を営《いとな》むに山に因《よ》りて其《そ》の形勢に従い、向かう所方なく、大小、高卑、長短定めなし。その制をなすや、必ず宮車《きゆうしや》に象《かたど》りて前方後円となさしめ、壇《だん》をなすに三成《みかさね》とし、かつ環《めぐ》らすに溝をもってす。（傍点引用者）

〔現代文訳〕

開化《かいか》天皇から後に天皇陵の制度が出来上がり、垂仁《すいにん》天皇の頃にはじめて整備され、敏達《びだつ》天皇までの二十三陵はほぼ同じ制度である。天皇陵を営《いとな》むのには、山によって地勢に従い方向は定まらず、大きさ、高さ、長さも定めがなかった。その制度は必ず天子の亡骸《なきがら》を乗せる車（宮車《きゆうしや》）を象《かたど》って前方後円として、壇《だん》は三段とし、その周囲には溝を環《めぐ》らせた。

つまり、はじめ天皇陵の造営についての制度はなかったが、開化《かいか》天皇、また垂仁《すいにん》天皇以降次第に制度が整備されるようになり、天皇の亡骸《なきがら》を乗せる宮車《きゆうしや》を象《かたど》った「前方後円」の形で、しかも全体は三段から成るものとされ、周囲には溝が設けられるようになった、というのである。

君平は、この「前方後円」形をした天皇陵の形状についてさらに詳細な観察を加え、独自の観点に基づいた議論を展開する。

〔読み下し文〕

それその円にして高きは蓋《かさ》を張る如《ごと》きなり。頂《いただ》きは一封《ぽう》をなす。即《すなわ》ちその葬《ほうむ》る所なり。方にして平らかなるは、衡《くびき》を置くが如《ごと》くなり。その上の隆起せるは梁輈《りようちゆう》の如きなり。前後相接し、その間やや卑《ひく》く、しかるに左右に円丘あり。その下段に倚《よ》り、両輪の如きなり。

〔現代文訳〕

天皇陵の円く高い部分はかさをかぶせたようで、頂上の盛り土は遺骸《いがい》を葬った所である。前方の部分は平らかで、あたかも車と牛・馬をつなぐ部分のようである。その上の盛り上がっている部分は車のはりのようである。「前方」の部分と「後円」の部分は互いに接していてその間は少し低くなっていて、その左右に円丘があって下の段にもたれている様子なのは、車の両輪のようである。

ここにみられるのは、綿密な観察に基づく天皇陵の形状の変遷についての解釈である。「前方後円」の天皇陵の形状を牛・馬の引くかさを張った宮車《きゅうしゃ》になぞらえたものと解し、前方部と後円部が接する箇所にみられる造《つく》り出しをその車輪とみたのである。

もちろん君平の天皇陵についての解釈は、『日本書紀』『古事記』にもとづく初代神武《じんむ》天皇以下の歴代天皇の存在を前提とするものであって、今日の実証的な学問のあり方からは確かに縁遠いものである。しかし、その独自の視点による観察と解釈は今なお新鮮であり、ここで君平が用いた「前方後円」ということばは、今日なお「前方後円墳」という古墳の形状を示す用語として学界のみならず社会一般にも広く定着している。

さらに君平は続ける。

・用明《ようめい》〜文武《もんむ》

〔読み下し文〕

用明《ようめい》より文武《もんむ》に至るおよそ十陵、特に是《こ》の制を変ず。ただ円《まる》く之《これ》を造り、玄室《げんしつ》を其《そ》の内に穿治《せんち》して、之《これ》を築くに堊《しつくい》を以《もっ》てし、之《これ》を覆《おお》うに巨石を以てす。石棺《せっかん》は其《そ》の内に在《あ》りて南面す。故《ゆえ》にその戸も南向す。而《しか》るに石を累《かさ》ねてこれが羨道《せんどう》となす。その制は厳密。既《すで》に是《かく》の如《ごと》し。是《こ》れを以《もっ》てまた之《これ》を環《めぐ》らすに溝《みぞ》を以《もっ》てせざるなり。

〔現代文訳〕

用明《ようめい》天皇から文武《もんむ》天皇までのおよそ十陵は、天皇陵についての制度が変更された。丸く造ってその中に玄室《げんしつ》（被葬者を納めた棺を安置する部屋）を設け、漆喰《しっくい》を塗り、大きな石で覆《おお》う。石棺（被葬者を納めた石でできた棺）はその中で南向きに置かれた。したがって扉も南向きである。石を重ねて羨道《せんどう》（外部から玄室《げんしつ》への通路）としたが、この方式は厳密である。周囲に溝を設けることはなくなった。

君平は、用明天皇陵以降の天皇陵造営の制度をそれ以前と明確に区別している。つまり、全体は円く造り、南向きに置かれた石棺を安置する玄室《げんしつ》があり、周りを溝で囲うことはなくなった、という。

このような君平の見解は、机上の論理として成り立ったのではない。ここには、前方後円墳から円墳への移行が明確に表現されている。これは、君平が実際に現地を訪れて天皇陵の形状を実地につぶさに観察したうえで導き出された見解なのである。

『山陵志』の刊行

君平は、寛政八年（一七九六）からその翌年、つまり二十九歳から三十歳にかけてと、寛政十一年（一七九九）からその翌年、つまり三十二歳から三十三歳にかけての計二度にわたって、天皇陵の実地観察のために関西を訪れ、『山陵志』の執筆に備えた。

とはいえ君平にとって収入の途は限られており、道中の費用の捻出にも困る有様であった。ことに二回目の関西旅行に際しては、君平は商家である母方の親族岡井仁右衛門に宛てて出発直前の寛政十一年十一月二十八日に手紙を書き、金十両の借用を申し入れたのであった。有名な「柿餅《かきもち》の手紙」である。

仁右衛門に柿餅《かきもち》の馳走を受けたことへの謝辞からはじまるこの手紙のなかで、君平は「此《こ》の度《たび》の義、拙者《せっしゃ》も雪霜《せっそう》の寒を犯《おか》し旅行すること、貴公にも御推察候はば、御承知にて金拾両時分柄にも御借下され候はば、是《こ》れ亦《また》、天下第一の義挙《ぎきょ》に御座候、忠感定めて神明に達し候はん」と述べる。金十両は確かに大金ではあろうが、それにしても「天下第一の義挙《ぎきょ》」とは何とも大きく出たものである。君平の気概がよく伝わってくる。

さて『山陵志』が刊行されたのは、二回目の関西旅行から戻って八年後の文化五年（一八〇八）四月のことであった。わずかに百部が刊行され、知己・友人、また幕府の役人、また京都の公家等に配られたのである。この刊行にも君平は資金の調達に苦慮し、知人の日本橋金吹町の商人鍵屋醒斎から援助を受けたのであった。また君平は、同年十一月に『山陵志』の内容について幕府からの訊問《じんもん》を受けるに至り、答申書を差し出してようやく難を逃れたのである。

『文化山陵図』

次には、やはり文化五年（一八〇八）に成った山本探淵画『文化山陵図』をみることにしたい。探淵画『文化山陵図』は、天皇陵の図と説明文から成る。

『文化山陵図』は文化三年（一八〇六）から文化五年にかけて、時の京都町奉行森川俊尹が主宰した天皇陵の調査の結果をまとめたものである。つまり『文化山陵図』は京都町奉行による公的な事業の記録であり、探淵は京都町奉行配下の与力・同心等とともに画工としてこの事業に従ったのである。

完成した図は三巻に仕立てられ、御所・幕府・京都所司代・京都町奉行のために四部が作製され、その写本が今日に伝わっている。この点で『文化山陵図』は、たったひとりですべての調査・執筆・版行を行なった君平著『山陵志』とはおよそ対照的である。

本書ではこの『文化山陵図』を紹介するにあたって、山田邦和氏（同志社女子大学現代社会学部教授）所蔵本によった。さっそく『文化山陵図』から、三図を選んでみることにしたい（資料2「『文化山陵図』より」）。

ⓐ「応神《おうじん》天皇陵」は応神天皇陵（誉田《こんだ》山《やま》古墳、大阪府羽曳野《はびきの》市誉田《こんだ》六丁目）を描いたもので、ちょうど真上から見下ろした構図である。頂上には柵で囲われた一画がみえるが、これは御在所《ございしょ》といわれる、被葬者、ここでは応神天皇が葬られているとされた場所である。

さらにⓐ「応神天皇陵」の左方には建物が描かれているが、これは応神天皇陵に隣接する誉田《こんだ》八幡宮である。その一部は濠《ほり》を越えて応神天皇陵の内部に入り込んでいる。現在では応神天皇陵と誉田八幡宮ははっきりと分けられているが、江戸時代まではこのように両者は渾然一体としたものであったのである。

ⓑ「仁徳《にんとく》天皇陵」は、仁徳天皇陵（大山《だいせん》古墳、大阪府堺市堺区大仙《だいせん》町）を描いたものである。大山古墳は、この国最大規模の古墳として著名である。今日では巨大古墳については天皇陵をも含めて航空写真や宮内庁書陵部による陵墓地形図が広く知られていて、この仁徳天皇陵が美しい「前方後円」形であることはよく知られている。それに較べるとこの『文化山陵図』が示す仁徳天皇陵の形状は何ともいびつである。それはⓐ「応神天皇陵」でみた応神天皇陵についても同じである。

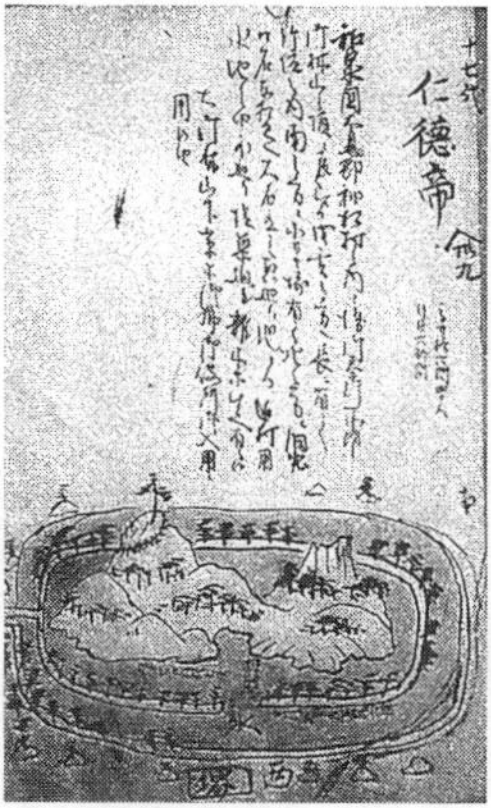

ⓑ仁徳天皇陵

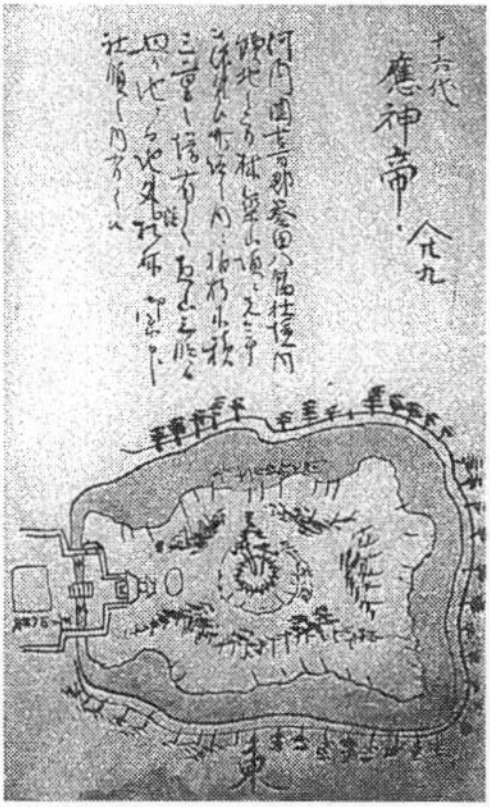

ⓐ応神天皇陵

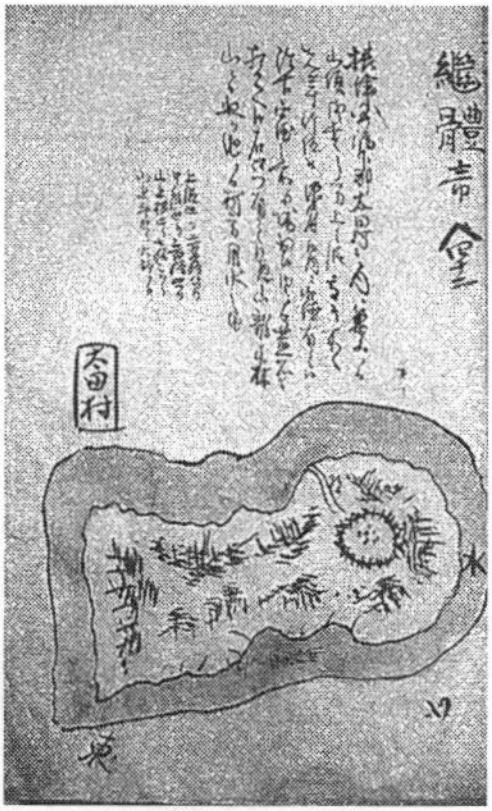

ⓒ継体天皇陵

資料２　『文化山陵図』より（山田邦和氏所蔵）

そして、左手の山の頂上にはやはりⓐ「応神天皇陵」でみた応神天皇陵と同様に柵で囲われた御在所がみえ、木が一本生えている。ここに被葬者、ここでは仁徳天皇が葬られているとされたのである。さらに左と右に頂上をもつ仁徳天皇陵の本体は林となっていて二重の濠《ほり》で囲われており、二重の濠《ほり》を隔てる堤《つつみ》にも整然と並んだ木がみられる。

その外側に眼を向けると、小さな山がいくつも描かれている。もっともこの小さな山は『文化山陵図』のどの写本にもみられるものではなく、ここで紹介している山田邦和氏所蔵本独自にみられる書き込みである。つまり、この写本を入手した人物が実際にそれぞれの天皇陵を実地に見学して、見たとおりのことを書き込んだのである。

ⓒ「継体《けいたい》天皇陵」は継体天皇陵（太田茶臼山古墳、大阪府茨木《いばらき》市太田三丁目）を描いたものである。山の右側には柵で囲われた御在所があり、そこに至る道も認められる。これも真上からみた図である。

このⓐ「応神天皇陵」ⓑ「仁徳天皇陵」ⓒ「継体天皇陵」に描かれた応神天皇陵・仁徳天皇陵・継体天皇陵は、いずれも今日では巨大前方後円墳として著名なものばかりである。ところが、ⓒ「継体天皇陵」にみえる継体天皇陵はともかく、ⓐ「応神天皇陵」にみえる応神天皇陵も、ⓑ「仁徳天皇陵」にみえる仁徳天皇陵も、どうみても「前方後円」にはみえない。しかし考えてみればこれも当然である。なにしろ、君平が『山陵志』で「前方後円」ということばを用いたのと、探淵が『文化山陵図』を描いたのは、同じ文化五年のことなのである。探淵は、「前方後円」との君平が用いたことばにとらわれることなく自らの観察のみを唯一の拠り所として、天皇陵を描いたのであった。

なお念のため付け加えれば、右にみた応神天皇陵にしても、仁徳天皇陵にしても、そして継体天皇陵にしても、『文化山陵図』がそのように記し、また今日宮内庁がそのように管理しているということであって、それぞれに相当する前方後円墳の被葬者が、学問のうえで応神天皇・仁徳天皇・継体天皇であることが証明されているということではない。ⓒ「継体天皇陵」にみえる継体天皇陵は実は真の継体天皇陵ではなく、今城塚《いましろづか》古墳（国史跡、大阪府高槻市）こそが真の継体天皇陵であるという説が、むしろ学界のおおむねの趨勢《すうせい》であるといってよい。しかもそれは、単に学界における動向というにとどまらない。

写真１　仁徳天皇陵（大山古墳、大阪府堺市）

昭和戦前期、当時の宮内省はこの今城塚《いましろづか》古墳継体天皇陵説を真剣に検討した。昭和十年（一九三五）六月二十七日に宮内大臣の諮問機関として設けられた臨時陵墓調査委員会内に設けられた小委員会は宮内大臣からの諮問に基づいて、昭和十一年（一九三六）二月十日に、別に継体天皇陵はあったまま、今城塚《いましろづか》古墳を陵墓参考地として宮内省の管理下に編入するべきと答申した（『臨時陵墓調査委員会書類及資料』（宮内庁書陵部陵墓課保管歴史的資料））。結局今城塚《いましろづか》古墳は陵墓参考地とされることはなかったものの、宮内省自身がこのような検討をしていたことは従来明らかにされていなかった。この臨時陵墓調査委員会の動向については、本書でも繰り返し取り上げることにしたい。

＊

ここにみたのは、奇《く》しくもともに文化五年（一八〇八）に著された蒲生君平著『山陵志』と山本探淵画『文化山陵図』である。君平はその著『山陵志』において、天皇陵の形状に注目しつつ制度の変遷を緻密に独力で考証して後世に残る「前方後円」ということばを用い、探淵画『文化山陵図』は、京都町奉行森川俊尹の命によって各天皇陵の形状を描写したのである。この両者は、どちらも実地に天皇陵の形状をよく観察した結果にもとづいて著されたという点で共通する。

ところが、今日、天皇陵は宮内庁の管理下にあって、研究者と一般とを問わず実地における観察の機会は得られようもない。君平の著した『山陵志』と探淵が描いた『文化山陵図』が天皇陵を取り巻く今日的課題について示唆するところは、極めて大きい。

2　文久の修陵

次いで取り上げるのは文久の修陵である。幕末も押し詰まった文久二年（一八六二）閏《うるう》八月八日にはじまった、天皇陵をめぐる極めて大きな動向である。本章1「江戸時代の姿」でみた蒲生君平著『山陵志』や山本探淵画『文化山陵図』が成った文化五年（一八〇八）から、五十四年後のことである。

今日における天皇陵の比定《ひてい》（どこが何天皇陵かということ）や、立ち入り禁止を原則とする天皇陵の管理のあり方の基本は、この文久の修陵で形づくられる。また「はじめに――天皇陵と宮内庁」で述べたように、今日では天皇陵には鳥居と石灯籠を配し玉砂利を敷き詰めた拝所《はいしょ》があるが、天皇陵に拝所《はいしょ》が設けられたのも文久の修陵においてである。つまり文久の修陵では、天皇陵の現地で祭祀を行なおうとする指向性が現実の形としてはっきりと示されたのである。

そうしてみれば、文久の修陵は今日の天皇陵の姿の基礎を形作るとともに、天皇陵をめぐるさまざまな問題点を浮き彫りにして今に投げかけるものでもあるということができる。以下、右に述べた視点によりつつ文久の修陵がたどった経過を繙《ひもと》くことにしたい。

宇都宮戸田藩と文久の修陵

徳川幕府も終焉《しゅうえん》を迎えようとする幕末期に、天皇陵が注目を浴びた。文久二年（一八六二）閏八月八日に、下野《しもつけ》国宇都宮戸《と》田《だ》藩主戸田越前守忠恕《ただゆき》（弘化四～慶応四、一八四七～六八）が幕府に天皇陵の修補を願う「山陵修補の建白」を差し出したのである。さまざまな政治的な思惑が複雑に錯綜《さくそう》するなか、いったい宇都宮戸田藩は何を目論《もくろ》んで天皇陵の修補などわざわざ願い出たのであろうか。大きな疑問がわくところである。

ともあれこの「山陵修補の建白」は幕府の容《い》れるところとなった。宇都宮戸田藩はさっそく、家老間瀬和三郎（文化六～明治十六、一八〇九～八三）を旧姓戸田にもどして忠至《ただゆき》と称させ、山陵修補事業の担当を命じた。ここに始まる宇都宮戸田藩による山陵修補事業を、時の年号をとって文久の修陵という。

さて文久の修陵では、いくつかの重要な懸案があった。まず第一は、天皇陵はどこにあるのかということである。読者の皆さんのなかには、そんなことはもう本章1「江戸時代の姿」でみた『文化山陵図』の時点ですでに明らかではないか、とお思いの方もおられるかも知れない。しかし、どの天皇陵がどこに所在するかということは、「はじめに――天皇陵と宮内庁」でも述べたように、学問の上での手続きを経てはじめて決められることなのである。つまり、学問の進歩によっても見解はかわるし、研究者によって意見が異なる場合も多い。後で述べるように文久の修陵において戸田忠至は、専門の研究者の助言を得て山陵修補事業を進めたのであるから、天皇陵の比定についても専門の研究者の意見に従って改めて行なわなければならなくなるのは、必然的ななりゆきである。

第二には、天皇陵をどのように修補するかという問題である。われわれは本章1「江戸時代の姿」でみた『文化山陵図』から、文久の修陵以前の天皇陵の様子をおおよそ想い浮かべることができる。それは、たとえば前方後円墳の天皇陵であれば、後円部の頂上部附近に御在所《ざいしょ》といわれる被葬者が葬られているとされる区域を設定し、そこが木柵で囲われたものであった。この御在所こそが、天皇陵のなかでも最も重要な部分とされていたのである。

それでは御在所以外の部分はどうだったのであろうか。江戸時代を通じて古墳の墳丘はしばしば周辺の村落の入会林《いりあいりん》として燃料・肥料の供給源とされ、さらに古墳の周囲にある周濠《しゅうごう》は田畑に用水を供給する溜池とされていた。天皇陵の一部ではあるとはいっても、周辺の村落にとっては御在所とその他の部分とは全く異なるものであった。

そのような天皇陵をどのように修補するかは、文久の修陵では大きな問題であった。

第三には、場所が決定され修補もされた天皇陵を、どのようにして祭祀するのかということである。実は、築造期において古墳がどのように祭祀されていたのかということは、今日でもあまりよくはわかっていない。もちろん比定にあたってすら改めて専門の研究者による考証がなされた位であるから、少なくとも江戸時代にあっては天皇陵の現地で祭祀が行なわれることはなかったのである。

しかし、専門家による考証を経てようやく場所が決定され、それ相応の費用と労力をかけて修補がなされたにもかかわらず、その天皇陵について全く祭祀がなされないというのも、考えてもみればあり得べからざることであろう。そんなことでは、せっかく「山陵修補の建白」を差し出した宇都宮戸田藩やそれを受け入れた幕府の面子も、そして修補に協力した専門の研究者の立場も丸潰れというものである。

写真２　戸田忠至（間瀬和三郎）
（写真提供、福井市立郷土歴史博物館）

文久の修陵当初の段階で、宇都宮戸田藩が山陵修補についての具体的な見通しを持っていたとは思われない。しかもこの政治的な情勢が入り組んだ時期に、宇都宮戸田藩は敢えて天皇陵の修補に名乗りを上げてしまったのである。考えてもみれば山陵修補事業は、宇都宮戸田藩にとってこれ以上はない程危険な綱渡りの連続とでもいうべきものであった。

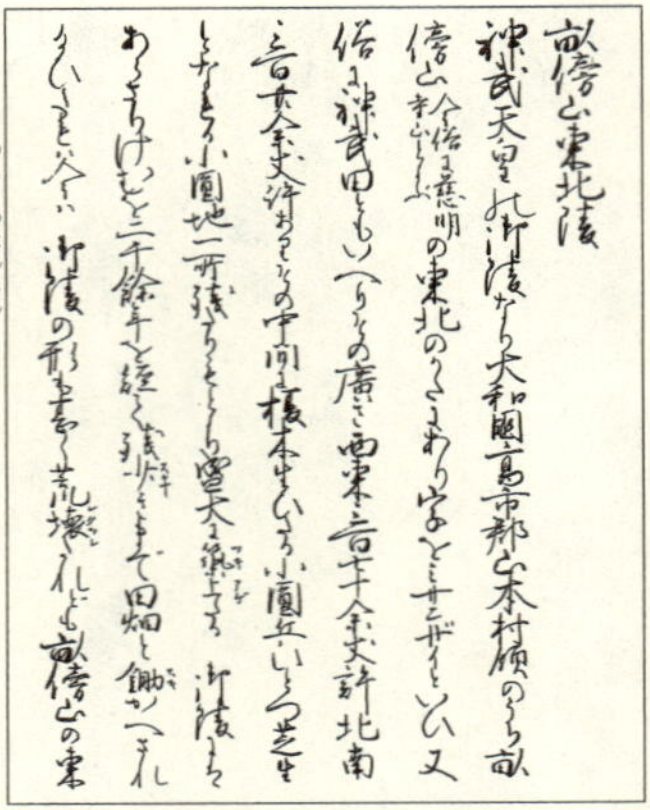

資料３　谷森善臣著「山陵考」より
―神武天皇陵―（宮内庁書陵部所蔵）

『文久山陵図』より――「山陵考」

さて文久の修陵におけるこれらの課題は、どのように解決され、どのような問題が積み残されたのであろうか。『文久山陵図』は、いわば文久の修陵の成果報告書ともいえるもので、幕末から明治期にかけて活躍した有力な天皇陵研究家である谷森善《たにもりよし》臣《おみ》（文化十四～明治四十四、一八一七～一九一一）が著した「山陵考」と、朝廷の御用絵師鶴澤探眞《つるさわたんしん》（天保五～明治二十六、一八三四～九三）が描いた「山陵図」から成る。以下、この『文久山陵図』から、文久の修陵についてみることにしたい。

右にみた第一の課題、つまり天皇陵の比定については、谷森による「山陵考」が詳細な考証を展開し、文久の修陵ではおおむねこれに従って天皇陵の比定がなされた。谷森の考証に向ける姿勢は、各種の資料を厳密に検討するとともに、地誌・地名・伝承等にも注意深く眼を向けるものであった。

とはいえ本書を通じて明らかにするように、谷森の考証のすべてが文久の修陵において無条件に受け入れられたのではない。また、結果として谷森の論が採られた場合であっても、他の天皇陵研究者との間に見解の相違が生じて論争に発展した場合もある。この例については、本章3「神武天皇陵はどこに」と第三章「天皇陵の改定・解除」1「天武《てんむ》・持統《じとう》天皇陵の改定」でみることにしたい。しかし大局的にみて、谷森が文久の修陵における考証面で果たした役割は極めて大きいものであった。しかも谷森は、文久の修陵の後、つまり明治政府による陵墓政策にあっても中心的な人物としてのゆるぎない地位を得ることになる。

『文久山陵図』より――「山陵図」

谷森著「山陵考」とならんで『文久山陵図』の重要な一部を占めるのが、探眞画「山陵図」である。谷森が文久の修陵以前から天皇陵研究家として名をなしていたのに対して、探眞はこの「山陵図」ではじめて天皇陵の図に取り組んだと思われる。

「山陵図」は、今日宮内庁書陵部と国立公文書館内閣文庫のそれぞれに所蔵されているが、このうち内閣文庫本は標題を「御陵画帖」とする。書陵部本と内閣文庫本はほぼ同一のものであるが、全体に内閣文庫本の方が筆致が精密であり、善本というべきものである。

これら「山陵図」の書陵部本・内閣文庫本は、谷森善臣著「山陵考」とともに、文久の修陵が成った後の慶応三年（一八六七）十月に、山陵奉行戸田忠至から朝廷と幕府に献上されたことが谷森著「山陵考」の奥書からわかる。とすれば、今日の書陵部本は朝廷に献上された本、内閣文庫本は幕府に献上された本であろう。時の政治情勢は朝廷に有利と思われるものの、幕府に献上された内閣文庫本の方がむしろ善本であるのには意外な感さえ覚える。

なおこの『文久山陵図』の全体は、すでに平成十七年（二〇〇五）に新人物往来社から刊行されている。あわせてご覧いただければ幸いである。

神武天皇陵――「山陵図」より

以下、探眞画「山陵図」から実際に図をみることにしたい。ここでは善本と思われる内閣文庫本に拠った。

まず神武《じんむ》天皇陵（奈良県橿原《かしはら》市大久保町）である。神武《じんむ》天皇は、『古事記』『日本書紀』による初代天皇である。資料4「鶴澤探眞画「山陵図」より」のⓐ「神武天皇陵」-1・2をご覧いただきたい。ⓐ-1が「荒蕪《こうぶ》」図、つまり文久の修陵で修補がなされる前の様子、ⓐ-2が「成功《せいこう》」図、つまり文久の修陵で修補が成った後の図である。探眞画「山陵図」では、文久の修陵で修補がなされたすべての天皇陵について、このように「荒蕪《こうぶ》」図と「成《せい》功《こう》」図を対比して掲げている。文久の修陵でどこがどのように修補されたか、一目瞭然である。

ここで、神武天皇が歴史的に実在の人物であるかどうかを議論するつもりはない。神武天皇は『古事記』『日本書紀』が載せる伝承上の人物なのであって、その墓がある訳はない。その陵が存在することは、考えてもみれば非科学的なことである。しかし文久の修陵では、神武天皇陵は実際に修補の対象となった。しかも、あらゆる天皇陵に先んじて着手され、最も多額の経費が投入されたのである。

神武天皇陵修補の着手は文久三年（一八六三）五月、完成は同年十二月である。この間に神武天皇陵は、ⓐ-1の「荒蕪《こうぶ》」図からⓐ-2の「成功《せいこう》」図のように姿を変えた。これはもう修補ではなく、神武天皇陵の新たな創出というべきである。ⓐ-2の「成功《せいこう》」図をみる

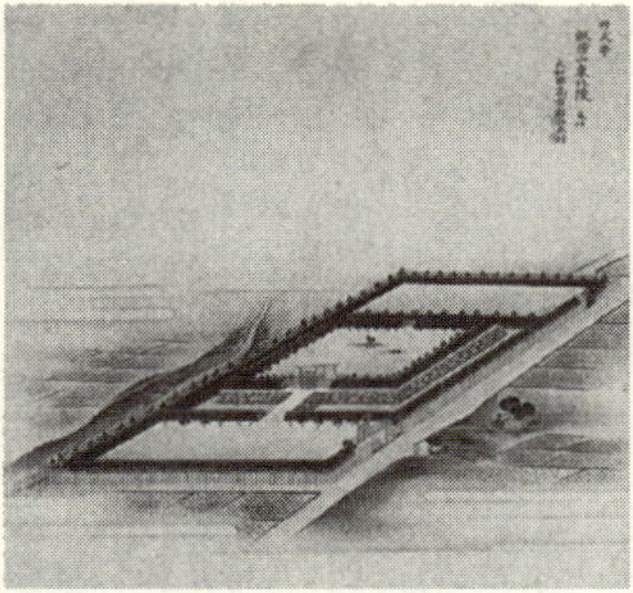

ⓐ神武天皇陵－２「成功」図

ⓐ神武天皇陵－１「荒蕪」図

ⓑ推古天皇陵－２「成功」図

ⓑ推古天皇陵－１「荒蕪」図

資料４　鶴澤探眞画「山陵図」より（国立公文書館内閣文庫所蔵）

と、本体ともいうべき二つの小丘の周りに広大な敷地が整備され、川から引かれた水を湛《たた》える濠《ほり》がそれを取り囲んでいる様子がわかる。さらに鳥居が配された拝所《はいしょ》が設けられ、二つの小丘が祭祀の対象とされたことが誰の眼にも明らかである。事実、この神武天皇陵にはもちろんのこと、文久の修陵で修補の対象となった天皇陵には、機会に応じて勅使《ちょくし》（天皇の使い）等が訪れ拝所《はいしょ》で祝詞《のりと》が読み上げられ、幣物《へいもつ》が捧げられたのである。

これこそが完成された天皇陵の姿なのである。神武天皇陵が完成したのは右にも述べたように文久三年十二月であるが、ここにはすでに明治期における天皇を頂点とする国家体制が、まさに眼に見える形で表現し尽くされている。

もっとも、ⓐ-2の「成功《せいこう》」図にみえる神武天皇陵の姿が今日みられる神武天皇陵の姿というのではない。読者の皆さんのなかには実際に神武天皇陵を訪れたことのある方々もおられるであろうが、その方々は「もっと広かったはずだ」と思われるのではないだろうか。事実、神武天皇陵は明治期以降も拡張・整備を繰り返す。まさに神武天皇陵は、天皇を頂点とする国家体制にとって最も重要な天皇陵であった。

神武天皇陵については、本章3「神武天皇陵はどこに」で改めて取り上げる。

推古天皇陵――「山陵図」より

次にみるのは、推古《すいこ》天皇陵（山田高塚古墳、大阪府南河内郡太子町大字山田）である。推《す》古《こ》天皇（欽明十五～推古三十六、五五四～六二八）はこの国古代の女帝として著名である。資料4「鶴澤探眞画「山陵図」より」のⓑ「推古天皇陵」-1・2をご覧いただきたい。ⓑ

－1が「荒蕪《こうぶ》」図、ⓑ－2が「成功《せいこう》」図である。ここにも鳥居が設《しつら》えられた拝所《はいしょ》が見られる。これも文久の修陵における改変の様子が最も著しい例であるが、実はこの推古《すいこ》天皇陵の「荒蕪《こうぶ》」・「成功《せいこう》」図（ⓑ－1・2）は、探眞画「山陵図」のなかでも最も早く公にされた。それは、昭和三十九年（一九六四）十月の『書陵部紀要』第十六号掲載の戸原純一著「幕末の修陵について」においてである。もちろんそこに掲載されたのは、ここでみている内閣文庫所蔵本ではなく書陵部所蔵本である。

これをみた考古学専攻の森浩一氏の感想は、次のとおりである。

「山陵図」は、幕末の修陵のすさまじさを如実《にょじつ》に示すものである。戸原論文では、「山陵図」のうちの「推古天皇陵」、つまり学術名での山田高塚古墳の写真だけが紹介された。それには、修陵以前の墳丘を描いた「荒蕪図《こうぶ》」と、修陵による成果を描いた「成功図《せいこう》」とが対比されていて、それまで天皇陵古墳の墳丘の姿をそのまま古墳時代の構築物であると信じ込んでいた自分の不明に恥じいった。（森浩一著『巨大古墳の世紀』〔一九八一年、岩波新書〕）

古墳を研究する考古学者が、文久の修陵に関心を持たざるを得ない理由がここに端的に述べられている。文久の修陵の際に、古墳が天皇陵としての修補を名目に大幅に改変されていたのだとすれば、考古学による古墳研究は、少なくとも文久の修陵で修補の対象とされた古墳に関する限りは、その立脚点を本質的に問い直さなくてはならないのは当然である。

森浩一氏の業績については、第六章「聖域か文化財か」２「天皇陵研究法」で再び取り上げることにしたい。

戸田忠至の天皇陵巡検

さて、文久の修陵そのものの経過に話をもどしたい。文久の修陵の事実上の責任者である戸《と》田《だ》忠至《ただゆき》は、天皇陵の修補に取りかかるべく文久二年九月二十六日に京都に向けて江戸を出立した。十月九日に京都に着いた忠至《ただゆき》は、戸田家が宗家と仰ぐ正親町《おおぎまち》三条家の実愛《さねなる》とよく連絡をとりつつ畿内に存する天皇陵の巡検のための準備を整えた。物見遊山などではない、宇都宮戸田藩の命運を賭けた巡検である。周到な準備がどうしても必要である。

かくて十一月五日に忠至一行は京都を発《た》った。主要なメンバーは忠至《ただゆき》以下宇都宮戸田藩士のほかおよそ次のとおりである。

谷森善臣《たにもりよしおみ》・同平太――善臣は天皇陵研究家。すでにみた「山陵考」の著者である。明治期には政府の陵墓行政の要《かなめ》の位置を占める。平太は善臣の子。

結城《ゆうき》筑後守《ちくごのかみ》――蔵人所《くろうどどころ》（天皇の私的秘書、または天皇家の家司的性格を持つ）衆。

疋田《ひきた》作次郎《さくじろう》――京都在住水戸家家来。水戸家は徳川御三家の一。

中条良蔵《ちゅうぞうりょうぞう》――南都《なんと》奉行（京都所司代の指揮を受け、奈良町・徳川氏領・寺社領を管掌する）組与力《よりき》。

砂川健次郎（政教）――京都町奉行所与力。天皇陵研究家。『歴代廟陵考補遺』（安政四年〔一八五七〕）等の著書がある。

岡本桃里《とうり》――大和桜井の人。絵師。後に触れるように天皇陵の画を多く描く。

北浦定政《きたうらさだまさ》――大和古市の人。藤堂家家来。天皇陵研究家。『打墨縄《うちすみなわ》』（嘉永元年〔一八四八〕）等を著す。平城京の研究にも顕著な業績があり、『平城宮大内裏跡坪割之図』（嘉永五年〔一八五二〕）等を著した。藤堂《とうどう》家は、文久の修陵で光仁《こうにん》天皇陵・崇道《すどう》天皇陵の修補を担当した。

大澤清臣《すがおみ》――谷森善臣の指導を受け、明治期には政府の陵墓行政の中枢を占める。明治十一年（一八七八）に『山陵考』を著した。

田中教忠《のりただ》（勘兵衛《かんべえ》）――典籍《てんせき》・古文書の蒐集・考証家。明治十三年（一八八〇）六月十三日に京都栂尾《とがのお》の高山寺（京都市右京区）で『阿不幾乃山陵記《あおきのさんりょうき》』（嘉禎元年〔一二三五〕）を発見した。この発見は第三章「天皇陵の改定・解除」1「天武・持統天皇陵の改定」で触れるように、翌明治十四年（一八八一）二月十五日の天武・持統天皇陵改定の直接の契機となる。

今村又蔵――京都大工棟梁《とうりよう》。

この顔ぶれの特徴は、何といっても天皇陵研究家に有力者を迎えたということである。有力者の参加をみることこそがこの度の天皇陵巡検の最大の課題であったことを、充分に窺《うかが》わせる陣容である。しかしこれも考えてもみれば当然である。何しろこれから、どこに何天皇の陵があるかということからはじめなければならないのである。有力な研究家の助力はどうしても必要である。

むしろここで注目するべきなのは、絵師の岡本桃里と大工棟梁の今村又蔵である。絵師と大工棟梁は天皇陵巡検に同行して何をしたのか。しかしすでにみたように、文久の修陵は一面では天皇陵に対する土木工事に他ならない。そうしてみれば大工の棟梁による事前見分も必要であり、天皇陵の様子を記録する絵師も必要だったのである。

天武・持統天皇陵――『文久帝陵図』より

ここで、絵師岡本桃里が描いた『文久帝陵図』をみることにしたい。資料5「岡本桃里画『文久帝陵図』より天武・持統天皇陵（見瀬《みせ》丸山古墳）」である。

十一月五日に京都を出発した戸田忠至《ただゆき》一行は、京都を南下して大和に入り、各地の天皇陵を巡検しながら同月二十二日に天武・持統天皇陵に着いた。今日の見瀬丸山古墳（国史跡丸山古墳、奈良県橿原市五条野町・大軽町）である。現在宮内庁はこの見瀬丸山古墳の後円部を畝傍《うねび》陵墓参考地として管理し、天武・持統天皇陵には野口王墓古墳（奈良県高市郡明日香《あすか》村野口）をあてている。しかし今みている戸田忠至《ただゆき》一行による天皇陵巡検では、見瀬《みせ》丸山古墳が天武・持統天皇陵とされていたのである。とはいっても、これがそのまま一行に加わっていた天皇陵研究家達の一致した見解というわけではない。この点については第三章「天皇陵の改定・解除」1「天武・持統天皇陵の改定」で触れる。

この際桃里は天武・持統天皇陵（見瀬丸山古墳）を描いている。資料5「岡本桃里画『文久帝陵図』より天武・持統天皇陵」ⓐ「墳丘部」のとおりである。まさに円墳そのものの形状であるが、この見瀬丸山古墳は実は巨大前方後円墳である。しかし当時は後円部に限って天武・持統天皇陵とされていたので、桃里はその後円部だけを描いたのである。この図が円墳に描かれているのも道理である。斜面が段々畑として耕作され作物が植え付けられ、その途中に南面して石室が開口している様子がわかる。

驚くべきは資料5ⓑ「石室内」である。ここに描かれているのは、天武・持統天皇陵の石室の内部の様子である。つまり戸田忠至《ただゆき》一行は、石室内部をも含めて検分したということである。桃里が描いた天皇陵の図は『文久帝陵図』として宮内庁書陵部に所蔵されているが、そこに収められた絵図を一覧しても石室の内部を描いたものはこの天武・持統天皇陵のほかにはない。

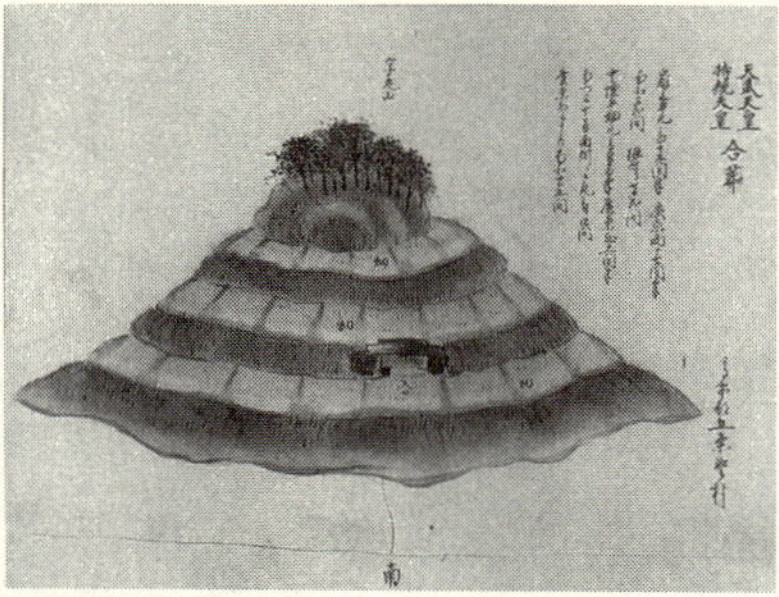

ⓐ墳丘部

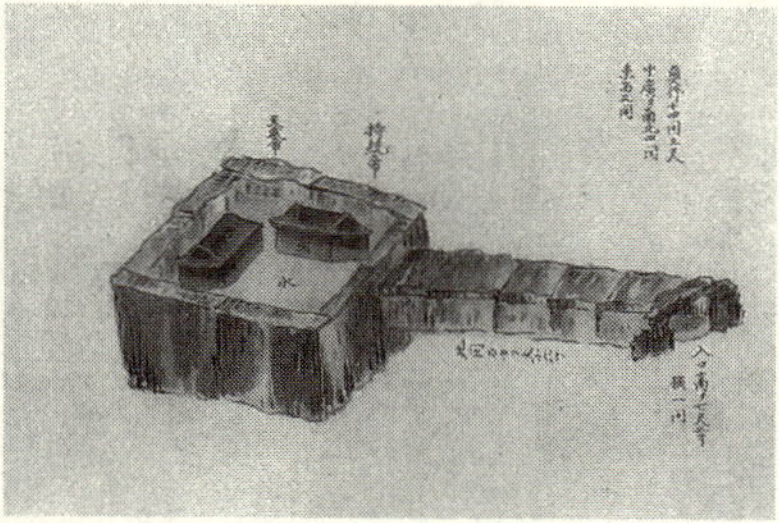

ⓑ石室内

資料5　岡本桃里画『文久帝陵図』より天武・持統天皇陵（見瀬丸山古墳）（宮内庁書陵部所蔵）

文久の修陵についての文書を集成した『文久度山陵修補綱要』（宮内庁書陵部所蔵）は、この天武・持統天皇陵（見瀬丸山古墳）の検分について、「大和国高市郡見瀬《みせ》村の近軽村と中に、天武持統合葬丸山と唱ひ段々付畑なり、入口より石棺顕《あらわ》れ出水に沈み入なる御場所発見」と述べる。石棺は古墳の被葬者の遺骸が眠る場所である。つまりこの場合は、天武天皇・持統天皇の遺骸が存するまさにその場所である。それが水中に沈没しているのである。驚いた忠至《ただゆき》は、早速水を抜いた上で石室の開口部分を閉じるように命じた。もちろんそこでは、一行に加わっていた大工棟梁今村又蔵の活躍があったことであろう。資料5「岡本桃里画『文久帝陵図』より天武・持統天皇陵」ⓑ「石室内」を見ると二基の石棺が水の中に没している様子を窺うことができる。文字が小さく見にくいが、桃里は、二か所にわたってわざわざ「水」と註記していることは注目される。この「水」は、すでに『聖蹟図志《せいせきずし》』（嘉永七年〔一八五四〕）でも確認されていたもので、見瀬丸山古墳の石室内の様子について「段々奥低クシテ水溜レリ」（傍点引用者）とあるのが注目される（資料16「『聖蹟図志』より見瀬丸山古墳・野口王墓古墳」）。

それでは、この天武・持統天皇の遺骸が眠る石棺を沈没させていた「水」とはいったいどのような「水」であったのか。この疑問にこたえるよい史料がある。戸田忠至一行が畿内の各天皇陵の巡検を終えて京都に帰る途中、十二月四日に大坂から京都・江戸表に差し出した書付には次のようにある。

御陵の頂《いただき》に麦作その外作物を仕付け、養ひの為め不浄《ふじょう》を掛け、または御陵を破り御石棺暴露《ばくろ》仕《つかまつ》り候所も許多《あまた》（引用註、数多いこと）これあり、御陵の上に庶人《しょじん》（引用註、身分が低い人）の墓所これあり候所も相見へ、或は御石棺中へ水溜り候御場所もこれ有り、言語を絶し甚だ以て恐れ入り奉り候御模様に御座候（『文久度山陵修補綱要』）

これは天皇陵一般の置かれた状態の説明であって、特に何天皇陵と示されているわけではない。「許多《あまた》これあり」というとおりである。

しかし、天皇陵に作物が植え付けられ、石棺が露《あら》われ、さらには石棺のなかに「水」が溜まっているというのは、まさにここでみている天武・持統天皇陵（見瀬丸山古墳）にほかならない。しかも、天皇陵の頂上に植え付けられた作物のために「不浄《ふじょう》」をかけているというのであるから、石室内の石棺を沈没させていた水の正体がどのようなものであったのか、およそ想像もつこうというものである。桃里はこの水についてただ「水」とだけ記したのではあるが、それはこの「水」についてのはなはだ遠慮した表現に過ぎなかったのである。この桃里による天武・持統天皇陵の絵図（ⓐ－「墳丘部」・ⓑ－「石室内」）は、戸田忠至が「言語を絶し甚だ以て恐れ入り奉り候御模様に御座候」というその言葉を重ね合わせた上で読み解かれなければならない。

先にも述べたように桃里は大和桜井の人である。とすれば桃里にとって天皇陵は、まさに身近な題材であったに違いない。大らかな桃里の筆致に、天皇陵に対するいわば親しみのようなものを感じるのは私だけではないであろう。

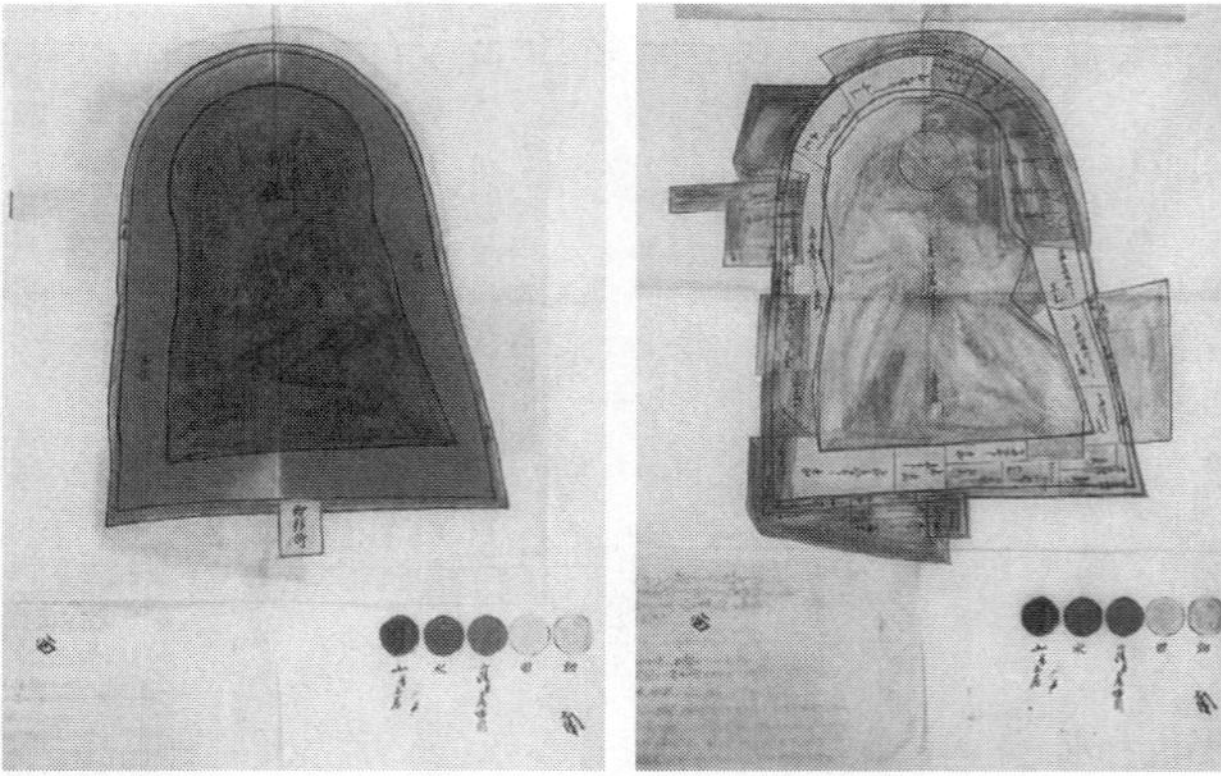

ⓑ修陵後　ⓐ修陵前

資料６　「安閑天皇陵敷地買い上げ絵図（慶応２年10月23日）」
（森田家所蔵、羽曳野市文化・歴史史料室写真提供）

「安閑天皇陵敷地買い上げ絵図」

　ついで、鶴澤探眞や岡本桃里とは全く別の機会に天皇陵を描いた絵図をみることにしたい。それは、安閑《あんかん》天皇陵（高屋《たかや》築山《つきやま》古墳、大阪府羽曳野《はびきの》市古市《ふるいち》）をめぐって描かれた資料６「安閑《あんかん》天皇陵敷地買い上げ絵図（慶応二年十月二十三日）」ⓐ「修陵前」・ⓑ「修陵後」である。

　戸田忠至による天皇陵巡検の一行は、文久二年（一八六二）十一月二十七日から二十八日にかけて安閑《あんかん》天皇陵を訪れた。とはいえ資料６「安閑《あんかん》天皇陵敷地買い上げ絵図」はその際のものではない。元治元年（一八六四）十一月に安閑天皇陵として買い上げられて以降、役所の絵図を写したものである。

　天皇陵が買い上げられたなどというと、読者の皆さんにはいかにも奇異に思われることであろう。しかし文久の修陵以前は、古墳が天皇陵とされている場合には、墳頂、つまり古墳の一番高い所の一部分だけが御在所《ございしょ》として木柵で囲われる他は、墳丘はもちろん、周濠《しゅうごう》や外堤《がいてい》（周濠《しゅうごう》の外側の堤防）を含めて田・畑・山林として付近の村落によって燃料・肥料、また用水の供給源とされていた場合が多かった。それが文久の修陵で墳丘、周濠、そして外堤までを含めた全体が天皇陵とされるようになって、その内部への立ち入りが堅く禁じられたのである。

立ち入りを禁止する以上は、土地の所有者に対してそれ相応の補償をしなければならない。天皇陵だからといって、ただ土地を取り上げるわけにはいかない。その補償の具体的な形がここでは土地の買い上げなのである。

右に述べたように安閑《あんかん》天皇陵は元治元年（一八六四）十一月に買い上げられたのであるが、資料6の年代がその二年後の慶応二年（一八六六）十月二十三日となっているのは、その控が作製された年代ということである。

修陵前の様子を示すⓐ「修陵前」には、土地の所有者の名前と土地の面積、そして下田・中畑・山といった地目がこと細かに記されている。ここでは安閑《あんかん》天皇陵は八反八畝十五歩の土地とされているのである。それが修陵後の様子を示すⓑ「修陵後」では一面きれいに塗りつぶされて一筆にまとめられ、周濠・外堤、そして「御拝所」を擁した安閑《あんかん》天皇陵として描かれている。文久の修陵による安閑《あんかん》天皇陵修補の様子がここに一目瞭然である。

この間に見られる変化に、文久の修陵というものがよくあらわれている。それまでは村落のなかにあって、田・畑・山林、あるいは用水溜池として村落の生産の循環のなかに組み込まれていたものが、文久の修陵以後は村落とは切り離されて天皇陵として天皇による祭祀の対象以外の何ものでもない存在となってゆく。ⓐ「修陵前」とⓑ「修陵後」の比較からは、そのような古墳、あるいは陵墓と村落との繋《つな》がりの様相の劇的な変化が読み取られなくてはならない。

＊

文久の修陵の時点で、すでにその後の天皇陵のあるべき姿の方向性は決定づけられていたのである。考証の結果定められた天皇陵には大がかりな土木工事が施され、天皇による祭祀のための拝所《はいしょ》も設けられ、それまで密接な繋《つな》がりがあった地域社会から天皇陵は完全に切り離されたのである。

大筋でいえば、その帰結が今日の天皇陵のあり方ということができる。今日なお解決されていない天皇陵をめぐる問題の端緒が、確かにこの文久の修陵に求められるのである。

3　神武天皇陵はどこに

本章2「文久の修陵」で述べたように、文久の修陵で最も重要視された天皇陵は神武天皇陵である。なにしろ初代天皇の陵である。重んじられて当然である。とはいっても神武天皇は歴史上実在した人物ではない。それならば、神武天皇を初代の天皇とすることには疑問があるし、そもそも実在しなかった神武天皇の陵など本来あり得ない。それにもかかわらず、現在なお、神武天皇陵は宮内庁の管理のもとに奈良県橿原《かしはら》市大久保町に存在する。これは一体どのような根拠によるものなのであろうか。どのような経過をたどってのことなのであろうか。その問題を繙くことからは、そもそも天皇陵はどのように決定されたのか、どのように修補されたのか、また、どのように祭祀されたのか、といった問題が明瞭に浮かび上がってくる。読者の皆さんには、単に神武天皇陵に限ってではなく天皇陵一般にも及ぶ動向としてお読みいただきたいと思う。

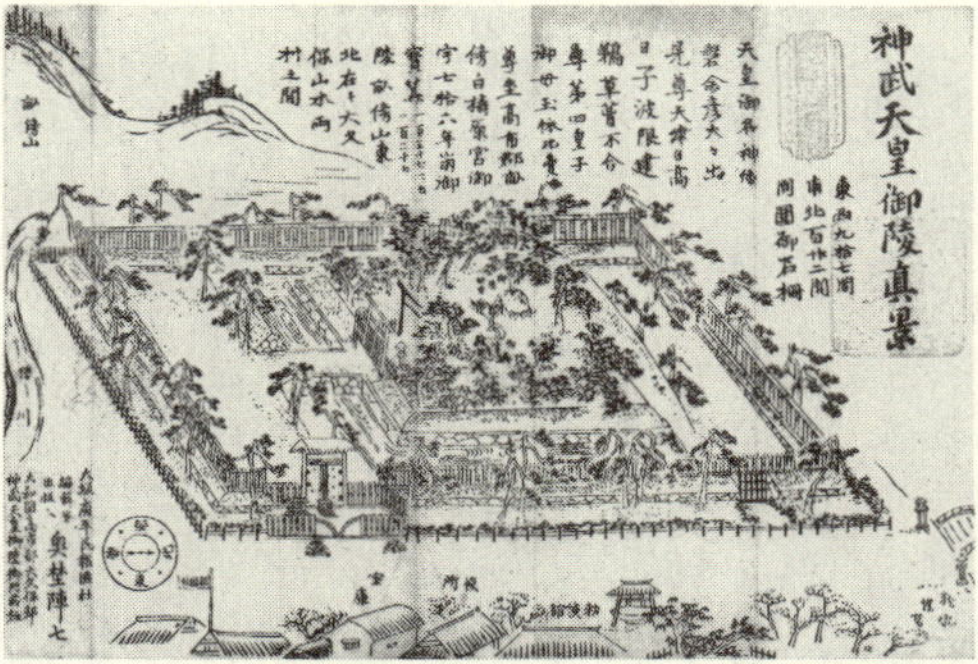

資料7　神武天皇御陵真景（奥野陣七、明治年間、著者蔵）

『記紀』に描かれた神武天皇

神武天皇は、『古事記』『日本書紀』では初代の天皇とされている。ここでは主に『日本書紀』から神武天皇について記すとおおむね次のとおりである。

神武天皇は名を神日本磐余彦尊《かむやまといわれひこのみこと》という。彦波瀲《ひこなぎさ》武鸕鷀草葺不合尊《たけうがやふきあえずのみこと》の第四子で母は玉依姫《たまよりひめ》である。「古《いにしえ》に天地未《あめつちいま》だ剖《わか》れず」とこの世のはじまりから説きはじめる『日本書紀』では、「神代《かみよ》」の巻で数多くの神々が登場する。そのなかには、高天原《たかまがはら》から天降って「大八洲国《おおやしまのくに》」をつくった伊奘諾尊《いざなぎのみこと》・伊奘冉《いざなみの》尊《みこと》や、その子として生まれながら高天原《たかまがはら》で乱暴を働いて出雲《いずも》に天降り八岐大蛇《やまたのおろち》を退治した素戔嗚尊《すさのおのみこと》、そしてやはり伊奘諾尊《いざなぎのみこと》・伊奘冉尊《いざなみのみこと》の間に生まれ、素戔《すさの》嗚尊《おのみこと》の乱暴を避けて天岩屋戸《あめのいわやと》にこもり自らの孫にあたる天津《あまつ》彦彦《ひこひこ》火瓊《ほのに》瓊《に》杵尊《ぎのみこと》に「天壌無窮《てんじょうむきゅう》」と勅《みことのり》して国土への降臨を命じた天照《あまてらす》大神《おおみかみ》等、実にさまざまな神々がある。神日本磐余彦《かむやまといわれひこ》 尊《のみこと》の父である彦波瀲武《ひこなぎさたけう》鸕鷀《が》草《や》葺不合尊《ふきあえずのみこと》は、この天《あま》津《つ》彦彦《ひこひこ》火瓊《ほのに》瓊《に》杵尊《ぎのみこと》の孫にあたる。

日向《ひゅうが》（現在の宮崎県）にあった神日本磐余彦《かむやまといわれひこ》 尊《のみこと》は、甲寅《きのえとら》の年に兄や子らとともに東に向かった。いわゆる「神武東征」である。速吸之《はやすいな》門《と》・宇佐《うさ》・崗水門《おかのみなと》・安芸《あき》の埃宮《えのみや》を経て吉備《きび》の高島の宮に着き、そこで三年を過ごし兵備を整えた。戊午《つちのえうま》の年二月には吉備を発って浪速《なにわ》に着き同年四月に生駒《いこま》山を越えて大和《やまと》に入ろうとしたものの、櫛玉饒速日命《くしたまにぎはやひのみこと》を奉じる長髄彦《ながすねひこ》の激しい抵抗にあい兄五瀬命《いつせのみこと》は流れ矢にあたり重傷を負った。そこで停戦の上熊野《くまの》に向かったものの海中で暴風に遭《あ》い、三人の兄を失った。熊野《くまの》に上陸してからの山路は険しかったが、天より韴 霊《ふつのみたま》の霊剣を授けられ八咫烏《やたのからす》の導きも得て吉野に入り、さらに宇陀《うだ》や磯城《しき》を平定した。そして、再度の長髄彦《ながすねひこ》との戦いでは金色の鵄《とび》が弓の弭《はず》（弓の両端の弦《つる》をかける所）にとまり、鵄《とび》の光が稲妻のように輝き長髄彦《ながすねひこ》の兵は目がくらみ戦えなくなり長髄彦《ながすねひこ》は亡びた。己 未《つちのとのひつじ》の年三月には畝傍《うねび》山の麓の橿原《かしはら》に宮殿を建設し、庚申《かのえさる》の年八月に媛蹈鞴五十鈴媛《ひめたたらいすずひめの》命《みこと》を迎えて正妃とした。辛 酉《かのとのとり》の年正月 朔《ついたち》 には橿原宮で初代の天皇として即位した。

これが神武天皇である。神武天皇は七十六年間位にあり百二十七歳で崩《ほう》（天皇が亡くなること）じた。

近代史のなかの神武天皇

さて読者の皆さんが神武天皇と聞いて思い出されるのは、右にみた『古事記』『日本書紀』による伝承ばかりではないであろう。昭和十五年（一九四〇）の「紀元二千六百年奉祝典」や、毎年二月十一日の「紀元節《きげんせつ》」、あるいは「建国記念の日」を思い出される向きもおいでのことと思う。

昭和十五年の紀元二千六百年奉祝典は、神武天皇即位の辛酉《かのとのとり》の年から二六〇〇年目にあたることを記念して催された国家的な祝典行事である。この、西暦に換算すると紀元前六六〇年にあたる『古事記』『日本書紀』にみえる神武天皇即位の辛酉《かのとのとり》の年を起点とする紀年法《きねん》（年の数え方）を神武紀元、あるいは皇紀《こうき》という。

写真３　紀元二千六百年を奉祝するパレード

神武紀元は今日では一般にはまず用いられることはないが、明治から昭和戦前期には明治・大正・昭和といった元号と並ぶ紀年法であった。紀元二千六百年を記念して、昭和十五年十一月十日には「紀元二千六百年式典」が、翌十一日には「奉祝会」が、宮城《きゅうじょう》前広場（現在の皇居前広場）で行なわれた。十日の式典には約四万九千人、十一日の「奉祝会」には約五万人が集まったという。さらに、ちょうちん行列、旗行列、音楽行進等が華々しく繰り広げられ、「金鵄《きんし》輝く日本の～」ではじまる奉祝国民歌「紀元二千六百年」が歌われ、東京市内を花電車が走ったのである。

この年の七月二十二日には、陸軍大臣畑俊六の辞任による米内光政内閣の総辞職を受けて第二次近衛内閣が成立。九月二十七日には、日独伊三国同盟がベルリンで調印された。以降日本は対米英戦争への道をひたすら突き進むことになる。

「紀元節」は、神武天皇即位の辛酉《かのとのとり》の年正月朔《ついたち》が太陽暦に換算して二月十一日に当たるのを祝日としたものである。明治六年（一八七三）には一月二十九日であったが、翌明治七年（一八七四）からは二月十一日となった。「雲に聳《そび》ゆる高千穂《たかちほ》の〜」ではじまる「紀元節」をご記憶の方もおられるであろう。紀元節は昭和戦前期まで続けられたが、戦後に歴史的・科学的な根拠がないとして廃止された。神武天皇は実在しないのであるから当然である。

ところが、昭和四十二年（一九六七）からは国民の祝日として「建国記念の日」と名称をかえて今日に至っている。これに際して、国会また広く社会一般で賛否をめぐって激しい討論が繰り広げられた。そもそも『日本書紀』等で神武天皇の即位が辛酉《かのとのとり》の年とされたのも、辛酉《かのとのとり》の年には政治的な大きな変革が生じるとする辛酉革命説《しんゆうかくめいせつ》を採用する古代中国の讖緯説《しんいせつ》という予言説によったものである。それを太陽暦に換算してみたところで歴史的・科学的な説得力を持ち得るわけがない。

このように神武天皇は二十一世紀の今なお、われわれの生活と大きなかかわりをもっている。読者の皆さんは、毎年めぐり来る二月十一日の「建国記念の日」を神武天皇と結びつけて考えて来られたであろうか。紀元前六六〇年を起点とする神武紀元をそのまま計算すれば、紀元二七〇〇年は西暦二〇四〇年。つまり、そんなに先のことではない。「日本国憲法」が規定する象徴天皇制のもと、いったい誰がどのようにして紀元二七〇〇年を祝おうというのであろうか。それとも誰も全く関心を示さないのであろうか。

神武天皇陵の所在地

話を神武天皇陵にもどそう。神武天皇陵の場所について『日本書紀』は「畝傍山東北《うねびやまうしとらの》陵《みささぎ》に葬《ほうむ》りまつる」（原漢文）とする。また『古事記』は「御陵《みはか》は畝火山《うねびやま》の北の方の白檮《かし》の尾《お》の上に在《あ》り」（原漢文）とする。およそ同じようでありながら、決して同一の文言ではない。

さらに、『延喜式《えんぎしき》』（延長五年〔九二七〕完成、康保四年〔九六七〕施行）の「諸陵寮式《しょりょうりょうしき》」は神武天皇陵を「畝傍山東北陵《うねびやまうしとらのみささぎ》、兆域《ちょういき》東西一町、南北二町、守戸《しゅこ》五烟《いん》」とする。これによると、神武天皇陵は大和国高市《たかいち》郡にあって東西に一町南北に二町の兆域（範囲のこと。天皇陵の広さを示す場合に用いられる用語）を有し、守戸（現地における天皇陵の管理者）が五烟、つまり五軒置かれたというのである。

この『古事記』『日本書紀』、そして『延喜式《えんぎしき》』「諸陵寮式」の記述を手がかりに、神武天皇陵の場所はすぐにでもわかりそうなものである。

神武天皇陵と壬申の乱

実は『日本書紀』には、すでにみた記述のほかにもう一か所、神武天皇陵についての記事がある。

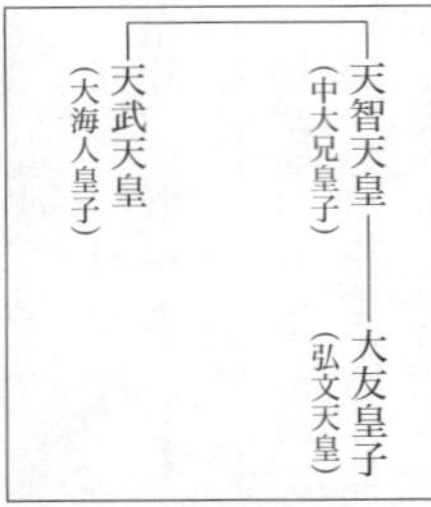

図２　壬申の乱関係系図

註）大友皇子即位の記事は『日本書紀』にみえないが、明治３年（1870）７月に明治政府は在位を認めて弘文天皇と追諡（なくなってから称号をおくること）した。

それは天武《てんむ》天皇元年（六七二）七月条にある。この前年の天智《てんじ》天皇十年（六七一）十二月三日には病重かった天智《てんじ》天皇（推古三十四～天智十、六二六～六七一）が近江《おうみの》宮《みや》で亡くなり、翌年六月に天智《てんじ》天皇の弟の大海人《おおあま》皇子（?～天武天皇十五、?～六八六）が近江朝廷軍に追い詰められてついに吉野を脱し、近江朝廷軍と大海人《おおあま》皇子軍との全面的な戦争に突入した。古代最大の内乱壬申《じんしん》の乱である。結局大海人《おおあま》皇子方が勝利し、天智天皇の子大友《おおとも》皇子（明治三年〔一八七〇〕七月二十三日に弘文《こうぶん》天皇と追諡《ついし》。大化四～天武元、六四八～六七二）七月二十三日に自殺を余儀なくされ、大海人《おおあま》皇子が皇位を継承するにいたる。天武《てんむ》天皇である。

この間の経緯を示す『日本書紀』の記述のなかに神武天皇陵が登場する。『日本書紀』天《てん》武《む》天皇元年七月条によれば、大海人《おおあま》皇子の軍勢が金綱井《かなづなのい》（現在の奈良県橿原《かしはら》市今井町付近か）に到着した際に高市県主許梅《たけちのあがたぬしこめ》が神がかりをして、「自分は高市社《たけちのやしろ》（現在の橿原市高殿町に所在）の事代主神《ことしろぬしのかみ》、また、身狭社《むさのやしろ》（現在の橿原市見瀬町に所在）の生霊神《いくたまのかみ》である。これまでにも皇御孫命《すめみまのみこと》である大海人《おおあま》皇子の前後を守ってきた。そして今でも守っている。西の道から敵の軍勢が押し寄せてくるから警戒しなさい」と言い、さらに「神日本磐余彦天皇《かむやまといわれひこのすめらみこと》（神武天皇）の陵に、馬および種種《くさぐさ》の兵器《つわもの》を奉納しなさい」と言った。許梅《こめ》はすぐに神武天皇陵へ遣わされ、祭祀を行ない馬と兵器を奉納し、高市《たけち》と身狭《むさ》の二社でも祭祀を行なった。また、西の道から敵の軍勢が攻めて来るというのも確かに事実であった、という。

　これによると、壬申《じんしん》の乱での大海人《おおあま》皇子（天武天皇）方の勝利は、神武天皇の加護があってのことであったということになる。

　ここで最も重要なことは、馬と兵器が実際に奉じられたと『日本書紀』が記すことである。『日本書紀』にとってこの記述は、大海人《おおあま》皇子、つまり天武天皇の勝利の正統性を主張するための根拠として有効であってはじめて意味があるものである。そうであればこそ、神武天皇陵への祭祀や馬・兵器の奉納が荒唐無稽《こうとうむけい》なものと解されることがあってはならない。誰しもがそこと認める神武天皇陵なくして、この『日本書紀』の記述はあり得ない。

　しかも、金綱井《かなづなのい》が現在の奈良県橿原《かしはら》市今井町付近であり、高市社《たけちのやしろ》が現在の橿原市高殿町、身狭社《むさのやしろ》が現在の橿原市見瀬町にあったとすれば、神武天皇陵について『日本書紀』が「畝傍《うねび》山東北陵《やまうしとらのみささぎ》」、『古事記』が「畝火山《うねびやま》の北の方の白檮《かし》の尾《お》の上」と述べることともあわせて考えて、神武天皇陵の場所もある程度地域が限定されるというものである。

　ともあれ神武天皇陵は、この天武天皇元年（六七二）七月の段階にあって周知のものとして確かに存在したのである。

『多武峰略記』にみる神武天皇陵

　この後神武天皇陵が史料にあらわれるのは、建久八年（一一九七）に多武峰《とうのみね》寺の検校《けんぎょう》（寺院の僧職。寺内の経営を監督する）静胤《せいいん》が著した『多武峰略記《とうのみねりやつき》』においてである。多武峰《とうのみね》とは奈良県桜井市南辺にある山で、『日本書紀』の斉明天皇二年(六五六)条に「田身嶺(たむのみね)」とあるのが初見である。くだって明治二年(一八六九)二月には僧侶が還俗(僧籍をはなれること)し、同年六月には談山神社と称し、明治七年(一八七四)十二月に別格官幣社に列せられた。その『多武峰略記』には、神武天皇陵に関する次のような説話がみえる。

「旧記」には以下のようにある。国源寺《こくげんじ》は高市郡畝傍山の東北にある。天延二年（九七四）三月十一日に検校泰善《けんぎようたいぜん》がそこを通ると、途中で白髪でみすぼらしい衣服の人物と出会った。その人は泰善《たいぜん》に「あなたはここで国家が栄えるために仏の教えを講ずるのか」と言った。泰善《たいぜん》は「あなたの姓名はなんというのか。また、どこに住んでいるのか」と尋ねた。その答えは「私は人皇第一国主である。いつもここに住んでいる」というものであったが、これを言い終わると姿が見えなくなった。そこで泰善《たいぜん》は毎年三月十一日にそこで法華経を講じた。貞元二年（九七七）に大和の国守の藤原国光はこのことを伝え聞き、方丈《ほうじよう》堂を建てて観音像を安置し、末永く国源寺《こくげんじ》の末寺とした。（大意）

この、高市郡畝傍山東北にある国源寺の検校泰善《たいぜん》と「人皇第一国主」との会話がなされたのが天延二年（九七四）であることと、右にみた、延長五年（九二七）に完成した『延喜《えんぎ》式《しき》』「諸陵寮式」が神武天皇陵を「畝傍《うねび》山東北陵」とすることを考え合わせると、およそ十世紀には神武天皇陵が畝傍《うねび》山の東北にあるということは確かに認識されていて、その傍らには国源寺《こくげんじ》という、いかにも初代神武天皇の陵を守護するにふさわしい名称の寺院が存在していたことが窺われる。

『南都名所集』の「神武田」

神武天皇陵を描いた図としてこれ程印象的な図はないであろう。資料8「『南都名所集《なんとめいしょしゅう》』に描かれた神武田」である。脇差しを差した旅人がかがみ込んで手を合わせるその先に小丘がみえる。これが神武天皇陵である。

大和の人太田《おおた》叙親《のぶちか》・村井道弘著『南都名所集《なんとめいしょしゅう》』（延宝三年〔一六七五〕）の巻第十にみえる神武天皇陵の図である。ただし資料8をよくご覧いただくと、図には「神武田」とあるだけで神武天皇陵とは書かれていない。その点について『南都名所集《なんとめいしょしゅう》』は怠《おこた》りなく説明している。資料9「『南都名所集《なんとめいしょしゅう》』より神武田の説明」のとおりである。

資料８　『南都名所集』に描かれた神武田（国立国会図書館所蔵）

> 一畝傍《うねび》山は。神武《じんむ》天皇の都の跡也。すなハち御陵のしるしの石あり。所の石ハ神武田《じんむでん》と云。己未《つちのとのひつじ》のとし。十月に。日向国宮崎《みやざき》の郡より。此地に帝都《ていと》を建《たて》て橿原《かしはら》の宮と名づけ給へり。此山を俗にハ慈明寺《じみやうじ》山といふなり

ここからわかることは、まず第一に資料8

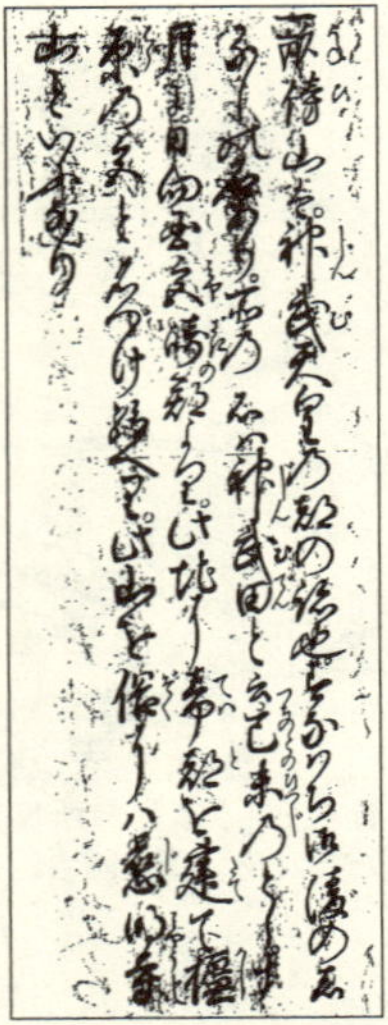

資料９　『南都名所集』より神武田の説明（国立国会図書館所蔵）

にみえる小丘を「石」としていることである。小丘のようにも見えるがこれは「石」、しかも「御陵のしるしの石」というのである。第二には「神武田」は「じんむでん」と読むということである。ここから、およそ延宝年間（一六七三〜八一）には畝傍山の近辺に「神武田（じんむでん）」といういかにもそれらしい名称の「石」が神武天皇陵の「しるし」としてあり、それが名所・古跡のひとつとして広く人びとに知られていたことがわかる。

ただしこの「神武《じんむ》田《でん》」が、例えばすでに触れた壬申《じんしん》の乱に際して大海《おおあ》人《ま》皇子方によって馬や兵器が奉げられた神武天皇陵や、『多武峰略記』にみえる国源寺《こくげんじ》とどのような関係があるかについての史料には恵まれていない。

「糞田」「暴汚の所為」――『前王廟陵記』より

次には、松下見林《まつしたけんりん》による『前王廟 陵記《ぜんのうびょうりょうき》』（元禄九年〔一六九六〕自序）をみることにしたい。『前王廟 陵記《ぜんのうびょうりょうき》』は天皇陵をおおむね歴代順に掲げて註釈を付したものであるが、これも神武天皇陵について極めて印象的に記す。次のとおりである。

東北陵（引用註、神武天皇陵）は百年ばかり以来、壊《こぼ》ちて糞田と為《な》る。民その田を呼びて神武田と字《あざな》す。暴汚のなす所、痛哭《つうこく》（引用註、大いに嘆き悲しむこと）すべき也。数畝を余し一封（引用註、ひとつの区画）をなす。農夫これに登るも、恬《てん》として（引用註、何も気にする様子がないこと）怪《かい》となさず、これを観《み》るに及んで寒心（引用註、恐れおののくこと）す。（原漢文）

神武天皇陵、すなわち神武田が破壊され「糞田」となっている、というのである。「糞田」とは排泄物等を肥料としている田を指し示すものと解してよいであろう。しかも、その神武天皇陵に農民が登っても全然気にする様子もないのはまことに恐れ多い、というのである。

すでにみた『南都名所集《なんとめいしよしゆう》』とあわせて、この頃神武天皇陵が荒廃していた様子をよく窺《うかが》うことができる。しかしそれと同時に、神武田は神武天皇陵として確定されていて、しかもよく知られていたこと、そして荒廃している状態は決して好ましいものではないと認識されていたこともわかるのである。

『諸陵周垣成就記』

このような神武天皇陵、つまり神武田の状態は、元禄十一年（一六九八）に細井知慎《ともちか》によって著された『諸陵周垣成就記《しよりようしゆうえんじようじゆき》』によっても同じである。同書の元禄十二年（一六九九）九月二十八日の「叙言」には、知慎《ともちか》と同僚「大和国宇多の住人」の話の内容を収める。それによれば、当時の神武天皇陵の様子は次のとおりであったという。

おとゝし（引用註、元禄十年）帝陵御尋有りて、某《それがし》（引用註、自分のこと）も役にさゝれ、大和路の旧跡ことごとく巡り侍りしが、神武天皇の陵、畝傍山の東北におはします。田の中までしる人なかりし所の民、じぶの田とよび侍りき。神武の音の転じたるなり。京兆の尹（引用註、京都所司代。江戸幕府の京都出先機関。朝廷・寺社の監察等にあたった）の命をうけて、土を重ね垣をゆひて、土民近づく事を得ず。其外あまたの陵ども皆かくのごとし。誠に昭代（引用註、よく治まっている御世）の御政おほき中に、是等は異国までも聞えて、めでたき御事なめりといふ。

これによると、農民によって耕作され僅かに残っていた神武天皇陵（神武田、ここでは「じぶの田」）も、京都所司代の命によって垣を築いて保護されるようになり、農民（「土民」）が中に入ることができないようになった、というのである。まさに「周垣成就《しゅうえんじょうじゅ》」である。そしてこのことは、「異国までも聞え」るとても良いことである、とするのである。

ここに至って、神武天皇陵としての神武田は、ようやく安泰かと思われた。しかしおよそ時を同じくして何と神武田は、神武天皇陵としての地位を追われてしまう。

塚山の登場——元禄の修陵

右にみた『諸陵周垣成就記《しょりょうしゅうえんじょうじゅき》』は、元禄十年（一六九七）以降に幕府によってなされた修陵事業に際して著されたものであるが、実はその元禄の修陵では神武天皇陵には神武田ではなく、四条村の塚山があてられたのである。これは、元禄十年九月十六日に四条村と小泉堂村の役人が、「御陵字塚山」が「神武天皇御廟」であると「村人」が申し伝えていることを修陵事業を管轄した京都所司代に申し立てたため、塚山が神武天皇陵と定められた、ということなのである。それならば、神武田がある山本村はこれに対抗する申し立てをしなかったのであろうか。今となっては真相を究明する手立てとてない。

もちろん京都所司代とても、山本村の神武田を知らなかったことはない。『諸陵周垣成就記』の記述のとおりである。しかしながらここに塚山は幕府の管理する正式の神武天皇陵となり、神武田は少なくとも幕府の関与しない元神武天皇陵とでもいうべき存在となってしまった。とはいえ、神武天皇陵としての神武田が全く忘れ去られてしまったのでもない。

本居宣長著『菅笠日記』

国学者として名高い本居宣長《もとおりのりなが》（享保十五～享和元、一七三〇～一八〇一）も神武天皇陵について述べている。伊勢松阪に居を構えた宣長が明和九年（一七七二）の春に吉野への旅行記として著した『菅笠《すががさ》日記』（寛政七年〔一七九五〕）には、次のようにある。

この四条村の一町ばかり東、うねび山よりは五六町もはなれて、丑寅《ウシトラ》（引用註、東北）のかたにあたれる田の中に、松一もと桜ひと本おひて、わづかに三四尺ばかりの高さなる、ちひさき塚《ツカ》のあるを、神武天皇の御陵と申つたへたり。されどこれは、さらにみさゞき（引用註、みささぎ〔陵〕）のさまとはみえず。又かの御陵は、かしの尾上《ヲノヘ》と古事記にある

資料10　本居宣長

を、こゝははるかに山をばはなれて、さいふべき所にもあらぬうへに、綏靖《スイゼイ》・安《アン》寧《ネイ》なンどの御ン（陵）は、さばかり高く大きなるに、これのみかくかりそめなるべきにもあらず、かたかた心得がたし。

ここに「ちひさき塚《ツカ》」とあるのは、元禄の修陵以降幕府によって神武天皇陵とされていた塚山である。宣長はこれを「さらにみさゞき（陵）のさまとはみえず」と否定する。しかし問題は、宣長がその根拠を『古事記』の神武天皇陵についての記述に求めていることである。『古事記』には、神武天皇陵について「御陵《みはか》は畝火山《うねびやま》の北の方の白檮《かし》の尾《お》の上に在《あ》り」とあるのはすでに述べたとおりである。宣長は、塚山は『古事記』の示すこの方角や地形に合致しないとして、塚山を神武天皇陵とすることに異を唱えたのである。

しかし後に宣長は、大和の人竹口栄斎《たけぐちえいさい》が著した『陵墓志』（奥書は寛政九年（一七九七））が述べる神武天皇陵を御陵山《みささぎやま》とする説に同調するようになる。宣長と栄斎は面識があったと考えられる。栄斎のいう御陵山は、山本村の枝村《えだむら》（ひとつの村からわかれた村）である洞《ほら》（保良）村にあるもので、栄斎は実地検証に加えて『古事記』の記述を重視して、御陵山を神武天皇陵と考えるに至ったのである。

蒲生君平著『山陵志』

蒲生《がもう》君平《くんぺい》著『山陵志』（文化五年〔一八〇八〕）にも、当然神武天皇陵についての記述がある。『山陵志』で君平は栄斎《えいさい》と同じく神武天皇陵を御陵山とする考えを述べる。次のとおりである。

〔読み下し文〕

大祖の中国《なかつくに》を平定し、畝傍の東南《たつみ》を相《み》て、もって土中《くになか》となし、王宮を営み、橿原《かしはら》の宮と曰《い》う。けだしその宮に橿《かし》を樹《う》うるをもって名づくる所か。『古事記』に橿を白檮《はくとう》に作る。白檮は即ち橿なり。また陵のある所を称して白檮尾上《かしのおのうえ》と曰う。これ之《これ》を移すに宮樹を以てせず。則ち宮名を取るなり。尾上《おのうえ》は、山嵎の尾《お》の如きものの上。今畝傍山東北《うしとら》の嵎《すみ》（引用註、山地の奥まったすみ）に、呼びて御陵山《みささぎやま》と曰う、墳然として隆起す。此《ここ》なり。

〔現代文訳〕

大祖である神武天皇は畿内を平定してから、畝傍《うねび》山の東南を選んで国の中心とし、王宮を営んで橿原《かしはら》の宮と称した。これは王宮に橿《かし》を植えたために名付けたものか。『古事記』では橿《かし》を白檮《はくとう》としている。白檮《はくとう》とは橿のことである。また、神武天皇陵の所在地を「白檮尾《かしのおの》上《うえ》」という。これは橿《かし》を移したのではなく、王宮の名称を取ったということである。「尾《おの》上《うえ》」というのは山の端が尾のようになだらかになっている所のことで、今、畝傍《うねび》山の東北の隅に御陵山《みささぎやま》といって墳のように隆起している所が神武天皇陵である。

ここにみえるように君平が取った神武天皇陵決定の方法は、『古事記』の「御陵《みはか》は畝火山《うねびやま》の北の方の白檮《かし》の尾《お》の上に在《あ》り」との記述を根拠とするものである。この点では君平の説は、少なくとも神武天皇陵に関しては宣長や栄斎がとった方法と共通する。すでに本章1「江戸時代の姿」で取り上げたように、君平は、寛政八年（一七九六）から翌年にかけてと寛政十一年（一七九九）から翌年にかけての計二回天皇陵の実地観察のために関西を訪れているが、君平はその二回とも大和に住む栄斎《えいさい》のもとを訪れている。その際には話は神武天皇陵にも及んだのであろう。

それでは君平は、神武田《じんむでん》についてはどのような見解をもっていたのであろうか。やはり『山陵志』には次のようにある。

〔読み下し文〕

神武田一名は美賛佐伊《みさんざい》。これ美佐佐岐《みささき》の訛《なま》る所。即ち山陵を謂《い》うなり。山陵と廟と俗にその言を互にす。今、神武田を謂いて、美佐佐岐《みささき》という。けだし、その嘗《かつ》て廟あるを以てなり。

〔現代文訳〕

神武田は一名美賛佐伊《みさんざい》ともいう。これは美佐佐岐《みささき》が訛ったもので山陵のことをいう。山陵と廟とは一般には同じ意味で用いられることがある。今日、神武田を美佐佐岐《みささき》というのは、かつて廟があったからであろう。

ここにみえるのは、神武田を廟、つまり霊を祀《まつ》る所と解する考え方である。君平はそれまでの神武天皇陵を神武田とする考え方について、神武田を廟とすることで解決しようとしたのであろう。またここでは、神武田の別称が「美《み》賛《さんざ》佐伊《い》」、つまりミサンザイであることも述べている。以降本書でもこれに従って、神武田とミサンザイを併記することにする。

神武天皇陵と水戸藩

すでに述べたように、神武天皇が即位したのは西暦でいうと紀元前六六〇年である。それからすると昭和十五年（一九四〇）が二六〇〇年目にあたること、そして同年十一月十日と十一日に「紀元二千六百年式典」と「奉祝会」が宮城前広場で行なわれたこともすでに述べた。その伝でいうと紀元二千五百年もあったはずである。それにあたる年は天保十一年（一八四〇）である。

これまでみたように、江戸時代には神武天皇陵をめぐる議論は盛んであった。その機運を反映して、天保十一年（一八四〇）に訪れる紀元二千五百年と神武天皇陵を結びつけようとした人物がいた。水戸藩主徳川斉昭《なりあき》（寛政十二～万延元、一八〇〇～六〇）である。斉昭《なりあき》は幕末期には将軍継嗣問題や条約勅許《ちょっきょ》問題をめぐって幕府と厳しく対立することになるが、それに先立つ天保五年（一八三四）に、紀元二千五百年にあたる天保十一年に神武天皇陵を修補することを老中大久保加賀守忠真に建白したのである。

これは、将軍徳川家慶《いえよし》の厄年四十二歳の厄払いと、「帝皇始祖之御廟（引用註、神武天皇陵）御修遊ばされ候はば、ますます御至徳相顕れ、御武運いよいよ御長久に御座あるべし」（『藤田彪《たけき》手記』より。原漢文）との見地からなされたものである。当時神武天皇陵がどのように考えられていたかを、ここからよく窺《うかが》うことができる。

とはいってもここまでみてきたように、その神武天皇陵がいったい神武田・塚山・御陵山のどれなのか、あるいはそれ以外にあるのか。それがわからないのでは、神武天皇陵修補どころではないのはもちろんである。結局、斉昭《なりあき》によるこの建白が実現することはなかった。

いったい神武天皇陵はどこにあるのであろうか。右にみた三つの説のうちどれが正しいのであろうか。あるいはこの三説のほかにより適当な場所があるのであろうか。どの説が正しいのかを、誰がどのようにして決めたらよいのであろうか。

『聖蹟図志』より

資料11「『聖蹟図志《せいせきずし》』より神武天皇陵」をご覧いただきたい。『聖蹟図志』は平塚瓢斎《ひらつかひようさい》（津久井《つくい》清影《きよかげ》とも。寛政六〜明治八、一七九四〜一八七五）の著で、嘉永七年（一八五四）十一月の「識語《しきご》」（本文のほかに書き加えた部分）がある。『聖蹟図志』の詳密な図は、後世の研究者にとって当時の天皇陵について知るための大きなよすがになっている。

いくつかの神武天皇陵や神武天皇陵の関連地が資料11「『聖蹟図志』より神武天皇陵」にはみられる。まず図の右下に「此一丘御陵又丸山神武天皇畝傍山東北陵」とある丸山《まるやま》である。つまり平塚瓢斎は、この丸山を神武天皇陵としたということである。

この丸山は、すでにみた竹口栄斎《たけぐちえいさい》・蒲生《がもう》君平《くんぺい》が神武天皇陵とした御陵山《みささぎ》である。『聖蹟図

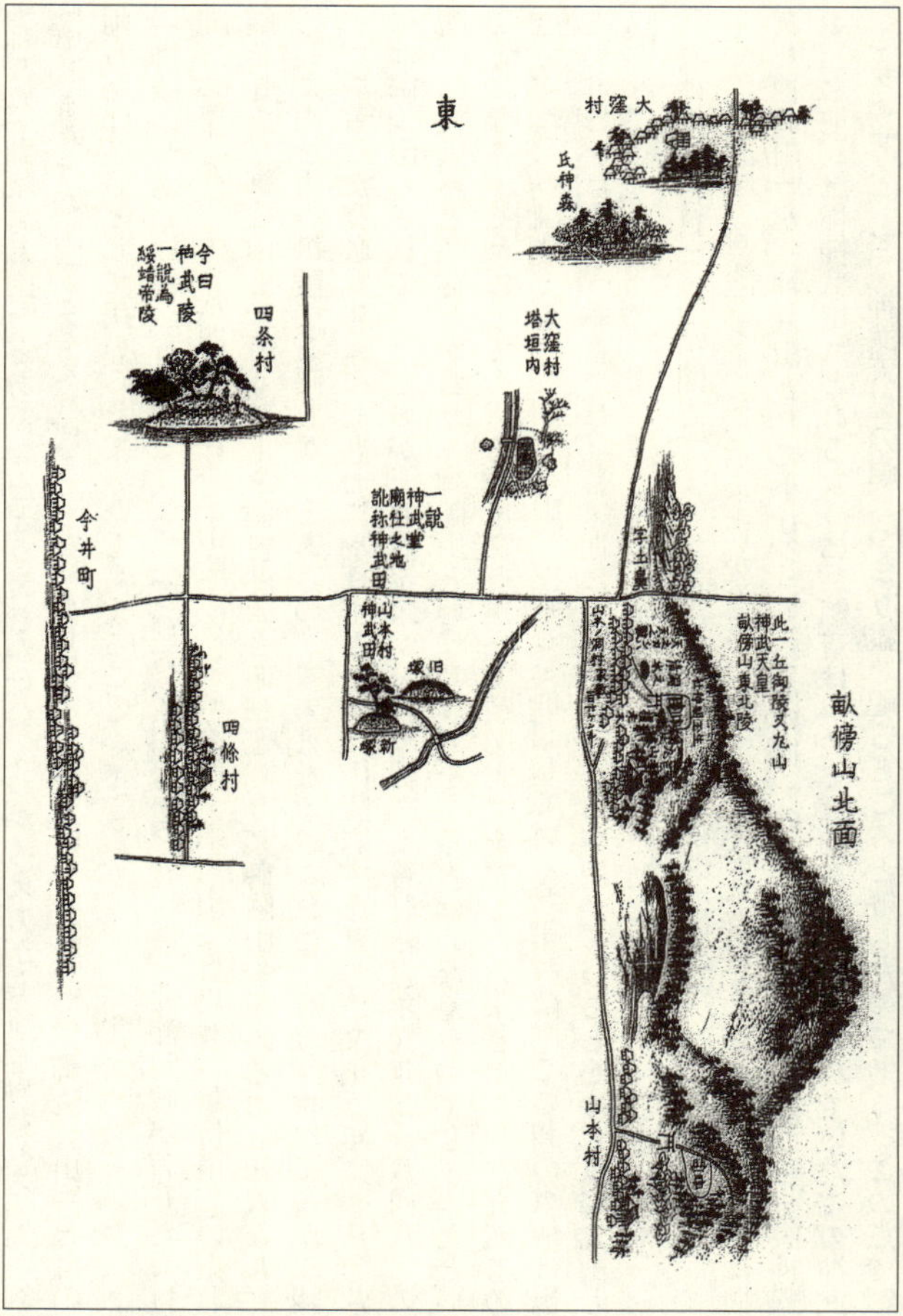

資料11　『聖蹟図志』より神武天皇陵（国立公文書館内閣文庫所蔵）

志』に「御陵又丸山」とあるのをどう読むかはいくつか考え方があると思われるが、「御陵（山）または丸山」と考えれば、この嘉永七年（一八五四）の時点で、御陵（山）と丸山の両方が呼び名として用いられていたと考えることができる。

「御陵山」あるいは「丸山」といった呼び方の由来については、北浦定政《きたうらさだまさ》が著した『打墨縄《うちすみなわ》』（嘉永元年（一八四八））に、「山陵志に神武陵は、畝火山《うねびやま》（引用註、畝傍山）の東北の隅《すみ》を呼て、御陵山と云所、其下を洞村と云とあれど、今其御陵山を尋ぬるに、知人なし。但し此丸山を古へ御陵山と呼しか」とあるのが参考となる。これによれば、竹口栄斎が『陵墓志』を著した寛政九年（一七九七）や蒲生君平が『山陵志』を著した文化五年（一八〇八）には御陵山とされていたものが、北浦定政が『打墨縄』を著した嘉永元年（一八四八）の段階では丸山へと名称がかわり、御陵山という呼び方をする人はいなくなってしまったということになる。それにしても、その後瓢斎《ひょうさい》が『聖蹟図志《せいせきずし》』を著した嘉永七年（一八五四）の時点で、なお「御陵（山）」と「丸山」の両方を併記しているとすれば、この間の事情は複雑というほかはない。本書では、幕末期には丸山とされる事例が多いことから、以降丸山と表記する。

次には資料11「『聖蹟図志』より神武天皇陵」の中央下にみえる「山本村神武田」である。「旧塚」・「新塚」とふたつの小丘がみえるが、その点では資料8「『南都名所集《なんとめいしょしゅう》』に描かれた神武田」が、神武田として小丘をひとつだけ描くのとはよい対照をなす。「一説神武堂廟社之地、訛称神武田」とあるように、瓢斎はかつては神武天皇陵とされていたこの神武田（ミサンザイ）を、神武天皇の廟《びょう》、つまり霊を祀るところと解したのである。この点で瓢斎

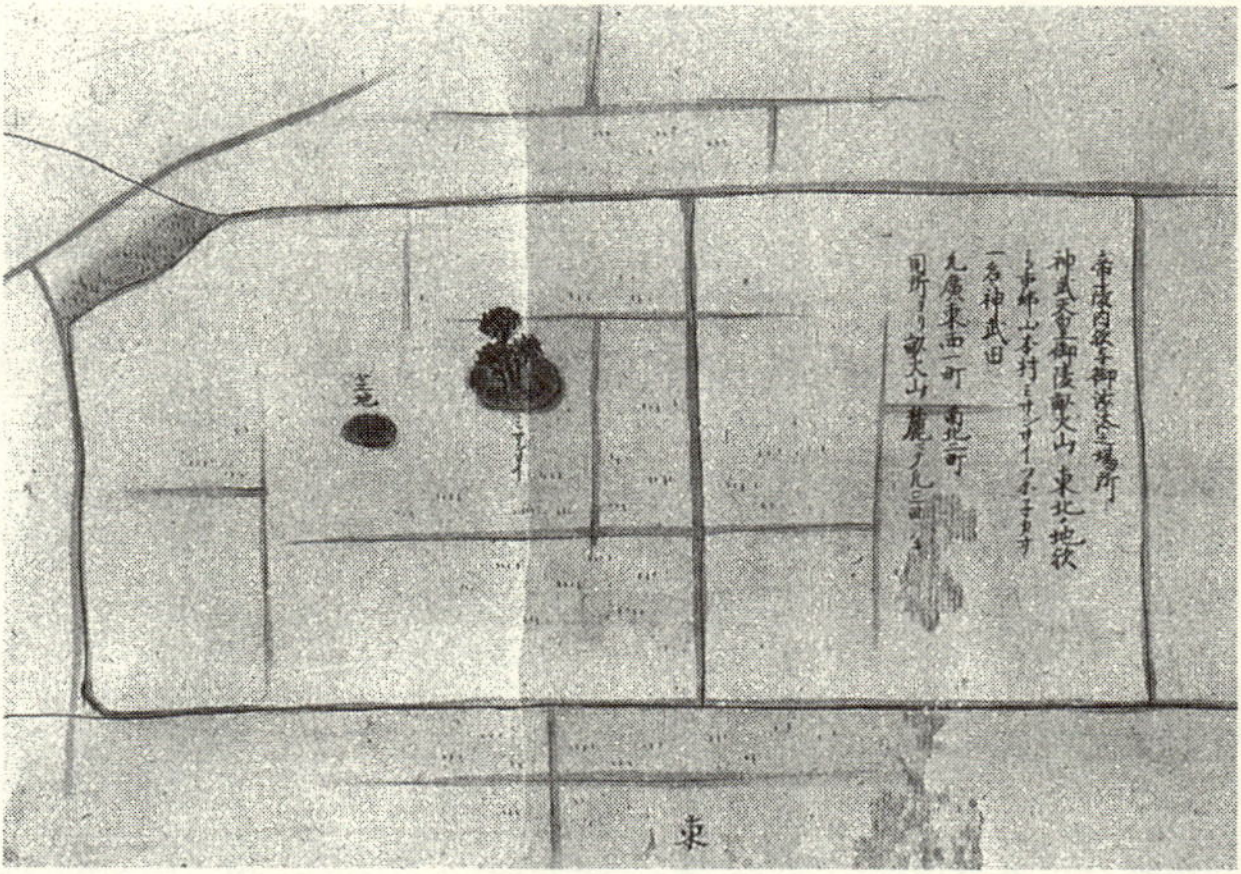

資料12　岡本桃里画『文久帝陵図』より神武田（ミサンザイ）（宮内庁書陵部所蔵）

は君平と見解を同じくする。

そして、資料11「『聖蹟図《せいせきず》志《し》』より神武天皇陵」の左上にみえる四条村の「今日神武陵」が、すでにみた元禄十年（一六九七）以来幕府によって正式に神武天皇陵とされている塚山である。そうしてみると、ここには三か所の神武天皇陵、あるいはその候補地が描かれていることになる。

『文久帝陵図』より

ここでは資料12「岡本桃里画『文久帝陵図』より神武田（ミサンザイ）」をみることにしたい。これは本章2「文久の修陵」でみた大和桜井の絵師岡本桃里《とうり》が、文久の修陵に際してなされた文久二年（一八六二）十一月から翌十二月にかけての戸田忠至による巡検に加わった際に描いたものと思われる。文字が小さくて見にくいが、「高市郡山本村ミサンザイツホネカサ一名神武田」とあり、その「神武田」のなかにふたつの小丘が描かれている。図の説明には、やはり文字が小さいが「帝陵内歟と御沙汰之場所」、あるいは「神武天皇御陵畝火山東北ノ地歟」（いずれも傍点引用者）とあり、神武田《じんむでん》（ミサンザイ）は神武天皇陵の有力な候補ではありながらも、この時点ではいまだ最終的に決定したのではなかったことがわかる。

また資料12をよくみると、ふたつの小丘のうち右のものには「ミサンザイ」、左のものには「芝地」と註記があることがわかる。そうすると、この段階ではふたつの小丘をあわせて神武田《じんむでん》とするなかでも、特に右のものがミサンザイ、つまり神武天皇陵の本体とされたと考えられる。

そうであればこの「ミサンザイ」「芝地」との表記は、神武田《じんむでん》（ミサンザイ）が神武天皇陵とされた場合、どの範囲を神武天皇陵とするかという差し迫った問題に、戸田忠至による巡検の時点においてすでに直面していたことになる。

谷森・北浦の両説

文久三年（一八六三）二月になって、神武天皇陵の決定へ向けての顕著な動向がみられた。神武田《じんむでん》（ミサンザイ）を主張する谷森善臣《たにもりよしおみ》の説と、丸山を主張する北浦定政《きたうらさだまさ》の説の対立である。

神武田《じんむでん》（ミサンザイ）を神武天皇陵と主張する谷森善臣《たにもりよしおみ》は、その根拠として左の点を挙げる。

・『古事記』が神武天皇陵の場所を「白檮《かし》の尾の上」、つまり山の尾根の上にあるとする以上、神武田（ミサンザイ）は神武天皇陵として適当でないという見方もあるがそれは違う。千年以上前の『古事記』の文言を現在の地形にあてはめては考えられない。

・そもそも「白檮《かし》の尾の上」と読むのではない。「白檮尾《かしお》の上」、つまり白檮尾《かしお》を地名として考えるべきである。すなわち神武天皇陵は必ずしも高い山の尾の上になくてもよい。

・ミサンザイという地名はミササギ、つまり陵《みささぎ》の転訛《てんか》（発音がなまってかわること）である。地元の民が伝承した地名は確かなものであり、神武田《じんむでん》もそこが神武天皇陵であることをよく示すものである。

・付近には国源寺の跡もあり、これもミサンザイが神武天皇陵であることの証拠である。

谷森善臣《たにもりよしおみ》の説で特徴的なのは、「白檮尾上」を「白檮尾《かしお》の上」と読んで「白檮尾《かしお》」を地名とする新説と、「神武田」「ミサンザイ」といった地元に伝わる地名を重視する姿勢である。

これに対して丸山を神武天皇陵とする北浦定政《きたうらさだまさ》は、その根拠として左の点を挙げる。

・丸山は、『古事記』が神武天皇陵の所在地を「白檮《かし》の尾の上」とする山の尾根の上という地形によく合致する。

・『日本書紀』は、「畝傍山東北陵」と神武天皇陵の所在地について方角を示して記すが、丸山はこの記述にもかなう。

・さらに、『延喜式《えんぎしき》』は神武天皇陵の範囲を「東西一町、南北二町」とするが、丸山はこの条件も満たす。

北浦定政《きたうらさだまさ》の説で特徴的なのは、『古事記』『日本書紀』、また『延喜式』といった文献の記述を重視する姿勢である。

　根底から対立するこの二説に、どうやって白黒をつけようというのであろうか。学問上の決着をつけようというだけなら、いくらでもいつまでも論争をすればよい。しかし緊張した幕末期の政局のなかで、学問上の論争の決着を待たなければ初代天皇たる神武天皇の陵を決定できないというわけにはいかなかったのである。

孝明天皇の勅裁

　さてそれでは、神武天皇陵はどのようにして決定されたのか。結局は孝明《こうめい》天皇の勅裁《ちょくさい》（天皇による決定）を仰ぐことになったのである。天皇陵がどこにあるかは天皇が決めるのである。他の誰が決めるのでもない。

　さらにいえばこの二説は、決して公平に扱われたのではない。北浦定政《きたうらさだまさ》の説はまず谷森善《たにもりよし》臣《おみ》に回覧され、谷森善臣《たにもりよしおみ》による反論の書面が付された上で孝明天皇の叡覧《えいらん》（天皇にお目にかけること）に供されたのであった。反論するというのならお互いが相手の説に対してするのが筋であろうが、そうはならず、谷森善臣《たにもりよしおみ》による反論のみがなされたのである。つまりこの孝明天皇による勅裁《ちょくさい》は、実際には、当初から神武《じんむ》田《でん》（ミサンザイ）を主張する谷森善臣《たにもりよしおみ》の説を採用するという結論を前提としたものであった。

　その孝明天皇による勅裁《ちょくさい》は、文久三年（一八六三）二月十七日に達された。次のとおりである。

神武天皇御陵の儀、神武田の方に御治定仰せ出され候事、もっとも丸山の方も麁末《そまつ》（引用註、粗末。おろそかに扱うこと）に相成らざる様、仰せ出され候事（原漢文）

天皇によって天皇陵の場所が決定されたということのほかに、注目すべき点が二点ある。挙げてみよう。

・神武田《じんむでん》（ミサンザイ）に決定した理由は全く示されていない。
・神武天皇陵とされなかった丸山についても、「麁末《そまつ》」にしないように、とされた。

神武田（ミサンザイ）説を主張した谷森善臣《たにもりよしおみ》と丸山説を主張した北浦定政《きたうらさだまさ》は、ともに文化十四年（一八一七）生まれでこの年に四十七歳。北浦定政《きたうらさだまさ》は八年後の明治四年（一八七一）に五十五歳で亡くなり、谷森善臣《たにもりよしおみ》は明治四十四年（一九一一）に九十五歳で亡くなるまで、天皇陵にかかわる事柄のほかにも広く国学関係の研究に大きな足跡を残した。

神武天皇陵の完成

その後文久の修陵で神武天皇陵がどのように修補されたかは、すでに読者の皆さんはよくご存知である。本章2「文久の修陵」でみた、資料4「鶴澤探眞画「山陵図」より」ⓐ「神武天皇陵」－1「荒蕪《こうぶ》」図・2「成功《せいこう》」図のとおりである。1「荒蕪《こうぶ》」図が修陵前の様子であり、先にみた資料11「『聖蹟図志《せいせきずし》』より神武天皇陵」にみえる「山本村神武田」、また資料12「岡本桃里画『文久帝陵図』より神武田（ミサンザイ）」にみえるふたつの小丘と同じものである。そして、ⓐ「神武天皇陵」－2「成功《せいこう》」図が修補が成った図である。ふたつの小丘、つまり資料12「岡本桃里画『文久帝陵図』より神武田（ミサンザイ）」に描かれた「ミサンザイ」も「芝地」も含めてともに神武天皇陵の本体として、近代天皇制を象徴する聖域の中核として整備された様子をよく窺うことができる。

文久の修陵で神武天皇陵にかけられた経費は、一万五〇六二両一分二朱である。これは、文久の修陵全体の経費の一七・七パーセントを占める。他のすべての天皇陵に先駆けて文久三年（一八六三）五月に普請に着手され、足かけ八か月をかけて同年十二月に落成した。この功を賞して翌文久四年（一八六四）正月二十九日に将軍徳川家茂《いえもち》が従一位に、宇都宮藩主戸田越前守忠恕が従四位下に叙せられ、山陵奉行戸田大和守忠至《ただゆき》も万石以上の取り扱い（一万石以上の石高を持つ大名と同じ格を与えられること）とされた。そして同年五月八日には権中納言野宮《ののみや》定功《さだいさ》が奉幣使として神武天皇陵に遣わされ、国家平安・攘夷貫徹が祈願されたのである。この時期神武天皇陵は、政治的に極めて重要な位置にあったということができる。

紀元二千六百年と神武天皇陵

本書の視点から、ぜひ読者の皆さんに知っておいていただきたい神武天皇陵をめぐる動向がある。それは、先にも述べた昭和十五年（一九四〇）の紀元二千六百年記念事業に関連してのものである。

紀元二千六百年に際しては、記念事業として橿原《かしはら》神宮の整備・神武天皇聖蹟の調査保存顕彰等が計画されたが、神武天皇陵や、そこに至る参道についてももちろん拡張・整備の対象であった。神武天皇陵の参道は、文久の修陵以来東から入って直接南面する拝所に至るようになっていたものが、紀元二千六百年記念事業に際して参道を長く付け替えて、いったん南側に曲がってから拝所の前に出るように改められたのである。言うまでもなく、神武天皇陵の荘厳性・神秘性を増すためである。

しかしこれには別の案もあった。それは、現在の神武天皇陵、つまり神武田《じんむでん》（ミサンザイ）と丸山とをあわせて拝することができるように参道を付け替えるというものであった。結局これは実現されなかったものの、東京帝国大学名誉教授であった黒板勝美《くろいたかつみ》（明治七〜昭和二十一、一八七四〜一九四六）は、この案を支持していたという。

この時期にあっても、丸山は決して忘れ去られたのではなかった。文久三年（一八六三）二月十七日の「もっとも丸山の方も麁末《そまつ》に相成らざる様」との孝明天皇の勅裁は、反面、神武田《じんむでん》（ミサンザイ）が神武天皇陵であることのあやふやさの、これ以上はない証明でもあった。

今日神武天皇陵を訪れると、そこには森厳《しんげん》な雰囲気が自ずと醸《かも》し出されている。初代の天皇の陵として、これほど相応しい陵はないとすら思わせる。しかしここでみたとおり、そこには幕末期までは小丘がふたつあるだけで、他にも丸山（御陵山）・塚山といった神武天皇陵の候補地はあったのである。歴史的にみれば、今日神武天皇陵とされている神武田《じんむでん》（ミサンザイ）も、その候補地のひとつであったに過ぎない。

＊

神武天皇陵はどこにあるのか。これだけが唯一の問題であったかのようにみえる。もちろん神武天皇陵の場所がどこかわからなくては一歩も進まないのであって、最大の懸案であったのは確かであるが、ほかにも、最終的に誰が場所を決定するのか、どのように修補されるべきなのか、どのように祭祀がなされるべきなのか等々、神武天皇陵をめぐって解決されなければならない課題はとても多く、かつ重要なものばかりであった。

しかしすでに述べたように、神武天皇は『古事記』『日本書紀』にみえる伝説上の人物であって歴史上実在したのではない。いってみれば、『古事記』『日本書紀』にみられる創り出された人物である。その神武天皇の陵があるというのであるから、確かにおかしなことである。とはいうもののいったん陵ということになれば、これとは全く別の次元の問題が多く出てくるのである。ここで縷縷《るる》みたとおりである。創り出された人物の創り出された陵。これが神武天皇陵をめぐる問題の本質である。天皇陵一般に問題を拡げてみても、通じる部分は極めて多い。

第二章　天皇陵決定法

1　仁徳天皇陵の探しかた

仁徳《にんとく》天皇は『古事記』『日本書紀』の伝える第十六代の天皇である。民家から烟《けむり》が立ちのぼらないことを憂えて三年間すべての租税や労役を免除したという説話でよく知られている。しかしそれ以上に仁徳天皇を歴史上著名ならしめているのは、大阪府堺市堺区大仙《だいせん》町にある仁徳天皇陵の存在であろう。この国最大の規模を誇るものとして、これほどよく知られた古墳はない。ここではこの仁徳天皇陵やその周辺の事柄を例として取り上げて、どの古墳が何天皇陵とされるのか、つまり天皇陵比定の方法について考えることにしたい。ただしここでは、墳丘の規模・形態や遺物の検討等といったいわば考古学的方法ではなく、専ら文献によった方法を採用することにしたい。そのほうが、今日における陵墓をめぐる問題点をより明確に浮かび上がらせることができると思われるからである。

『古事記』と『日本書紀』

仁徳天皇陵については、『古事記』『日本書紀』によく述べられている。『古事記』は「毛《も》受之耳原《ずのみみはら》」、『日本書紀』は「百舌鳥野《もずのの》陵《みささぎ》」とする。ここに「毛受《もず》」なり「百舌鳥《もず》」とある

写真４　仁徳天皇陵（大山古墳、大阪府堺市）

のは、『日本書紀』仁徳天皇六十七年十月五日条が、仁徳天皇が河内の石津原《いしつのはら》（現在の大阪府堺市堺区石津町付近）に行幸《ぎょうこう》（天皇が御所から外に出かけること）して自らの陵地を定め、陵を作りはじめた十八日に鹿が野からあらわれて役民《えきみん》（労役に従う人々）のなかに入って倒れて死んで鹿の耳から百舌鳥《もず》が出てきたが、鹿の耳のなかは悉《ことごと》く食い裂かれており、これを百舌鳥耳原《もずみみはら》という地名の起源とする、と記すことに由来する。この『日本書紀』の記述によって、仁徳天皇陵が、河内の石津原《いしつのはら》改め百舌鳥耳原《もずみみはら》と称する地に営まれたとされたことがわかるのである。

「諸陵寮式」

『古事記』『日本書紀』以外の史料ということになると、『延喜式《えんぎしき》』「諸陵寮式《しょりょうりょうしき》」がある。仁徳天皇陵については次のとおりである。

百舌鳥耳原中陵《もずみみはらなかのみささぎ》。難波《なにわ》高津宮《たかつのみや》御宇《ぎょう》仁徳天皇。和泉国大鳥《おおとり》郡に在《あ》り。兆域《ちょういき》は東西八町《ちょう》。南北八町。陵戸《りょうこ》五烟。（原漢文）

「諸陵寮式」は、『古事記』『日本書紀』の段階よりもはるかに詳しく仁徳天皇陵について記す。まずは陵の名称である。ここに「百舌鳥耳原中陵」(傍点引用者)とあるのは、この仁徳天皇が、和泉国大鳥郡の百舌鳥耳原にあるいくつかの天皇陵のうち中央に位置するということである。次には規模である。「東西八町。南北八町」とあるのが仁徳天皇陵の規模を具体的に示すものである。この「町」というのがどの位の長さを示すのかが仮に判然としなかったとしても、陵の東西の長さと南北の長さの割合を検討したり、他の天皇陵の規模を示す記述と比較することはできる。そして現地における管理の実態である。「陵戸五烟」とあるのは、現地における陵墓の世襲の管理者である陵戸(律令制下では「賤民《せんみん》」に属する)が五軒あったということである。

さて「諸陵寮式」は、和泉国大鳥郡百舌鳥耳原にある仁徳天皇陵以外の天皇陵についても記している。次のとおりである。

百舌鳥《もず》耳原北陵《みみはらきたのみささぎ》。丹比柴籬宮御宇《たじひのしばがきのみやぎょう》反正《はんぜい》天皇。和泉国大鳥郡に在《あ》り。兆域は東西三町。南北二町。陵戸は五烟。
百舌鳥《もず》耳原南陵《みみはらみなみのみささぎ》。磐余稚桜宮御宇《いわれのわかさくらのみやぎょう》履中《りちゅう》天皇。和泉国大鳥郡に在《あ》り。兆域は東西五町。南北五町。陵戸は五烟。(原漢文)

一見して明らかなとおり、「諸陵寮式」によればこれらの位置関係は北から南に向かって反正天皇陵・仁徳天皇陵・履中天皇陵の順であり、ここで仮に「諸陵寮式」にある東西と南北の町数を乗じてこれらの規模を比較すれば、反正天皇陵六（三町×二町）、仁徳天皇陵六十四（八町×八町）、履中天皇陵二十五（五町×五町）の割合となる。これで、和泉国大鳥郡百舌鳥耳原にこの条件にかなう古墳がちょうど三基あってそれ以外の古墳が一基もなければ、反正・仁徳・履中天皇陵はすぐにでも、そして誰にでも納得できる形で決定できるということになる。

百舌鳥古墳群

ところが問題はそう簡単ではない。「諸陵寮式」のいう和泉国大鳥郡はおおむね今日の大阪府堺市にあたり、古墳が密集する地域としては百舌鳥《もず》古墳群といわれる。そしてそこには図3「百舌鳥古墳群の古墳（概念図）」にみえるように、巨大前方後円墳に限っても三基をはるかに超える古墳がある。このなかからすでに右にみた条件で、反正・仁徳・履中天皇陵を探さなければならないのである。読者の皆さんがご自分でお探しになるとすれば、古墳A～Gのうちどれを反正・仁徳・履中天皇陵にあてるであろうか。

しかし、あるいは読者の皆さんは疑問を持たれるかも知れない。つまり、なぜ『古事記』『日本書紀』や「諸陵寮式」に頼ってどの古墳がどの天皇陵かを決めなければならないのか、古墳には何らかの形で例えば墓誌《ぼし》（亡くなった人の事績などを石碑に彫り込むなどしたもの）等があってそこには被葬者《ひそうしゃ》（そこに葬られている人）の名が記されていて、それによってどの古墳がどの天皇陵かを決められるのではないか、という疑問である。

ところが、この国の古墳に墓誌がみられることはないのである。現代の感覚からすれば、莫大な労力を長期間にわたって費やしたのであれば、被葬者について記した墓誌がないなどということはおよそ考えられもしない。しかし、どのような形にせよ、そしてどのような理由にせよ、被葬者名を古墳に残すことはタブー（固く禁じられていること）であったのであろう。であるからこそ、後世になるとどの古墳に誰が葬られているのかがついにわからなくなってしまったのである。そこで、後世に成った諸種の文献等に拠るのが天皇陵決定のための最も有力な方法となったということなのである。

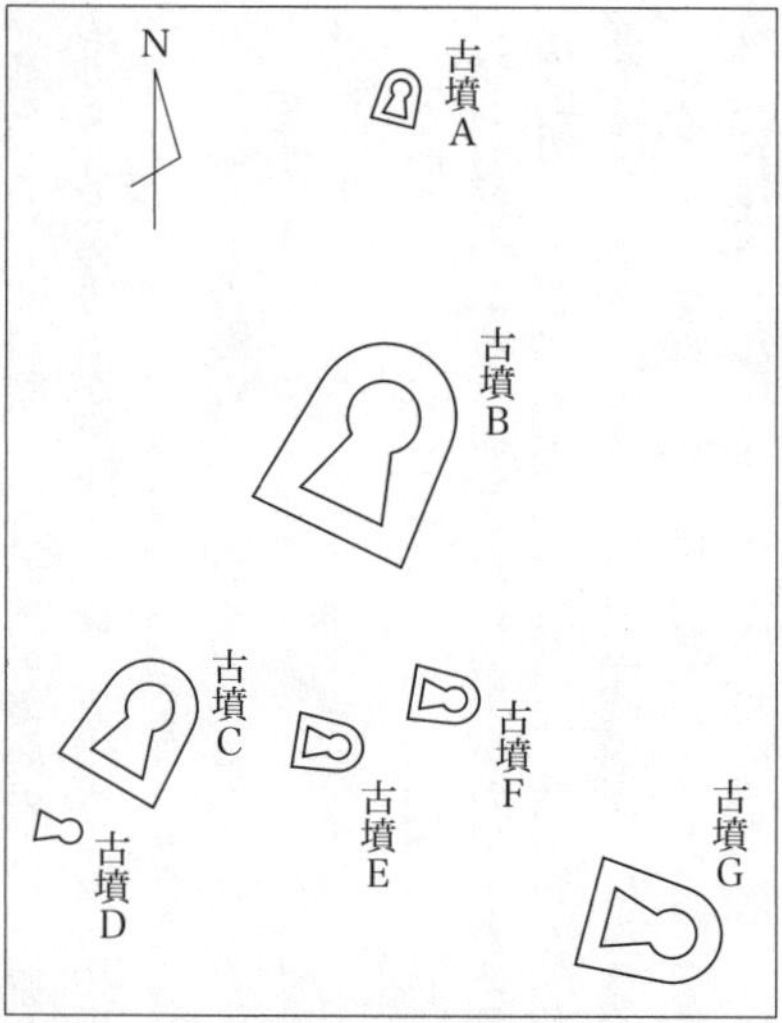

図３　百舌鳥古墳群の古墳（概念図）　原島礼二・石部正志・今井堯・川口勝康著『巨大古墳と倭の五王』（1981年、青木書店）、図８百舌鳥古墳群主要古墳分布（36ページ）に加筆・修正。

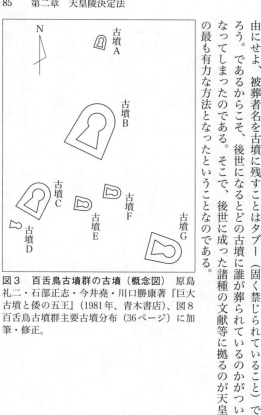

話をもどそう。図３「百舌鳥古墳群の古墳（概念図）」のなかの古墳Ａ～Ｇの七基の古墳のうち、どの古墳が反正・仁徳・履中天皇陵に相応しいのであろうか。現在宮内庁は、古墳Ａを反正天皇陵として、古墳Ｂを仁徳天皇陵として、古墳Ｃを履中天皇陵として管理している。読者のみなさんは、これを妥当とお考えであろうか。

『宋書倭国伝』

まだ問題はある。ここでみた『古事記』や『日本書紀』、また「諸陵寮式」はいずれも日本側の史料である。ところが仁徳天皇の頃を考えるためには、中国側の史料として『宋書《そうじょ》』「倭《わ》国伝《こくでん》」がある。『宋書』「倭国伝」は、およそ五世紀の倭国を統治した五人の王について記すものである。図４「『宋書』「倭国伝」にみる倭の五王系図」は、その五王の系譜を示している。これをみると仁徳天皇という名はみえない。しかも「天皇」ではなく「王」とする。これはいったいどうしたことであろうか。

まず、天皇か王か、という問題である。ここでこの国の王権を担う者の称号についての議論に深入りすることはできないが、仁徳天皇なり倭の五王なりの時代は、天皇といわずに王といっていたのである。それならなぜ仁徳天皇というのかというと、『古事記』『日本書紀』が成った八世紀初めにはすでに天皇という称号が定着していたため、『古事記』『日本書紀』では、まだ王といっていた時期にまでさかのぼって天皇と称したのである。さらにこの国の名称についていえば、『宋書』「倭国伝」の時期は、この国は日本ではなくいまだ倭《わ》と称していた。

さらに仁徳という名である。『宋書』「倭国伝」にみえる讃《さん》・珍《ちん》・済《せい》・興《こう》・武《ぶ》といった漢字一字の王の名は、恐らくは略称であろうと思われる。だとすれば、われわれが今ここで問題にしている仁徳は、『宋書』「倭国伝」にみえる倭の五王の誰にあたるのであろうか。『古事記』『日本書紀』にみる仁徳天皇をめぐる系譜は、図5「『古事記』『日本書紀』にみる仁徳天皇関係系図」のとおりである。図4と図5を比較して、何と共通点のないことかと驚くばかりである。そもそも『宋書』「倭国伝」にみえる倭王は五代であるのに対して、『古事記』『日本書紀』にみるこの時期の天皇は七代である。結論を先取りして言えば、倭王武《ぶ》が雄略天皇にあたることは、ここで取り上げることができなかったさまざまな史料から学界で定説となっているけれども、それ以外については定説というものがない。仁徳天皇についても、その名がオオサザキ（『古事記』では「大雀《おおさざき》」、『日本書紀』では「大鷦鷯《おおさざき》」と表記）であることから、音が通じる倭王讃《さん》を仁徳天皇にあてる考え方もあるが、仮に倭王讃《さん》が仁徳天皇であったとしたとこ

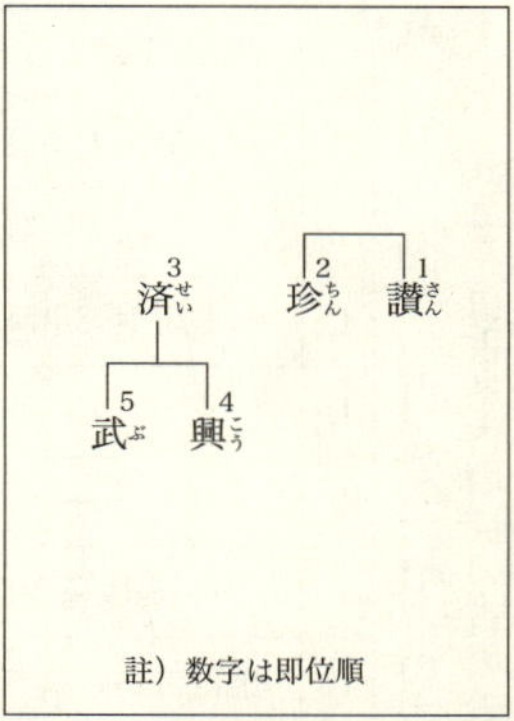

図4　『宋書』「倭国伝」にみる倭の五王系図

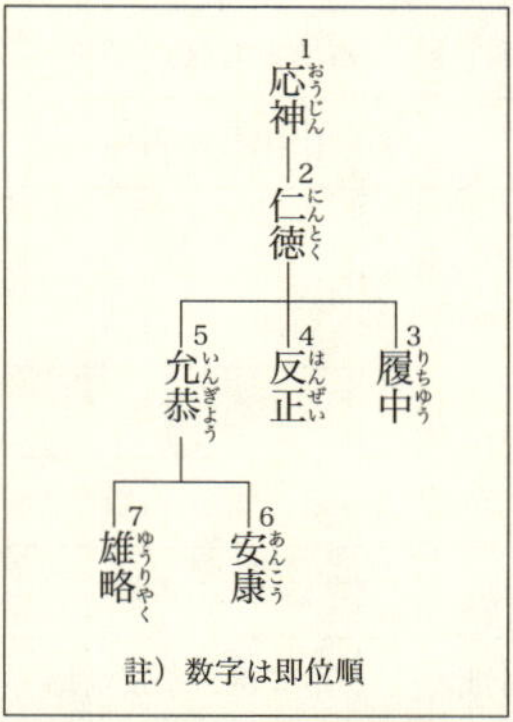

図5　『古事記』『日本書紀』にみる仁徳天皇関係系図

ろで、ほかの倭王、天皇はどうなるのか。何とも確証に欠けるところである。

このように、仁徳天皇、また仁徳天皇陵をめぐる事情は複雑である。

	宮内庁による名称	古墳としての名称
A	反正天皇陵	田出井山《たでいやま》古墳
B	仁徳天皇陵	大山《だいせん》古墳
C	履中天皇陵	石津ヶ丘古墳
D	――――――	大塚山古墳
E	――――――	イタスケ古墳
F	百舌鳥陵墓参考地	御廟山《ごびょうやま》古墳
G	東百舌鳥陵墓参考地	土師《はぜ》ニサンザイ古墳

表2　百舌鳥古墳群の古墳の名称　註）A～Gは、図3の古墳A～Gに対応

古墳の名称

こうしてみると、「○○天皇陵」というのは実に不確実な前提にたってはじめて成り立つ古墳の名称であるということができる。いくら宮内庁がこの古墳は○○天皇陵であると決定したところで、確かにそうかどうかは学問的にみれば全く保証の限りではない。そこで古墳には、宮内庁が天皇陵として管理する古墳であっても、それとは別に学問・研究上の名称がつけられている。図3「百舌鳥古墳群の古墳（概念図）」にみえる古墳の学問・研究上の名称を示すと、表2「百舌鳥古墳群の古墳の名称」のようになる。古墳としての名称は基本的には地元での呼び方を字名（町・村などの一区画の地名）等の地名から採用するもので、必ずしも厳密に統一した名称が決定されているものでもない。表2「百舌鳥古墳群の古墳の名称」に示したほか、例えば大山《だいせん》古墳は大仙《だいせん》陵山古墳とされることもあり、また土師《はぜ》ニサンザイ古墳

は単にニサンザイ古墳ということも多い。ニサンザイとはミササギ、つまり陵（みささぎ）の転訛《てんか》（本来のことばの音が変わってなまること）である。また今日○○天皇陵として宮内庁によって管理されている古墳ということで、例えば仁徳天皇陵古墳などという場合もある。

天皇陵・古墳の名称をめぐる問題については、第六章「聖域か文化財か」２「天皇陵研究法」で森浩一氏の議論に拠りつつ再び述べることにしたい。

陵墓参考地

もう一度表２「百舌鳥古墳群の古墳の名称」をみていただくと、「宮内庁による名称」の欄に陵墓参考地という文言がみえる。御廟山《ごびょうやま》古墳（古墳Ｆ）と土師《はぜ》ニサンザイ古墳（古墳Ｇ）が、それぞれ百舌鳥陵墓参考地・東百舌鳥陵墓参考地とされている。この陵墓参考地とはいったい何なのであろうか。

陵墓参考地については、第五章「もうひとつの天皇陵」で改めて取り上げるが、ここで簡単に説明すれば、宮内庁が陵墓として管理するもののひとつのカテゴリーである。天皇陵を含む陵墓が被葬者が決定されて皇室による正式の礼拝の対象となっているのに対し、陵墓参考地は被葬者が確定できず皇室による正式の礼拝の対象とはなっていないもの、というのが、宮内庁長官等による国会における公的な説明である。陵墓の予備的な存在といってよいであろう。もちろん、今日宮内庁が陵墓参考地として管理するものは、ここでみた百舌鳥陵墓参考地と東百舌鳥陵墓参考地ばかりではない。この二か所を含めて全国に計四十六か所ある。

しかし、被葬者も分からない、正式の礼拝の対象にもならないのに宮内庁が数多くの陵墓参考地を抱え込んでいるというのもおかしなことである。宮内庁とて国民の税金で運営される国の一機関である。根拠もなくただ持っているということはできない。

この矛盾を示す資料がある。昭和二十四年（一九四九）十月に宮内庁書陵部の内部資料として作成された『陵墓参考地一覧』である。

昭和二十四年十月『陵墓参考地一覧』については第五章「もうひとつの天皇陵」1「昭和二十四年十月『陵墓参考地一覧』の発見」で取り上げるが、昭和二十四年十月『陵墓参考地一覧』では、それぞれの陵墓参考地について想定される被葬者が個別に記されているのである。被葬者が確定できないはずの陵墓参考地に、宮内庁書陵部は内部的にはきちんと被葬者を想定していたのであった。

それでは、昭和二十四年十月『陵墓参考地一覧』が示す百舌鳥陵墓参考地と東百舌鳥陵墓参考地に想定される被葬者はいったい誰かというと、百舌鳥陵墓参考地については応神天皇、東百舌鳥陵墓参考地については反正天皇である。現在宮内庁が管理する応神天皇陵は、いま問題にしている図3「百舌鳥古墳群の古墳（概念図）」の範囲にはないから仮にここでは措《お》くとしても、東百舌鳥陵墓参考地にあてられた反正天皇というのは見過ごすことができない。もし東百舌鳥陵墓参考地が真の反正天皇陵だとすれば、現に宮内庁によって反正天皇陵として管理されている田出井山古墳（古墳A）の被葬者は誰と宮内庁書陵部は考えているというのであろうか。さらにいえばこの東百舌鳥陵墓参考地、つまり土師《はぜ》ニサンザイ古墳

（古墳G）は百舌鳥古墳群のなかでも最も南に位置する。それに、「諸陵寮式」のいう「百舌鳥耳原北陵」（傍点引用者）をあてる根拠は、いったい何なのであろうか。陵墓参考地も含めて陵墓の比定の問題はいつも困難である。

＊

ここでは天皇陵の比定について、仁徳天皇陵とその周辺の問題を中心に取り上げた。天皇陵をめぐる問題のなかで比定の問題は極めて重要である。と同時に一筋縄では結論が出せない問題でもあることは、読者の皆さんにはよく御理解いただけたことと思う。これと同じ性質の問題が、古墳が天皇陵として管理されている場合には基本的にはすべてあり得るのである。

考えれば考えるほど、この国において、古墳を天皇陵として管理し、しかもそれを天皇による祭祀の体系のなかに組み込むということなど果たして可能なのか、という感想を持たざるを得ない。

2　決定陵と未定陵

第一章「創られた天皇陵」3「神武天皇陵はどこに」と本章1「仁徳天皇陵の探しかた」では、天皇陵の決定について神武天皇陵、あるいは仁徳天皇陵を例に具体的に検証した。この二例によって、天皇陵決定の問題点の大枠は指摘できたと考えている。天皇陵の決定をめぐる経緯はそれぞれの天皇陵によって一様ではない。ここではより視点を拡げて、天皇陵、また皇族一般の陵墓全体の決定の経緯について俯瞰《ふかん》することにしたい。

維新前の決定

天皇陵の決定について網羅的に知るためには、どのような史料に拠ればよいのであろうか。資料13の『陵墓録』（国立公文書館内閣文庫所蔵）はそのために有益な史料である。天皇陵、また陵墓一般について、その決定年代と所在地を網羅的に記す公文書である。

まずは「維新前」、つまり明治維新以前の段階ですでに決定されていたとされる天皇陵である。次のとおりである。

『古事記』『日本書紀』の天皇陵

神武天皇陵・安寧天皇陵・懿徳天皇陵・孝昭天皇陵・孝安天皇陵・孝霊天皇陵・孝元天皇陵・開化天皇陵・崇神天皇陵・垂仁天皇陵・景行天皇陵・成務天皇陵・仲哀天皇陵・応神天皇陵・仁徳天皇陵・履中天皇陵・反正天皇陵・允恭天皇陵・安康天皇陵・雄略天皇陵・清寧天皇陵・仁賢天皇陵・継体天皇陵・安閑天皇陵・宣化天皇陵・欽明天皇陵・敏達天皇陵・用明天皇陵

古代の天皇陵

推古天皇陵・舒明天皇陵・斉明（皇極）天皇陵・孝徳天皇陵・天智天皇陵・元明天皇陵・元正天皇陵・聖武天皇陵・称徳（孝謙）天皇陵・光仁天皇陵・平城天皇陵・嵯峨天皇陵・淳和天皇陵・仁明天皇陵・文徳天皇陵・清和天皇陵・陽成天皇陵・宇多天皇陵・醍醐天皇陵・朱雀天皇陵・花山天皇陵・一条天皇陵・後朱雀天皇陵・後冷泉天皇陵・後三条天皇

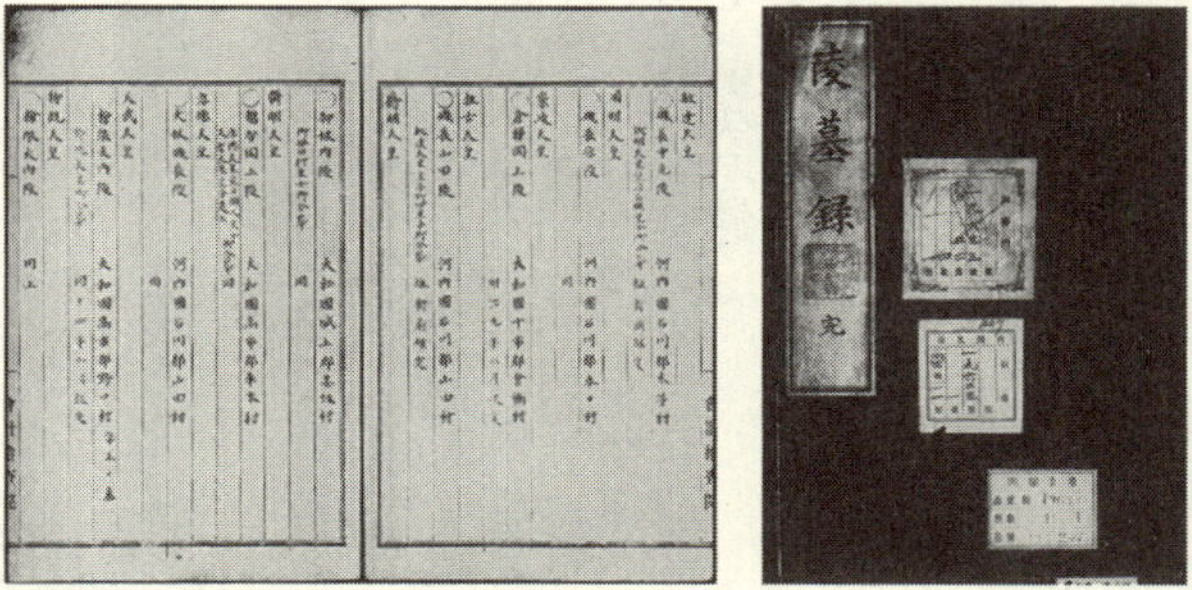

資料13　『陵墓録』より（国立公文書館内閣文庫所蔵）

陵・白河天皇陵・堀河天皇陵・鳥羽天皇陵・崇徳天皇陵・近衛天皇陵・後白河天皇陵・六条天皇陵・高倉天皇陵

中世の天皇陵

後鳥羽天皇陵・土御門天皇陵・後堀河天皇陵・四条天皇陵・後嵯峨天皇陵・後深草天皇陵・亀山天皇陵・後宇多天皇陵・伏見天皇陵・後伏見天皇陵・後二条天皇陵・花園天皇陵・後醍醐天皇陵・後村上天皇陵・後亀山天皇陵・光厳天皇陵・崇光天皇陵・後光厳天皇陵・後円融天皇陵・後小松天皇陵・称光天皇陵・後花園天皇陵・後土御門天皇陵・後柏原天皇陵・後奈良天皇陵・正親町天皇陵

近世の天皇陵

後陽成天皇陵

（便宜上、『古事記』『日本書紀』の天皇陵・古代の天皇陵・中世の天皇陵・近世の天皇陵に区分した。以下同じ）

こうしてみると、ほとんどの天皇陵が「維新前」の決定である。このほか、後水尾天皇陵・明正天皇陵・後光明天皇陵・後西天皇陵・霊元天皇陵・東山天皇陵・中御門天皇陵・桜町天皇陵・桃園天皇陵・後桜町天皇陵・後桃園天皇陵・光格天皇陵・仁孝天皇陵・孝明天皇陵について『陵墓録』は決定の年代を記さないが、いずれも江戸時代の天皇陵であり「維新前」の決定と同様に考えてよい。

明治期における決定・改定

ところが『陵墓録』は、なかには明治期に入ってから決定・改定された天皇陵があることを記す。次のとおりである。

『古事記』『日本書紀』の天皇陵
綏靖《すいぜい》天皇陵　明治十一年二月
崇峻《すしゆん》天皇陵　明治九年二月
古代の天皇陵
弘文天皇陵　明治十年六月
淳仁天皇陵　明治七年八月
桓武天皇陵　明治十三年二月

これらの天皇陵は「維新前」には決定されず、文久の修陵でも不明陵とされて決定が明治期に持ち越され、表記の年月になって決定されたのである。

また天武・持統天皇は夫婦であり、亡くなった後は合葬《がっそう》（あわせて葬ること）されたが、江戸時代までは見瀬丸山古墳（奈良県橿原市）の後円部墳頂があてられ、文久の修陵でも仮にそのようにされてはいたが、それまで知られていなかった『阿不幾乃山陵記《あおきのさんりょうき》』の発見により明治十四年（一八八一）二月十五日に野口王墓古墳（奈良県高市郡明日香村野口）に改定されたのである。このことは『陵墓録』の記述にも反映されている（資料13参照）。

これは天皇陵の改定として他に例をみないものであり、第三章「天皇陵の改定・解除」1「天武・持統天皇陵の改定」で改めて触れる。

未詳の天皇陵

それればかりではない。『陵墓録』の時点においてすら決定されていなかった天皇陵があった。『陵墓録』はこのような例について「未詳」と記す。次のとおりである。

『古事記』『日本書紀』の天皇陵

顕宗《けんぞう》天皇陵・武烈《ぶれつ》天皇陵

古代の天皇陵

光孝天皇陵・村上天皇陵・冷泉天皇陵・円融天皇陵・三条天皇陵・後一条天皇陵・二条天皇陵

中世の天皇陵

順徳天皇陵・仲恭天皇陵・光明天皇陵

『陵墓録』の末尾には「明治十四年二月改」とあるので、この十二陵はその時点での未定陵ということである。また、ここまでみてきたことからもわかるように、必ずしも古い時代の天皇陵の決定が遅れ、あるいは未詳であり、新しい時代の天皇陵に未詳のものが少ないということでもない。

伊藤博文と天皇陵

しかしこのような事態、つまり、明治期に入って天皇を頂点とする国家体制の構築が完成に向かいつつあった頃にすら、歴代天皇陵のなかに未詳のものが相当数あるということは、時の為政者にとって決して見過ごすことができる問題ではなかった。『明治天皇紀』明治二十二年（一八八九）六月三日条は、次のような伊藤博文《いとうひろぶみ》（天保十二～明治四十二、一八四一～一九〇九）の《の》言を載せる。

是《こ》れより先、条約改正の議起るに際し、伯爵伊藤博文以為《おもえ》らく、万世一系の皇統を奉戴する帝国にして、歴代山陵（引用註、天皇陵）の所在の未だ明かならざるものあるが如きは、外交上信を列国に失ふの甚しきものなれば、速かに之れを検覈《けんかく》（引用註、よく調べること）し、以て国体の精華《せいか》（引用註、最も優れていること）を中外に発揚《はつよう》（引用註、あらわすこと）せざるべからずと、廟議《びょうぎ》（引用註、天皇が出席する会議）亦《また》之れを可《か》とす

天皇を国家の頂点に戴《いただ》く日本が列強諸国に不平等条約改正を求めるに際して、歴代天皇陵に未詳のものがあることは外交上悪影響を及ぼす、と伊藤博文はいうのである。

さらに『明治天皇紀』同日条は続けて、諸陵寮《しょりょうりょう》（陵墓に関する事務を掌っていた宮内省の部局）の足立正聲《まさな》が京都府・奈良県・山口県に陵墓調査のために出張し、考証したことを

載せる。そして明治二十二年（一八八九）六月三日には、光孝天皇陵・村上天皇陵・冷泉天皇陵・円融天皇陵・三条天皇陵・二条天皇陵・順徳天皇陵・仲恭天皇陵・光明天皇陵が決定されたこと、さらに、同年七月二十日には後一条天皇御火葬塚が後一条天皇陵とされ、同二十五日には崇峻《すしゅん》天皇陵が奈良県十市郡倉橋村崇峻天皇御位牌殿地所および十二社神社境内をあわせた地に改められ、山口県の赤間神宮境内御影堂旧地を安徳天皇陵とし、同じく境内平家塚と称する石塔を安徳天皇陵付属として保存させたことを述べる。

これで少なくともこの時点において、未詳の天皇陵はなくなったことになる。同年二月十一日には、「大日本帝国憲法」が公布された。

それにしてもこの『明治天皇紀』の記述は印象的である。近代天皇制国家の法的な枠組みの完成と、当時外交上の最大の課題であった不平等条約の改正と、未詳の天皇陵の決定の三つの事柄が、互いに深い関係があるものとして伊藤博文によって認識され、しかもこれを廟《びょう》議《ぎ》も認めたというのである。ここには、近代天皇制国家における天皇陵のありかたが極めてよく象徴されている。

写真５　伊藤博文

ただ一言付け加えれば、『明治天皇紀』には典拠となる史料が載《の》せられていない。伊藤博文の発言、さらには廟議の内容を具体的に示す史料には今日のところ恵まれていないのである。いずれ典拠となった史料が明らかにされ、『明治天皇紀』の同日条の記述が、明治期における天皇陵をめぐる動向のなかでより正確に位置づけられることを希《ねが》うばかりである。

后妃・皇子・皇女の陵墓の調査と決定

これまで天皇陵の決定についてみてきたが、明治期に入ってから決定されたのは天皇陵ばかりではない。次にみるのは明治四年（一八七一）二月十四日「太政官布告」である。そこで問題とされているのは天皇陵ではなく天皇以外の皇族、つまりは皇后・妃・皇子・皇女等の陵墓である。

府・藩・県管内に於て后妃　皇子　皇女等御陵墓これ有り候向き、左の箇条の通り委詳取り調べ、来る五月限り申し出るべき事（原文はカタカナ交じり文）

これは、いってみれば太政官が全国に向けて行なった陵墓の公開調査である。ここにみえる「左の箇条」というのは、所在地・図面（建物を含む）・石碑石塔の類・祭日・管理の主体（神官・僧侶・村方）・古文書等・土地の種別の各項目であるが、これを拠り所にしてそれまで知られていなかった后妃・皇子・皇女の陵墓を探そうというのである。

＊

このように、天皇陵、また陵墓一般のすべてを決定してゆくという動向は明治期に入って精力的に展開された。その結果、明治二十二年（一八八九）六月三日には天皇陵については未定のものはなくなり、后妃・皇子・皇女の陵墓も多くが決定された。しかし、皇后・妃・

皇子・皇女の陵墓には現実には多くの不明のものが残されたのである。それができるかどうかはまた別の問題として、すべての陵墓を決定しようという方向性のもと、考証作業はなお続けられた。

しかし考えてもみれば、それはいったい何のためであったのか。ただ大切に囲い込んでおくだけのために陵墓は決定されたのであろうか。読者の皆さんには、このような疑問を持ちながら先に読み進んでいただきたいと思う。

3　聖徳太子墓の謎

ここでみるのは聖徳太子《しょうとくたいし》墓である。聖徳太子（敏達三〜推古二十九もしくは三十、五七四〜六二一もしくは六二二）は、この国の歴史上特に著名な人物のひとりである。用明《ようめい》天皇と穴穂《あなほ》部《べ》間人《はしひと》皇女との間に生まれ名を厩戸《うまやど》皇子といい、叔母にあたる推古《すいこ》天皇の摂政《せっしょう》（天皇のかわりに政治をする立場）として国政の中枢にあった。冠位十二階や「十七条憲法」の制定、また、隋《ずい》との外交において対等な関係を目指したことはよく知られている。仏教の隆盛にも力をつくし、法隆寺（奈良県生駒《いこま》郡斑鳩《いかるが》町）や四天王寺（大阪市天王寺区）を建立したと伝えられる。

近年の聖徳太子をめぐる注目すべき研究動向として、聖徳太子非実在説がある。聖徳太子は『日本書紀』編纂の過程で創り出された架空の人物だというのである。そうであれば、その墓と称するものがいつどのようにして設定されたかということはなお興味深い問題である。しかしここで取り上げようとするのは、そのような視点による議論ではない。

聖徳太子墓の所在地

聖徳太子墓が叡福寺《えいふくじ》（大阪府南河内郡太子町）にあるということについては、今日まで疑問が差し挟《はさ》まれることがなかった。そもそも叡福寺《えいふくじ》は聖徳太子とその妃膳部菩岐岐美郎女《かしわでのほききみのいらつめ》、そして母穴穂部間人皇女《あなほべはしひと》の墓前に建立されたいわば墓前寺とされる。それならば、聖徳太子墓が叡福寺《えいふくじ》に存することに疑う余地はない。ところが小野一之氏は「聖徳太子墓の展開と叡福寺の成立」（『日本史研究』第三四二号、一九九一年二月）で、聖徳太子墓は太子が亡くなってから十世紀初頭頃までは祭祀が行なわれていたものの、十一世紀初頭にはその所在を失なうに至ったと論じた。小野氏によると、聖徳太子墓が今日のように叡福寺《えいふくじ》の地に定まったのは十一世紀中頃から十三世紀初頭にかけてという。

小野氏の説には反論もあるが、少なくとも十一世紀中頃から十三世紀初頭にかけて以降、聖徳太子墓が叡福寺《えいふくじ》に営まれ多くの人々の信仰を集めてきたことは、誰しもが認めるところである。

中世〜近世の聖徳太子墓

ここで聖徳太子墓に向けられた信仰についてみれば、聖徳太子墓の周囲に結界石《けっかいせき》（一定の区域を区分する石列）が二重に廻《めぐ》らされたことがまず注目される。そのうち内側のものは、大正十四年（一九二五）に発行された松葉好太郎編輯『陵墓誌―古市部見廻区域内―』によれば、弘法大師《こうぼうだいし》（宝亀五～承和二、七七四～八三五）が弘仁元年（八一〇）に参籠《さんろう》の際に梵《ぼん》字《じ》（仏教で用いられる古代インド語サンスクリットの文字）を刻して建設したものという。弘仁元年とか弘法大師とかいうことをそのまま史実として認められるかどうかはともかくとしても、おおむね中世頃までにこの内側の結界石は設けられていたのであろう。

『陵墓誌』の著者松葉好太郎の経歴の詳細は不詳ながら、大正四年（一九一五）十二月発行の『陵墓要覧』（諸陵寮）には「磯長部陵墓守長従八位」で南河内郡山田村大字山田の居住とある。聖徳太子墓も含めて、現地における陵墓管理の実務に携わっていたのである。

写真６　聖徳太子墓（大阪府南河内郡太子町）

この『陵墓誌』によると、江戸時代にはいり寛永十七年（一六四〇）には、三河国（愛知県東部）足《あ》助《すけ》の人鈴木三郎九郎が御廟窟内石灯籠の右一基を寄進し、同二十一年（一六四四）には、武州江戸の人高木善次郎が同じく左一基を寄進した。享保十九年（一七三四）二月二十二日には摂州大阪の人樋口正陳《（マヽ）》が願主となり広く喜《き》捨《しや》を募り梵字一字と『浄土三部経』を刻した結界石を寄進した。これが、右にみた聖徳太子墓を囲む二重の結界石のうち外側のものである。

享保十九年の結界石からは、「施主大坂」「施主石川郡」「施主河刕石川」「京三條通大橋」「京六條油小路」「施主河州上太子岡田清左衛門」「施主大坂天満」「泉刕岸和田」

資料14　聖徳太子像（御物）

図6　聖徳太子関係系図

「施主肥後□（球）麻郡人吉」「大坂南本町五丁目施主平野屋伊兵衛」「施主天満五丁目心誉浄清」「宝暦十二壬午年六月施主大坂金屋武兵衛」「施主大坂金屋いく」「施主大坂上町紙屋長右衛門」「施主大坂谷町［　］粉川町利右衛門」といった刻文を読み取ることができ、結界石の寄進に応じた人々の地域的な広がりをよく窺《うかが》うことができる。

さらに延享三年（一七四六）には、御廟前の弥陀三尊の円額が叡福寺《えいふくじ》中尾坊玄雅によって寄進された。御正体《みしょうたい》（鏡の表面に神像・仏像・梵字等を線刻したもの）は大仏師大坂油町法橋椿井民部の作である。天保十五年（＝弘化元年、一八四四）には、大坂太子奉賛講惣世話人中によって御霊屋が造営された。弘化二年（一八四五）十月には、西宝寺了證を発起人とした奉賛講中世話方によって御廟窟奥の御扉が寄進された。その船錠は錺《かざり》細工人島の内油町錺屋卯兵衛の作である。

蒲生君平著『山陵志』

蒲生《がもう》君平《くんぺい》著『山陵志』（文化五年〔一八〇八〕）も聖徳太子墓について述べている。次のとおりである。

〔読み下し文〕

用明《ようめい》より文武《もんむ》に至るおよそ十陵、特に是《こ》の制を変ず。ただ円《まる》く之《これ》を造《つく》り、玄室《げんしつ》を其《そ》の内に穿治《せんち》して、之《これ》を築くに 堊《しつくい》を以《もつ》てし、之《これ》を覆《おお》うに巨石を以《もつ》てす。石棺《せつかん》は其《そ》の内に在《あ》りて南《なん》面《めん》す。故《ゆえ》に其《そ》の戸も南《なん》向す。而《しか》るに石を累ねてこれが羨道《せんどう》となす。その制は厳密。既《すで》に是《かく》の如《ごと》し。是《これ》を以《もつ》てまた之《これ》を環《めぐ》らすに溝《みぞ》を以《もつ》てせざるなり。斑鳩《いかるが》太子、寿蔵《じゆぞう》を河内の磯長《しなが》に治む。即《すなわ》ち是《こ》の制なり。当時太子、自ら聡明にして才芸あるを負《ほこ》り、作《な》す者の聖《せい》に居《お》り、旧章《きゆうしよう》において変替《へんたい》するところ多し、乃《すなわ》ち山陵の若《ごと》きも、蓋《けだ》し亦《ま》た然《しか》るか（原漢文）

〔現代文訳〕

用明《ようめい》天皇から文武《もんむ》天皇までのおよそ十陵は、天皇陵についての制度が変更された。丸く造ってその中に玄室《げんしつ》を設け、漆喰《しつくい》を塗り、大きな石で覆《おお》う。石棺はその中で南向きに置かれた。したがって扉も南向きである。石を重ねて羨道《せんどう》としたが、この方式は厳密である。周囲に溝を設けることはなくなった。聖徳太子は自らの墓を河内の磯長《しなが》に設けたがこの形式であった。当時聖徳太子は自分が聡明で才芸があることを自負し、治者の上位にあって古い法令・制度等を変更することが多かった。陵墓についても同様であろう。

つまり、聖徳太子はそれまでの前方後円形の天皇陵の制を円形に改めたいわば改革者であり、自らの墓もそのように営んだ、というのである。

明治四年三月の一千二百五十年遠忌

このように、江戸時代にあって広い範囲の人びとによって注目を集めていた聖徳太子墓ではあったが、文久の修陵では全く修補の対象にならなかった。歴史上の人物として聖徳太子が極めて著名であり聖徳太子墓も広く注目されていたことを考え合わせれば、文久の修陵が基本的には天皇陵のみを対象としたものであったとはいっても、いささか奇異にすら思われる。

ただし、明治三年（一八七〇）三月にも法隆寺において聖徳太子一千二百五十年遠忌《おんき》は行われているが、ここでみるのはこれではない。明治四年（一八七一）三月十一日に聖徳太子墓のある叡福寺《えいふくじ》で執《と》り行なわれた一千二百五十年遠忌である。遠忌《おんき》といえば仏教の行事であるが、この遠忌《おんき》は決して叡福寺が単独で行なったのではない。宮内省に「御備《（供）》物」「御翠簾」「御幕」「臨時御寄付」を願った上で執行されたのである。いってみればこの遠忌は、この前年の明治三年（一八七〇）十一月二十八日「御追祭定則」で定められた式年祭そのものである。そしてこの明治四年（一八七一）というのは、後に述べる聖徳太子薨去《こうきょ》（皇族、身分の高い貴族が亡くなること）の年についての二説のうち、推古天皇二十九年（六二一）説を採れば確かに千二百五十年目にあたる。つまり宮内省は、聖徳太子墓を正式に陵墓として管理する以前から聖徳太子墓について事実上の式年祭を行なっていたということである。式年祭については、第四章「天皇による祭祀」２「式年祭とは」で詳しく述べる。

聖徳太子墓の決定

さて聖徳太子墓は、明治八年（一八七五）三月になって陵墓として決定された。しかし考えてもみればその場所が疑われたわけでもなく、明治四年三月十一日の叡福寺《えいふくじ》による一千二百五十年遠忌には宮内省が事実上関与しているのである。であるからこの明治八年三月の決定は、政府によって陵墓として管理されるために必要な手続きとして位置付けられるものであった。

そしてその決定のためには「実検勘註《じっけんかんちゅう》」が必要であった。つまり、聖徳太子墓であることを証明するための公文書である。この「実検勘註《じっけんかんちゅう》」は、大録山之内時習・権大録猿渡容盛《さわたりひろもり》・権中録子安信成《のぶしげ》・少録中島乗彜《のりつね》によって明治七年（一八七四）六月に作成された。

しかし当然のことながら、「実検勘註《じっけんかんちゅう》」は聖徳太子墓の場所について述べるものではない。それでは、いったい何が述べられているのであろうか。それは、ひとつは聖徳太子が亡くなった年月日についてであり、もうひとつは聖徳太子墓に合葬された残る二基の石棺の被葬者についてである。

聖徳太子薨去の年月日

実は、聖徳太子が亡くなった年月日については二通りの資料が伝えられている。『日本書紀』は推古天皇二十九年（六二一）二月五日とし、「法隆寺金堂釈迦仏像銘」「天寿国曼陀羅繡帳銘」は推古天皇三十年（六二二）二月二十二日とするのである。そもそも史実として亡くなった日が二通りあるということはあり得ないが、いずれにしてもこのまま放って置くこともできない。亡くなった年月日はいずれか一方に決定しなければならない。山之内時習らによる「実検勘註《じっけんかんちゅう》」は、聖徳太子の時代により近い資料に高い信憑性を認める立場から後者（推古天皇三十年二月二十二日）を採用したが、これは与えられた条件のもとでの合理的な判断として評価することができる。

それではなぜ、聖徳太子墓の決定にあたって亡くなった年月日の決定が必要なのか。陵墓を聖域として決定するだけならば、必ずしも年月日は必要ないはずである。それが必要なのは天皇による祭祀のためである。そのためには、年月日の決定は欠かすことができない。

残る二基の石棺の被葬者

聖徳太子墓には、石室内に三基の石棺があるとされる。一基の石棺にはもちろん聖徳太子が葬られているとしても、残る二基の石棺には誰が葬られているのであろうか。

「実検勘註《じっけんかんちゅう》」は、寛政年間（一七八九〜一八〇一）に東本願寺の乗如が石室内に入った際の記録に、三基ある石棺のうち聖徳太子以外のものが聖徳太子の母穴穂部間人《あなほべはしひと》皇女と妃膳部菩《かしわでのほ》岐岐美郎女《ききみのいらつめ》のものとあることに異を唱え、母穴穂部間人《あなほべはしひと》皇女は大和国龍田清水墓に葬られていることが他の史料によって明らかであるから、聖徳太子墓に合葬されているのは正妃位奈《いな》部橘大郎女《べのたちばなのおおいらつめ》と妃膳部菩岐《かしわでのほき》岐美郎女《きみのいらつめ》であろう、と述べる。

この問題も重要である。聖徳太子以外の残る二基の石棺の被葬者にも当然皇族が想定されるのであるから、そこも陵墓とされるべきである。「実検勘註《じっけんかんちゅう》」がこの問題を提起したのは極めて順当なことであった。

石室内の実地調査

その後、聖徳太子墓をめぐってもうひとつ特筆すべき動向があった。石室内が実地調査されたのである。明治十二年（一八七九）四月二十二日のことである。これに立ち会ったのは、堺県令税所篤《さいしょあつし》（文政十〜明治四十三、一八二七〜一九一〇、県令は今日の県知事、現在の奈良県は明治九年〔一八七六〕四月十八日から同二十年〔一八八七〕十一月四日まで堺県に属していた）と富岡鉄斎《とみおかてっさい》（国学者・日本画家。天保七〜大正十三、一八三六〜一九二四）、そして宮内省から出張した大澤清臣《すがおみ》・六村中彦である。

これは、聖徳太子墓石室内の様子が普通でなくかつ石室内の西方に聖徳太子がみずから作《な》した頌文を彫刻した碑があるということで、これを実地に調査するためであったという。結局そのような碑は発見されなかったものの、この際、羨道《せんどう》・石室等の規模等が計測されたのである。これはまさしく聖徳太子墓石室内の学術調査にほかならない。しかも時の県令らと宮内省の官員との合同調査である。まさに前代未聞、空前絶後というべきである。

＊

このように、聖徳太子墓の決定前後の経緯はほかの陵墓一般と比較してまさに特徴的であった。亡くなった年月日をめぐる点、そして合葬された残る二基の石棺の被葬者をめぐる点、そして、石室内の調査をめぐる点である。これらはいずれも決して小さな問題ではない。以下、このうちはじめの二つの点についてのその後の動向をみることにしたい。

　まず、亡くなった年月日についてである。明治七年（一八七四）六月「実検勘註《じっけんかんちゅう》」が聖徳太子が亡くなった年月日を推古天皇三十年（六二二）二月二十二日としたのは右に述べたとおりであるが、これがその後推古天皇二十九年（六二一）二月五日に改められたのである。大正四年（一九一五）十二月『陵墓要覧』に「推古天皇二十九年」、昭和九年（一九三四）十一月『陵墓要覧』に「推古天皇二十九年二月五日」とあるとおりである。しかしその後、聖徳太子が亡くなった年月日は再び推古天皇三十年二月二十二日に改められた。つまり、昭和三十一年（一九五六）三月『陵墓要覧』には「推古天皇三十年二月二十二日」とあり、以降の『陵墓要覧』でもこれが踏襲されている。そしてこの二月二十二日というのは太陽暦に換算すると四月十一日に当たるというのが『陵墓要覧』の説明で、今日では聖徳太子の式年祭・正辰《しょうしん》祭は、四月十一日に行なわれている。式年祭・正辰祭については、第四章「天皇による祭祀」2「式年祭とは」で詳しく取り上げる。

　聖徳太子が亡くなった年月日をめぐるこの複雑な経緯にはいったいどのような背景があるのであろうか。残念ながら、この点についてここで詳らかにすることはできない。

　次には、残る二基の石棺の被葬者についてである。せっかく明治七年（一八七四）六月「実検勘註《じっけんかんちゅう》」がそれまでの母穴穂部《あなほべ》間人《はしひと》皇女と妃膳部菩岐岐美郎女《かしわでのほききみのいらつめ》とする説を否定し、正妃位奈部橘　大郎女《いなべのたちばなのおおいらつめ》と妃膳部菩岐岐美郎女《かしわでのほききみのいらつめ》とする見解を提示したにもかかわらず、その後今日に至るまで宮内省・宮内庁はこの問題を全く取り上げることがない。今日宮内庁は、この三基の石棺を有する古墳を総じて聖徳太子磯長《しなが》墓として管理するのみである。残る二基の石棺もあわせて陵墓として管理しながら、なぜその被葬者について考証しようとしないのであろうか。全く不可解である。

4　明治天皇陵の謎

明治天皇は嘉永五年（一八五二）九月二十二日に孝明天皇の第二皇子として生まれ、慶応三年（一八六七）正月九日に即位し、その後京都から東京に移り、明治二十二年（一八八九）二月十一日公布の「大日本帝国憲法」では、「万世一系」（第一条）かつ「神聖ニシテ侵スヘカラス」（第三条）存在とされ、「陸海軍ヲ統帥《とうすい》（引用註、軍隊を指揮・統率すること）」（第十一条）する、まさに近代国家大日本帝国の唯一の主権者としてその生涯を送った。

その明治天皇が明治四十五年（一九一二）七月三十日に崩《ほう》じ（三十日というのは宮内省による公式発表。実際には二十九日夜半）、その後、陵が京都府京都市伏見区桃山町古城山に営まれた。伏見《ふしみ》桃山《ももやま》陵である。ところがこの明治天皇陵、実は甚《はなは》だ謎が多い。

なぜ京都に

ひとつ目の謎は、なぜ京都に明治天皇陵があるのか、ということである。明治天皇が亡くなったのは東京であった。それならば、陵墓を東京、ないしその周辺に営むべきとする考え方もあって当然である。

写真７　明治天皇陵（京都市伏見区）

山口輝臣著『明治神宮の出現』（二〇〇五年、吉川弘文館歴史文化ライブラリー）はこの点について、明治天皇が亡くなった直後には明治天皇陵は東京に造営されるべきだとする動向があったとする。

同書によれば、例えば、東京市長阪谷芳郎は早速七月三十日に臨時市会を召集し、同日未明に宮内次官に面会し、陵の場所について遺言などがあれば仕方がないが、そうでなければ「『東京』の文字を冠せらる地を御選定あらんこと」を述べたと報告し、やはり同日、日本橋区会議長柿沼谷蔵が渋沢栄一のもとを訪れ、「御陵墓を是非関東に御とどめ申し度《た》い。之《こ》れは日本橋全区民の希望である」と述べ、さらに阪谷は、七月三十一日には元老松方正義・井上馨、八月一日には宮内大臣渡辺千秋・宮内次官河村金五郎、同月二日には首相西園寺公望・内務大臣原敬、三日には元老山県有朋を訪れ、陵墓の件を陳情した、という。

しかし、それにもかかわらず明治天皇陵は京都に営まれることになった。明治天皇の遺志があった、というのがその理由である。次の『明治天皇紀』大正元年（＝明治四十五年、一九一二）八月六日条のとおりである。

抑々《そもそも》陵所を此処《ここ》に選定《せんてい》せしは大行《たいこう》天皇（引用註、明治天皇）の遺詔《いしょう》（引用註、天皇の遺

写真８　明治天皇

言）に原《もと》づくものにして、明治三十六年宸慮《しんりょ》（引用註、天皇の考え）已《すで》に決せり、其《そ》の年四月海軍大演習観艦式及び第五回内国勧業博覧会開会式に臨御《りんぎょ》（引用註、天皇のお出まし）したまはんがため、暫《しばら》く蹕《ひつ》（引用註、天皇の一行）を京都御所に駐《と》めたまふ、一夕《いっせき》皇后と饌《せん》を倶《とも》にし、旧都の今昔を語りたまふの次《ついで》、卒然《そつぜん》として（引用註、急に思い立って）宣《のたま》はく、「朕《ちん》が百年の後は必ず陵を桃山に営むべし」と、時に典侍《てんじ》（引用註、女官）千種任子、天皇の陪膳《ばいぜん》（引用註、天皇の食事の給仕）に候せしが、此《こ》の綸言《りんげん》（引用註、天皇のお言葉）を聴きて太《はなは》だ異《あや》しみ、旨を日乗《にちじょう》（引用註、日誌）に誌す、大漸《たいぜん》の事（引用註、天皇が亡くなること）あるや、皇太后遺詔《いしょう》を遵奉《じゅんぽう》し、陵を桃山に定めん事を命じたまへりと云ふ

つまり、明治天皇陵が京都伏見の地に営まれたのは明治天皇の遺志によるものであった、というのである。その生涯の大半を大日本帝国の最高権力者としてその首都東京で過ごしたとはいっても、生まれは京都である。もとより皇室にとって京都は最もゆかりが深い土地である。もっともな話ではある。

法的根拠

しかし考えてもみれば、いくら大日本帝国の最高権力者であったといっても、明治天皇が亡くなった時点では「大日本帝国憲法」を頂点とする法体系は厳然と備わっていた。そこには天皇陵についての規定はなかったのであろうか。つまり、明治天皇が亡くなって陵を営もうとするのにあたっての法的根拠はなかったのであろうかという疑問である。

この点について明治天皇が亡くなった直後の『時事新報』大正元年（一九一二）七月三十一日付は、大変興味深い記事を載せる。

皇室葬儀令に就《つい》ては曩《さき》に宮内省《くないしょう》に於《おい》て調査を終《お》へ前内閣時代に閣議を経《へ》御手許《てもと》まで差し出したるに、当時陛下には「朕《ちん》に適用さるゝ式令だの」と仰《おお》せられて時の宮内大臣は恐懼《きょうく》（引用註、おそれ多いこと）措《お》く能《あた》はざりしとの事なるが、爾来《じらい》龍体《りゅうたい》（引用註、天皇のお身体）にかゝる凶事《きょうじ》の式令なる丈《だ》けに当局大臣も亦《また》強《しい》て勅裁《ちょくさい》を奏請《そうせい》せずして其儘《そのまま》今日に及びたるが、恐《おそ》れ多くも右の制令に対しては政務の御裁決《さいけつ》流るゝが如《ごと》き御平素《へいそ》にも拘《かかわ》らず、猶此《なおこれ》のみは御手許《てもと》に留《とど》めさせられたる次第《しだい》にして、何《いず》れ新帝（引用註、大正天皇）の御勅《ちょく》裁《さい》を経《へ》て近く公布に至る可《べ》く、右は皇室葬儀令並《ならび》に陵墓令の二制にて葬儀令は総て古式に準じて制定したるものなりと

ここに「前内閣」というのは、明治四十一年（一九〇八）七月十四日から明治四十四年（一九一一）八月三十日まで続いた第二次桂《かつら》太郎内閣である。また「時の内大臣」というの

は徳大寺実則《とくだいじさねつね》である。この間に政府は、明治天皇のご機嫌を損ねて天皇・皇族の葬儀・陵墓に関する法令の制定に失敗した、というのである。そして事実、ここにみえる「皇室葬儀令」「陵墓令」が「皇室喪儀令」「皇室陵墓令」として公布されたのは、ようやく大正十五年（一九二六）十月二十一日になってのことである。

であるから、明治天皇陵は法的根拠を全く欠くまま、言ってみれば超法規的に造営されざるを得なかったのである。しかも葬儀や陵の造営の日限には制約があるのは当然である。どのように明治天皇の葬儀を執り行なうか、また、明治天皇陵をどのように造営するかということは、相当の難問であったと思われる。

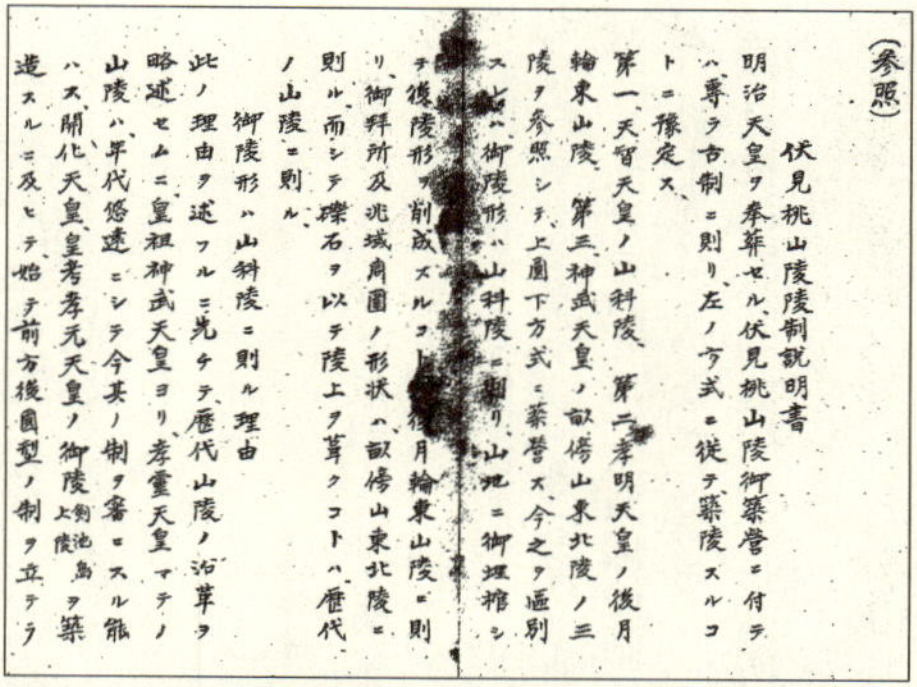
（参照）

伏見桃山陵陵制説明書

明治天皇ヲ奉葬セル伏見桃山陵御築營ニ付テハ専ラ古制ニ則リ左ノ方式ニ従テ築陵スルコトニ豫定ス

第一、天智天皇ノ山科陵、第二孝明天皇ノ後月輪東山陵、第三神武天皇ノ畝傍山東北陵ノ三陵ヲ参照シテ上圓下方式ニ築營ス今之ヲ區別スレハ御陵形ハ山科陵ニ則リ山地ニ御埋棺シテ後陵形ヲ削成スルコトハ後月輪東山陵ニ則リ御拝所及兆域周圍ノ形状ハ畝傍山東北陵ニ則ル而シテ礫石ヲ以テ陵上ヲ葺クコトハ歴代ノ山陵ニ則ル

御陵形ハ山科陵ニ則ル理由

此ノ理由ヲ述フルニ先チテ歴代山陵ノ沿革ヲ略述セムニ皇祖神武天皇ヨリ孝霊天皇マテノ山陵ハ年代悠遠ニシテ今其ノ制ヲ審ニスル能ハス開化天皇皇考孝元天皇ノ御陵剣池上陵島ヲ築造スルニ及ヒテ始テ前方後圓型ノ制ヲ立テラ

資料15　「伏見桃山陵陵制説明書」（国立国会図書館憲政資料室所蔵平沼騏一郎関係文書「陵制に対する愚見を陳して大喪儀の制に及ぶ」より）

陵の形状

もちろん明治天皇陵の造営がいくら超法規的なものであっても、時の担当官が好きなように造営できたということではない。先にみたように、造営される場所は明治天皇自身の遺志によったのである。

また、陵の形状も大きな問題であったと思われる。詳しくは第四章「天皇による祭祀」2

「式年祭とは」で述べるが、天皇陵の祭祀は明治三年（一八七〇）十一月二十八日「御追祭定則」以降根本的に改められた。そうなれば、明治天皇陵の形状はそれ以前の天皇陵の形と同じであってよいかどうかは必ず問われる事柄である。それでは明治天皇陵は、どのような根拠でどのような形状に造られたのであろうか。これが、明治天皇陵についてのふたつ目の謎である。

　明治天皇陵の形状は、よく知られているように上円下方、つまり、直方体の基壇《きだん》に半円球が乗るものである。この上円下方の形にはどのような根拠があるのであろうか。それを示す史料が、「伏見桃山陵陵制説明書」である。著者は不詳である。これは、国立国会図書館憲政資料室所蔵平沼騏一郎《きいちろう》関係文書・倉富勇三郎関係文書・牧野伸顕《のぶあき》関係文書にある「陵制に対する愚見を陳して大喪儀の制に及ぶ」（原史料はカタカナ交じり文。適宜濁点等を補った。以下同じ）のなかにある。

「伏見桃山陵陵制説明書」は、明治天皇陵の形について、次の四点に分けて説明する。

ⓐ陵の外形
ⓑ山地に棺を埋葬してから山地を削って陵の外形を整えること
ⓒ拝所《はいしょ》と外回りの形状
ⓓ礫石《れきせき》（小さな石）で陵を葺《ふ》くこと

まず、ⓐ陵の外形についてである。これは天智天皇陵に則《のっと》ったとする。その理由は、明治天皇の「復古の御主意は、直に神武創業に基《もと》づくと宣らせ給へれば、御陵の如きも、亦畝傍《またうねび》陵（引用註、神武天皇陵）に則《のっと》るべき」ではあるが、現実には「畝傍《うねび》陵は早く滅《ほろ》びて其《そ》の形を存せず」という状態である。それでは広大な規模の応神天皇陵・仁徳天皇陵に則《のっと》るべきかというと、「当時三韓を併合したる」ことと「今日韓（引用註、韓国）、台（引用註、台湾）、樺（引用註、樺太）、島（引用註、千島）、を合併」したことを考えあわせればそれも「好範」ではあるが、このような「雄大の御陵」では「明治天皇の御倹徳」の気持ちに背く恐れがある上に、「既に伏見に御埋棺を了《おわ》りたれば、地勢上許さざる所あり」というのが実情である。では明治天皇の父である孝明天皇陵に則るべきかというと、当時は費用も足らず、仏式を廃して古制に復したばかりで充分な研究や施設もできなかった。

　そうしてみると明治天皇陵の外形は、天智天皇陵に則るのが良い。それは、天智天皇は即位前に「大化の改新」を断行し「近江の律令」を発布するなど、「我国中興《ちゅうこう》の祖」というに相応しい。また、かつて行なわれた天皇陵祭祀である「十陵八墓の制」でも天智天皇陵には一貫して毎年荷前《のさき》の奉幣《ほうへい》（十二月に天皇が陵に幣物《へいもつ》を捧げる年中行事）があり、陵も厳然と昔のままに存するからである。

　次に、ⓑ山地に棺を埋葬してから山地を削って陵の外形を整えることについてである。これは孝明天皇陵に則ったとする。その理由は、山陵奉行戸田《とだ》大和守忠至《やまとのかみただゆき》は孝明天皇陵を造営しようとするに際して古制に復そうとしたものの泉涌寺《せんにゅうじ》が牽制《けんせい》して果《は》たさず、寺内の山上に埋棺して山を削り三段の「円陵」を造った。このような事情による陵であり、天然の山を削って造ったため「堅牢無比」である。明治天皇も山上に埋棺したので、「内実」を孝明天皇陵に、「外形」を天智天皇陵に則って明治天皇陵を造営し、古制を伝えようとしたのである。

　三番目に、ⓒ拝所《はいしょ》と外回りの形状についてである。これは神武天皇陵に則ったとする。そ

写真９　国史跡五色塚古墳（神戸市垂水区）

の理由は、上代の陵制は、四方に「隍《ほり》」を一重、二重、あるいは三重に設けるものであったが、前面にはただ「隍」があるだけで拝所はなかった。天智天皇陵に至って兆域《ちょういき》（天皇陵の範囲）入口の南面に鳥居が立てられた。これは、「十陵八墓の制」以来毎年荷前《のさき》の奉幣《ほうへい》があるためであろう。徳川幕府の末に戸田忠至《とだただゆき》が山陵奉行となって歴代天皇陵を修補するに及んでそれぞれの天皇陵ごとに拝所が作られたが、皇祖《こうそ》神武天皇陵の拝所には最も意を用いたのであり、その他兆域《ちょういき》、周囲の形状もこれに則ることとしたのである。

四番目に、ⓓ礫石《れきせき》で陵を葺《ふ》くことについてである。これは歴代天皇陵に則ったとする。その理由は、「堅牢」を期すことと、「草莽《そうもう》」、つまり草むらを生ぜしめないためである。その例証として、嵯峨《さが》天皇による薄《はく》葬《そう》の遺詔《いしょう》（天皇の遺言）には、自らの陵には草を生ぜしめよ等とあるが、これはむしろ陵には草を生ぜしめないことが一般的であったことの反証と解され得ること、欽明《きんめい》天皇陵に堅塩媛《きたしひめ》（欽明《きんめい》天皇妃）を改葬した際、重ねて礫石《れきせき》で厚く葺《ふ》き後世盗人が発《あば》こうとしたが礫石《れきせき》が厚く果たせなかったこと、舒明《じょめい》天皇陵が小平石で葺かれていること、天智天皇陵の礫石《れきせき》の厚さは三尺以上もあること、仲哀《ちゅうあい》天皇の殯陵《ひんりょう》（天皇の遺体を一時安置した場所）とされる五色塚《ごしきづか》（国史跡五色塚《ごしきづか》古墳、兵庫県神戸市垂水区。葺石《ふきいし》が多いことによって知られる。写真9）の礫《れき》石《せき》は最も参考とするに足ること、を挙げる。

このように「伏見桃山陵陵制説明書」は、明治天皇陵がどのような理念で造営されたかについてよく説明する。総じてみると、歴史上画期となった天皇陵の特徴的な点を取り入れて、全体としてあるべき新たな天皇陵の姿を構築したということである。

そして「伏見桃山陵陵制説明書」は、次のように結ぶ。

抑々《そもそも》山陵は、御尊骸《そんがい》（引用註、天皇の遺体）を万世《ばんせい》に奉安《ほうあん》する霊所《れいしょ》なれば、神社とは自《おのずか》ら異《こと》なる所あり、故《ゆえ》に石壁の如《ごと》きは、自然石を用《もち》ゐ、木造の建造物は、成《な》るべく之《これ》を避《さ》け、天然の景勝《けいしょう》を利用して、森厳幽高《しんげんゆうこう》、永く聖霊《せいれい》を鎮安《ちんあん》し奉《たてまつ》るべきなり、況《いわん》や明治天皇の盛徳大業《せいとくたいぎょう》は実に空前にして、世界万世の斉《ひと》しく仰《あお》ぐ所なれば、伏見桃山陵は其《そ》の聖慮倹《せいりょけん》徳《とく》を体《たい》し、祖宗《そそう》の先例に則《のっと》り、質素《しっそ》堅固《けんご》を旨《むね》として、築営するものなり（原史料はカタカナ交じり文。適宜濁点等を補った）

ここに、明治天皇陵を画期とする天皇陵の新たな位置付けが明確である。「聖霊《せいれい》」、つまり天皇の御霊が安んずる聖域であると同時に、生前の天皇の「盛徳大業《せいとくたいぎょう》」、さらに「聖慮倹《せいりょけん》徳《とく》」をも表現するものでなくてはならない。堅牢な構築物であるべきこともちろんである。

明治天皇陵批判

ところが、後年この明治天皇陵が批判されることになる。しかもその批判の主は当時の政府による陵墓行政の中枢にあった山口鋭之助である。驚くべきことである。

山口鋭之助は明治天皇大喪《たいそう》（天皇の葬儀）当時の諸陵頭《しょりょうのかみ》であり、大正元年（一九一二）八月三日の閑院宮載仁親王《かんいんのみやことひと》（閑院宮家第六代、慶応元～昭和二十、一八六五～一九四五）の陵地検分に際しては随員として先導し、九月十四日の桃山仮停車場から御陵所までの鹵簿《ろぼ》（天皇〔この場合は天皇の遺骸〕による行列）にも加わるなど、大喪《たいそう》では重要な役割を担った。その山口鋭之助が明治天皇陵を批判したのである。一体どのような理由であったのであろうか。

先にみた「伏見桃山陵陵制説明書」を含む「陵制に対する愚見を陳して大喪儀の制に及ぶ」は、大正六年（一九一七）十月十八日に帝室制度審議会に山口鋭之助が提出したものである。つまり山口鋭之助による明治天皇陵批判は、明治二十二年（一八八九）二月十一日に制定された「皇室典範」の細則といえる各種の「皇室令」を定めるための帝室制度審議会での審議においてなされたのであった。この「陵制に対する愚見を陳して大喪儀の制に及ぶ」には「一伏見桃山陵の形式は永世不易の範とし難し」と「二今後採用すべき陵制と大喪儀」が収められており、山口鋭之助による明治天皇陵批判はここにみられる。ここではこのうち「一伏見桃山陵の形式は永世不易の範とし難し」から山口鋭之助の議論をみることにしたい。その要旨はおおむねつぎのとおりである。

・明治天皇陵は南方に平地を控える地形に造営されたが、そのような土地は今後多くは求められない。
・陵の造営作業に際して、明治天皇の遺骸を納めた御棺のある場所の上部に作業員が登らなければならないのはあまりに恐れ多い。
・明治天皇の遺骸が納められた御棺を平地以上の場所に奉安《ほうあん》するのは当然であり、孝明天皇陵・明治天皇陵の造営に際してはその点で苦心したが、今後天皇陵のために良い土地を得られなければ、大規模な盛土にたて穴を掘って御棺を納め、更に多量の盛土をするという極めて不自然な工事をしなければならない。
・将来もし陵地を平地に設けることになり、しかも面積を限定して小墳を築くことになれば、そこに明治天皇陵のようなものを設けることは全く不可能である。

ここには、今後造営されるであろう天皇陵をも見据《みす》えた議論がある。明治天皇陵が完成しさえすればそれでよしとするのではない。さらにいえば、名君の誉《ほま》れが高く近代国家を造り上げた明治天皇の陵であればこそこれではいけなかった、という考えが、山口鋭之助の議論の背景にあったと考えることができる。

山口鋭之助はさらに言を続ける。

要するに、伏見桃山陵の形式は、之を歴史上より観《み》るも、其《そ》の山作の方法過渡期の彌縫《びほう》（引用註、仮の間に合わせ）的処置たるに過《す》ぎずして、万世の定制と為《な》さむには余《あま》りに不完全なり。又之《またこれ》を工事上より察《さっ》するも、如何《いか》なる地に於《おい》ても造営し得《う》べきものにあらず。且《かつ》陵上に於《おい》て作業せざるを得《え》ざるが如《ごと》きは、最《もっとも》不敬《ふけい》の大《だい》なるものなり。されば何《いず》れの点より見るも欠点多くして、不易《ふえき》（引用註、変わらないこと）の定制と為《な》すには、不適当なる形式なりと断言して、不可なかるべしと信ず。

明治天皇陵を評して「過渡期の彌縫《びほう》的処置」とはいかにも厳しいが、ここにこそ、山口鋭之助による明治天皇陵批判の核心が表現されている。

＊

このように明治天皇陵は、先例も法的な根拠もないなかで造営されざるを得ず、明治以降新たに定められた天皇による祭祀の理念をもあらわすものでなくてはならず、そして、明治天皇の不朽の功績を讃えるのに相応しくもなければならなかったのである。明治天皇陵の上円下方の形状は、このような制約のなかで創り出されたもの、ということができる。

しかも完成した明治天皇陵には、後年、明治天皇大喪の当事者から厳しい批判が展開されたのである。超法規的に造営された明治天皇陵であればこそこのような事態も起こり得るが、今後は決してこんなことはあってはならない。そのためには当然、法的な枠組みが必要である。しかし、天皇陵についての法的な枠組みといってもどのようなものなのか。本章5「『皇室陵墓令』と大正天皇陵」では、この問題に取り組むことにしたい。

5 「皇室陵墓令」と大正天皇陵

大正天皇は、明治十二年（一八七九）八月三十一日に権典侍柳原愛子《ごんのてんじやなぎわらなるこ》を母に明治天皇の第

写真10　大正天皇陵（東京都八王子市）

三皇子として生まれた。明治四十五年（一九一二）七月三十日に明治天皇が亡くなったことにより践祚《せんそ》（天皇の位につくこと）したものの、健康がすぐれず、大正十年（一九二一）十一月二十五日には皇太子裕仁《ひろひと》親王（後の昭和天皇）が摂政《せっしょう》となり、大正十五年（一九二六）十二月二十五日に葉山御用邸で亡くなった。四十八歳であった。

その大正天皇の陵が東京都八王子市にある。外見は明治天皇陵とかわらぬ上円下方である。しかし大正天皇陵には明治天皇陵とは全く異なった背景がある。いったいそれは何なのか。また大正天皇陵ははじめて首都圏に営まれた天皇陵である。人びとの反応はどのようなものであったのか。あわせてみてゆくことにしたい。

「皇室陵墓令」

明治天皇陵がいわば超法規的に営まれたことはすでに本章4「明治天皇陵の謎」で述べたが、大正天皇陵はこれとは対照的である。大正天皇陵は大正十五年十月二十一日に公布された「皇室陵墓令」に基づいて営まれたのである。

ここで「皇室陵墓令」についてみてみよう。「皇室陵墓令」は、陵墓全般についてはじめて規定した「皇

写真11　大正天皇

室令」である。

「皇室陵墓令」は、第一条「天皇・太皇太后・皇太后・皇后の墳塋《ふんえい》（引用註、遺骸を葬った場所）を陵とす」（原史料はカタカナ交じり文、以下同じ。適宜濁点等を補った）、第二条「皇太子・皇太子妃・皇太孫・皇太孫妃・親王・親王妃・内親王・王・王妃・女王の墳塋《ふんえい》を墓とす」という陵墓の定義からはじまる。ただ全体には陵墓の戸籍ともいうべき陵籍・墓籍についての条文が多く、これについては同日の「皇室陵墓令施行規則」でより詳細に規定されている。

そのなかで陵墓の形状・場所・敷地の面積については、「皇室陵墓令」の次の条文が注目される。

第五条　陵形は上円下方又は円丘とす

第二十一条　将来の陵墓を営建すべき地域は東京府及之に隣接する県に在る御料地内に就き之を勅定す（略）

第二十四条　天皇の陵の兆域は二千五百平方メートルとし太皇太后・皇太后・皇后の陵の兆域は各千八百平方メートルとす

これらの条文によって、新たに造営される天皇陵は形状・場所・敷地の面積については法的な根拠を得たことになる。結果としていくら外見が似ていたとしても、大正天皇陵は、超法規的に営まれた明治天皇陵とはここが決定的に異なる。

ただし形状についての条文は、「上円下方又は円丘」(第五条) とあるように、必ずしも明治天皇陵で採用された「上円下方」のみに限定されておらず、なお「円丘」との含みが残されていた。結論は決まっていたようにも思われるが、なぜ「円丘」であることも法文の上で許容されたのか。よく説明がつかない点である。

もっともこの「皇室陵墓令」の公布が、相当病状が進んだ大正天皇を意識したものであることも確かであろう。大正十五年 (一九二六) 十月二十一日にはこの「皇室陵墓令」のほかにも、「皇統譜令《こうとうふ》」「皇室儀制令《ぎせい》」「皇族就学令」「皇族後見令《こうけん》」「皇族遺言令《ゆいごん》」「皇室喪儀令《そうぎ》」が公布されている。想定し得るあらゆる事態に対応するための「皇室令」の大系の完成である。

陵地の選定

さて「皇室陵墓令」は、将来の陵墓を営む範囲を、「東京府及之に隣接する県に在る御料地内」(第二十一条) とするが、それでは具体的に場所はどこなのかという問題は残る。その点で見落とされるべきでないのは、大正十五年 (一九二六) 十月二十三日付『朝日新聞』(東京・夕刊) の「選定された　皇室の陵墓地　府下南多摩郡の　高台凡《およ》そ二十町歩の地に」との見出しの記事である。そこには「宮内当局では過般来東京府下および神奈川埼玉両県下に数ケ所の候補地を挙げ秘密中に調査を進めてゐたところ、この程に至つて遂に東京府下南多摩郡の横山村と八王子村にまたがる高台凡《およそ》二十町歩の地域を選定し、将来陵墓を営建すべき地域と決定した模様である」とある。つまり「皇室陵墓令」公布直後の段階で、いまだ存命中の大正天皇の陵を営む場所はすでに決まっており、それが新聞記事として公にされてもいたのである。「宮内当局」としては至極当然の段取りなのかも知れないが、やはり驚くべきことである。

この地は、江戸時代には幕府の直轄地である御林山《おはやしやま》とされ、江川太郎左衛門坦庵《たんあん》（享和元～安政二、一八〇一～五五）によって熱心に植林され、明治期には帝室御料林として管理されてきた。

そして、大正天皇が亡くなった直後の昭和元年（一九二六、大正十五年十二月二十五日に昭和と改元）十二月二十九日に閑院宮載仁《かんいんのみやことひと》親王が大喪使《たいそうし》総裁として御陵所の検分に同地を訪れ、翌昭和二年（一九二七）一月三日に、当時の東京府南多摩郡横山村・浅川村・元八王子村にまたがる御料地に武蔵陵墓地が定められ、そのうち横山村大字下長房字龍ヶ谷戸が陵所とされた。

地元にとってはまさに青天の霹靂《へきれき》であった。東京府南多摩郡の小さな村が、一夜にして日本中の注目を集めるに至ったのである。

大喪と陵

さて十二月二十五日に亡くなった大正天皇の棺《ひつぎ》は、二十七日には葉山御用邸から宮城《きゅうじょう》

（現在の皇居）に移され、翌昭和二年（一九二七）一月五日に宮城《きゅうじょう》正殿を殯宮《ひんきゅう》（亡くなった天皇の棺を大喪《たいそう》まで仮に置く場所）として安置された。そして二月七日に新宿御苑に設けられた葬場殿《そうじょうでん》で大喪《たいそう》が行なわれ、翌八日未明に新宿御苑仮駅から東浅川仮駅に列車で移され、玄宮《げんきゅう》（陵のなかでも天皇の棺を納める場所）に納められた。当日、陵名が多摩陵と定められた。

この間、大正天皇陵は昼夜兼行で造営された。工事には大林組があたった。形は明治天皇陵と同じ上円下方である。もっとも陵の完成ということでいえば、昭和二年十二月二十五日の一周年祭に際してということである。この大正天皇陵について、人びとはどのような反応を示したのであろうか。何しろ陵が営まれたのは大都会東京の近郊である。

新聞にみる大正天皇陵

大正天皇陵への人びとの関心はとても高いものであったことが、当時の新聞によってよく伝えられている。参拝が一般に許されたのは昭和二年二月十三日午前九時からであるが、その様子を『東京日日新聞』（現在の『毎日新聞』）昭和二年二月十四日付（朝刊）の「多摩陵、初の参拝に　押し出した二十万人　梅日和の日曜に列車は皆満員　感慨深い内山大将」との見出しの記事からみることにしたい。

【浅川発】多摩陵の参拝はいよいよ十三日午前九時から一般に差許《さしゆる》されたが、折柄《おりから》の梅日《うめび》和《より》と日曜日とに待兼《まちか》ねてゐた参拝者は一時に押出《おしだ》し正午までには早くも十万を突破《とっぱ》した、

写真12　大正天皇陵（昭和2年2月7日）（絵葉書より）

午前九時青竹《あおだけ》の総門《そうもん》が警手《けいしゅ》の手で左右に押開《おしひら》かれるや参道を埋《う》づめてゐた幾千《いくせん》の参拝者は雪崩《なだれ》の如《ごと》く押《お》寄《よ》せて、警手《けいしゅ》や憲兵《けんぺい》の制止《せいし》もきかばこそ、先を争《あらそ》つてもみ合《あ》ふ有様《ありさま》に交通整理の警官も手の付《つ》けやうのない混雑、この混乱の中を巧《たくみ》にくゞり抜《ぬ》けて見事《みごと》に参拝の一番がけをやつたのが水戸市南町四三五の一大村げん子といふ小学校の若い女教員、お次ぎも小学校の先生で桐生《きりゅう》市立尋常《じんじょう》小学校訓導《くんどう》闞芳太郎氏、表門前で入場者の数を数へてゐた諸陵《しょりょう》寮の監視《かんし》は計量器《けいりょうき》の手をやめてとても数へ切れぬと投出してしまふ始末《しまつ》、有資格者《ゆうしかくしゃ》の参拝受付所には勝田陵墓監《りょうぼかん》が頑張《がんば》つて多数の有資格《ゆうしかく》参拝者を手際《てぎわ》よく捌《さば》いてゐた、九時半頃江木法相を先頭に町田、藤澤、片岡などの各国務大臣が自動車で民衆を押分《おしわ》けて来る、中に岡田文相が夫人と四人の子供さんを引き具《ぐ》してゐるのが人目《ひとめ》を惹《ひ》いた、嘗《かつ》て大正天皇の侍従武官長《じじゅうぶかんちょう》であつた内山小二郎大将が、一般民衆の中からはるかに玄宮《げんきゅう》を仰《あお》いで感慨深《かんがいぶか》く黙禱《もくとう》をつゞけてゐたのもまた人目《ひとめ》を惹《ひ》いた、なほこの日の主なる参拝者は八王子青年団の四千名を初め、同じく八王子小学校生徒五千人、その他各地の中等学校在郷軍人消防組等団体参拝者頗《すこぶ》る多く、殊《こと》に地方よりの参拝者は上下九列車に臨時七列車を加へ一列車の着《つ》く毎《ごと》に九千人の参拝者を吐《は》き出すので鉄道だけの参拝者が五万人以上に達した、斯《か》くて午後四時の閉門までには参拝者実に二十万に近く空前《くうぜん》の雑沓《ざっとう》を見せた

なんと午前九時から正午までに「十万」人、閉門時刻の午後四時までに「二十万」近くの人びとが大正天皇陵を訪れたというのである。もちろん人数を数えるのをやめてしまったというのであるから正確な数字であるわけもないが、想像を絶する大混雑であったことは間違いない。そのうえ「一番がけ」である。開門と同時に多くの人びとがわれ先にと走り出し、それを新聞記者が取材して一位と二位の住所・氏名・職業を報じたのである。そして、八王子青年団、八王子小学校生徒らといった地元の人々も多く訪れた。それと同時に江木翼《たすく》司法相、町田忠治農林相、藤澤幾之輔商工相、片岡直温《なおはる》大蔵相、岡田良平文部相ら、また前侍従《じじゅう》武官長《ぶかんちょう》内山小二郎陸軍大将といった「有資格者」も参拝している。上下貴賤の隔てなくといってはまさに語弊があるが、あらゆる階層の人びとが大正天皇陵を訪れたのである。

鉄道大混雑

右の記事には、「一列車の著《つ》く毎《ごと》に九千人の参拝者を吐《は》き出す」とある。果たして一編成の列車が「九千人の乗客」を乗せることができたのかどうか何ともいえない。しかし車内の様子は、『朝日新聞』（東京・朝刊）昭和二年（一九二七）二月二十七日付が載せる「一廃兵」の投稿がよく伝えている。鉄道省の無策を厳しく批判する内容である。

参拝と鉄道

◇先日多摩御陵を参拝して、鉄道の大混乱にびつくりすると共に当局の不用意に憤慨《ふんがい》しました。

◇御大喪《ごたいそう》から既《すで》に十余日を経《へ》てをるのに全《まつた》く命がけの大混雑、いくら謹慎《きんしん》して居《い》たくも、そこにもこゝにも女子供の悲鳴《ひめい》や口論《こうろん》までまじつて殺気立《さつきだ》てることおびたゞしい、はるぐ〵哀悼《あいとう》の赤誠《せきせい》を披《ひ》れきすべく参拝したのが却《かえつ》て畏《おそ》れ多い気がした。

◇圧《お》しつけられて時ならぬお産《さん》をした位《くらい》はまだいゝ。若《も》しこんなことで死傷者でもださうものなら当局は何《なん》と弁解《べんかい》する。列車内で僕等《ぼくら》と散々《さんざん》もみ合《あ》つた細君携帯《さいくんけいたい》の鉄道省の人によると、「鉄道省では予想外な収入だ」さうな。収入なんかこつちの知つたことか。一体《いつたい》この混雑をどうしてくれるんだいと食つてかゝりたくなつた。

◇御陵に参拝したいのは六千万赤子《せきし》の心願《しんがん》だ。積雪酷寒《せきせつこつかん》の今日この頃ですら一万五千人からの参拝者があるさうではないか。これから全国各地の団体が陸続押《りくぞくお》し寄《よ》せて来たら、鉄道省はこれをどう扱《あつか》ふ気だらう。鉄道当局はこの貧弱《ひんじやく》な輸送力をもつてしてどう善後《ぜんご》策《さく》が講《こう》ぜられて居《い》るのだらう。

◇たしか鉄道にも大臣といふものがおいでのはずですが、大臣は自動車で参拝せられるから一向《いつこう》御存知ないかも知れない。御存知になつていたゞきたい。もし無準備な鉄道省のために皇室尊崇《そんすう》の発露《はつろ》である御参拝をはゞむ様な結果になつたら、鉄道大臣は誠《まこと》に申訳《もうしわけ》がないではないか。

◇責任を自覚せば昼夜兼行《ちゆうやけんこう》速《すみや》かに輸送力の充実をはかりもつて国民の赤誠《せきせい》に副《そ》はれよ。

（一廃兵寄）

「女子供の悲鳴《ひめい》や口論《こうろん》」や「時ならぬお産《さん》」、果ては「死傷者でもだそうものなら」とは穏やかではないが、忍耐の限度を超えた混雑の状態をよく読み取ることができる。

とはいえ、大正天皇陵に通じていたのは省電（現在のＪＲ東日本中央線）だけではない。京王電気軌道（現在の京王電鉄）も、新宿から東八王子（現在の京王八王子）まで通じていた。東八王子からはバスに乗り換えて御陵参道口に至る。参拝には京王電気軌道も便利であったのである。そこで京王電気軌道は参拝客を当て込んだ新線を計画した。ところがこの計画は八王子市議会に反対され、計画を変更した上で御陵線が開通したのはようやく昭和六年（一九三一）三月二十日になってのことである。しかしこの京王御陵線は昭和二十年（一九四五）一月二十一日に不要不急線として営業休止され、廃線同様のまま終戦を迎えた。国威高揚《こうよう》ということなら戦時中こそ天皇陵参拝は奨励されたのかとも思われるが、少なくともこの場合はそうではなかった。考えてみれば不思議なことである。

参拝する人びと

大正天皇陵を訪れた人びとの第一の目的は、無論、大正天皇陵への参拝である。しかし、多くの人びとが集まるのであるからそこでは色々な事柄が起こり得る。以下、興味深いエピソードをみることにしたい。

まずは土産物店である。浅川駅（現在のＪＲ高尾駅）から参道に至る沿道には、絵葉書等

写真13　大正天皇陵を参拝する人びと（絵葉書より）

を売る土産物店が軒を連ねた。そのなかに、警視庁による閉店命令を不服として訴訟を起こしたものがあった。「参道表口で高貴の方々御通過の際見苦しいから交通整理取締したまで」という八王子署に対して、閉店を命じられた店主側は「突然理由も説明せずに閉店を命ぜられた」、「殊に営業中巡査数名が交通整理と称してお客を店によせつけなかったのは由々しい問題」として濱口雄幸内務大臣を相手に訴訟を起こしたのである（『読売新聞』昭和二年二月二十五日付朝刊）。また、参道付近の飲食店・土産物店から参拝者の混雑を当て込んだ五十銭・二十銭の贋造銀貨が頻繁に発見された事件（『読売新聞』昭和二年三月十四日付夕刊）や、大阪・京都方面から酌婦を雇い入れて「参拝客を相手に白昼売春に等しき行為」をさせた「風紀を紊《みだ》す料理屋」事件（『読売新聞』昭和二年三月二十一日付夕刊）もあった。

また注目すべきは、大正天皇陵の造営をきっかけとして新たに郷土史研究団体が多く組織され、関連の書籍も出版されたことである。八王子市に結成された陵東土俗研究会の中心人物小松茂盛は、大正天皇一周年祭が済んだ頃から付近の史料や出土品の常設展示場となった特設郵便局にしばしば通い、参拝客に展示品の説明をする傍《かたわ》ら、『武蔵御陵附近史蹟案内』

と打製石斧《せきふ》二本・縄文土器《じょうもんどき》一個のセットを「御陵みやげ」として普通品十銭上等品二十銭で販売し、不足すると聖蹟桜丘方面に行って補なったという。石器・土器を土産物として販売するなど、今日ではおよそ考えられもしないことである。おおらかな時代であったといえばそれまでであるが、当時の天皇陵参拝にはこのようないわばお祭り騒ぎのような雰囲気があったのである。

　とはいうものの、決して大正天皇陵の周辺がすべて騒がしい状態であったのでもない。昭和二年（一九二七）二月九日には昭和天皇がはじめて大正天皇陵を参拝するが、次の『東京日日新聞』二月十日付（夕刊）の記事は、「聖上を迎へまつる　多摩のあたり　朝まだきから群れあつまる赤子の心」との見出しで、昭和天皇を迎える人びとの様子を伝える。

【浅川発】多摩御陵に神鎮《かみしず》まりませる大正天皇の御霊御拝《カ》のため、聖上陛下には九日初めてこの武蔵野の遠い山路にお出ましにならるるので、浅川一帯の人々は光栄にむせびこの行幸《ぎょうこう》を拝《はい》さうものと、まだ明けやらぬ霜の山路野路を近郷近在から押し寄せるもの正午までに一万を越えた、東浅川仮駅から御陵総門間の両側には同じ心にむしろを道の辺にしいて弁当をかゝへ静かにつゝましやかに控へてゐる、わけて弓のごとき腰をした爺いさんや婆あさんなどは『生れて初めて天朝さまを拝みます』と、まだ拝まぬうちからもう涙をうかべて一張羅《いっちょうら》の手織木綿布子の襟《えり》をかき合せる純朴さなど赤子の真心のあらはれもゆかしく、春らしい天気に風がないので人出は刻々加はり警戒の警官在郷軍人団など堵列《とれつ》して御《お》召列車《めしれっしゃ》のつくのを待ち上げてゐる

「天朝さまを拝みます」、「まだ拝まぬうちからもう涙をうかべて」とは、すでに述べた大正天皇陵をめぐるさまざまな出来事とはおよそ次元の異なるものと思われるかも知れないが、これとても間違いなく大正天皇陵をめぐってのことである。これら総てを、大正天皇陵、また広く天皇陵一般について考えるための手がかりとしなければならない。

＊

今日大正天皇陵を訪れるとその静寂さにむしろ驚かされる。もちろん天皇陵はどこでも閑散としているのが一般的であるが、たとえば毎年十二月二十五日の大正天皇祭にあっても、人びとが訪れることは稀である。私は平成十七年（二〇〇五）の大正天皇祭の折に訪ねたが、勅使《ちょくし》、皇族として参拝された高円宮《たかまどのみや》妃殿下、掌典《しょうてん》、また警備関係者の他に訪れた者はほとんどいなかった。これは、毎年一月七日の昭和天皇祭と較べても対照的である。

大正天皇については、近年原武史著『大正天皇』（二〇〇〇年、朝日選書）が刊行され、宮内庁にある『大正天皇実録』も部分的にながら公開されつつあるなど、再評価の機運がある。

大正天皇陵についても、注目すべき動向がみられる。平成十七年（二〇〇五）九月十一日には多摩地域史研究会第十五回大会が都立多摩社会教育会館（東京都立川市）で開かれたが、テーマは「多摩陵の造営と地域社会」であった。北村拓氏「京王電軌御陵線の建設と営業」、近辻喜一氏「多摩御陵の臨時郵便局」、保坂一房氏「多摩御陵造営と郷土史研究団体」と、外池「多摩陵の造営と地域の変貌」が発表され、発表要旨も『多摩地域史研究会第15回大会「多摩陵の造営と地域社会」』として発行された。

また八王子市郷土資料館（東京都八王子市上野町）は、平成十八年（二〇〇六）十月一日から十一月十二日まで「多摩陵・高尾と八王子」と題した特別展を開催したが、これは八王子市制九十周年と同館開館四十周年を記念してのものであった。

同展の内容は、大正天皇の大喪《たいそう》や大正天皇陵造営に関する書籍等や、大正天皇陵や高尾をめぐっての絵葉書、案内書、地図等を展示したものであった。なかでも大正天皇陵参拝客を当て込んで発行された観光案内書は種類も豊富でかつ美麗なものが多く、ことに独自の技法による鳥瞰図で知られる吉田初三郎（明治十七〜昭和三十、一八八四〜一九五五）による観光案内図（昭和三年〔一九二八〕一月一日・昭和五年〔一九三〇〕「京王電車沿線名所図絵」）は同展における白眉《はくび》であり、注目された。図録も同館編によって『案内図にみる多摩陵・高尾と八王子』として発行された。

天皇陵、また天皇陵一般に対する考え方といっても決して一様でない。ことに、昭和天皇の大喪がいまだ記憶に新しい読者の皆さんにはここで紹介した大正天皇陵をめぐる一連の動向には少なからぬ違和感を覚えられたことであろう。しかしこれもまた、天皇陵をめぐる重要な歴史の一コマなのである。

6　長慶天皇陵を探せ

天皇の歴代では明治天皇・大正天皇・昭和天皇の順であるが、天皇陵の造営の順では明治

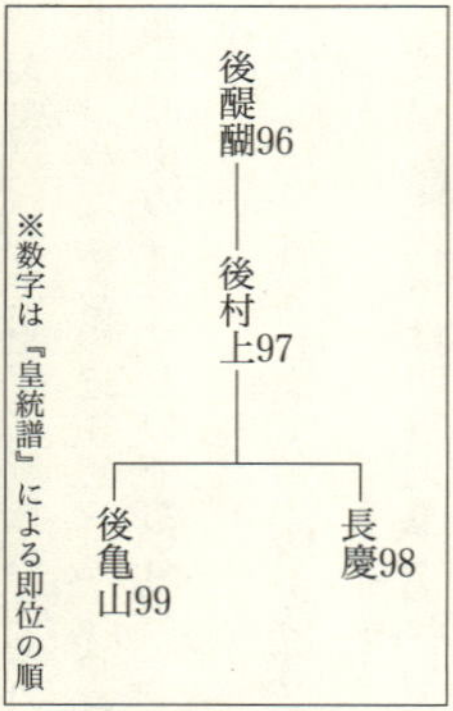

図７　長慶天皇関係系図

写真14　八代國治（『長慶天皇御即位の研究』〔昭和２年改版〕より）

天皇陵・大正天皇陵の次に長慶《ちょうけい》天皇陵が来てその次に昭和天皇陵となる。ここではこの長慶天皇、あるいは長慶天皇陵についてみることにしたい。

長慶天皇とは

今日では、長慶天皇（興国四～応永元、一三四三～九四）は南北朝期の南朝の天皇として理解され、南朝正統説に基づく「天皇家系譜」では第九十八代とされる。また南朝ということでいえば、後醍醐天皇、後村上天皇に続く第三代の天皇である。

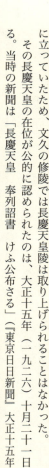

しかし長慶天皇は、その在位が当然のように認められていたのではない。江戸時代以降その在位については即位説と不即位説があり、すでに第一章「創られた天皇陵」２「文久の修陵」等で取り上げた谷森善臣《たにもりよしおみ》は長慶天皇不即位説に立っていたため、文久の修陵では長慶天皇陵は取り上げられることはなかった。

その長慶天皇の在位が公的に認められたのは、大正十五年（一九二六）十月二十一日である。当時の新聞は「長慶天皇　奉列詔書　けふ公布さる」（『東京日日新聞』大正十五年十月二十二日付夕刊第一面）との見出しで大きく報じている。このように皇位にあったことを公的に認めることを皇統加列《こうとうかれつ》という。

それではなぜ大正十五年になって長慶天皇の皇統加列が認められたのであろうか。これは、大正九年（一九二〇）刊行の八代國治《やしろくにじ》（明治六～大正十三、一八七三～一九二四）による『長慶天皇御即位の研究』（明治書院）の成果によったものである。同書で八代は、諸種の史料により長慶天皇が皇位にあったことを証明したのである。八代は大正十三年（一九二四）四月一日に病により亡くなったが、同年六月八日には第十四回帝国学士院恩賜賞を受け、さらに長慶天皇皇統加列の大正十五年（一九二六）十月二十一日には、皇室から御沙汰書、御紋附銀花瓶一箇と金五百円が下賜されたのである。

長慶天皇陵を探せ

注意深い読者はもう気付かれたことであろう。大正十五年十月二十一日というのは、本章5「『皇室陵墓令』と大正天皇陵」でみたように「皇室陵墓令」等の「皇室令」が公布された日である。天皇・皇室をめぐる法的根拠の構築へ向けての最終段階である。しかしそうなるとひとつ足りないことがある。それが長慶天皇陵である。せっかく在位が公的に認められても、その陵がどこにあるのかわからないのではまさに画竜点睛《がりようてんせい》を欠く。ぜひとも探し出したいところである。

もちろん、右にみた八代國治《やしろくにじ》著『長慶天皇御即位の研究』も長慶天皇陵の所在地について眼を向けている。しかしそれは「長慶天皇御陵伝説地は二十六ケ所の多きに及べり。余も亦《また》

写真15　御陵墓参考地（青森県中津軽郡紙漉沢村）
（明治年間の絵葉書より）

御陵に就《つい》て研究調査し、既に一旦印刷に附せしも、未だ論証またく意に満たざる所あるを以て、姑《しばら》く発表を見合すこととせり」と述べるまでのもので、陵の所在地が特定できたのでも具体的な候補地が挙げられたのでもなかった。

それにしても「二十六ケ所」とはどういうことか。このなかから何らかの方法によって真贋《しんがん》を見極め、ただ一か所を決定しなければならない。陵が二か所あるということも、ついに陵がどこか分からなかったということもあり得ない。本章2「決定陵と未定陵」で述べたとおり、明治二十二年（一八八九）六月三日にはそれまで不明であった天皇陵のすべてがようやく決定されたのである。ここは何としても長慶天皇陵を探し出さなければならない。

陵墓参考地

ところが実は、この時点ですでに長慶天皇陵を想定した宮内省が管理する陵墓参考地が二か所あった。青森県の相馬《そうま》陵墓参考地と和歌山県の河根《かね》陵墓参考地である。相馬《そうま》陵墓参考地は明治二十一年（一八八八）十二月二十七日に青森県中津軽郡紙漉沢村《かみすきざわ》（現弘前市）字ウへノウ堂に御陵墓伝説参考地として指定され、河根《かね》陵墓参考地は同年二月二十四日に和歌山県伊都郡河根《かね》村大字丹生川《にゆうがわ》に御陵墓伝説地として指定されたものである。

しかし考えてもみればこれもおかしなことである。ひとりの天皇について二か所もの陵墓参考地が指定されたこともさることながら、そもそも長慶天皇の在位が正式に認められたのは右にみたとおり大正十五年（一九二六）十月二十一日になってのことである。それを遡《さかのぼ》る三十八年も前に、宮内省によって長慶天皇陵を想定した陵墓参考地が指定されたこと自体が矛盾である。

しかも長慶天皇陵を探すといっても、この二か所の陵墓参考地のなかからどちらか一か所を選び出せばよいというようなものではなかった。

臨時陵墓調査委員会

昭和十年（一九三五）六月二十七日に、宮内大臣の諮問機関として臨時陵墓調査委員会が組織された。この臨時陵墓調査委員会の主要な目的は、長慶天皇陵を探すことである。臨時陵墓調査委員会については従来ほとんど知られていなかったが、第六章「聖域か文化財か」2「天皇陵研究法」で述べることになる宮内庁書陵部陵墓課保管歴史的資料に含まれる『臨時陵墓調査委員会書類及資料』（全十冊）によって、その活動の全貌が知られるところとなった。以下、本書における臨時陵墓調査委員会についての記述は専ら『臨時陵墓調査委員会書類及資料』による。臨時陵墓調査委員会の発足に当たっての宮内大臣湯浅倉平による同日の「挨拶」には、次のようにある。

長慶天皇は大正十五年大統《たいとう》（引用註、天皇の血筋）に列《れつ》せられ給《たも》ふたので御座《ござ》いますが、其《そ》の御陵は未《いま》だ御治定《ちじょう》の運《はこ》びに至《いた》りませぬのみならず、長慶天皇の御陵と伝へて居《お》ります箇所でありまして今日迄宮内省の関知致して居《お》りまする所は、殆《ほとん》ど七十箇所にも達せんとする有様で御座います。然《しか》るに未《いま》だ御陵の所在に付《つい》て確《かく》たる手懸《てがかり》も発見せられませぬ。誠《まこと》に恐懼《きょうく》（引用註、恐れかしこまること）に堪《た》へぬ次第で御座います。之《これ》は一日も速《すみやか》に御陵の御治定《ちじょう》を仰《あお》ぎ得《う》る様になりまして、長慶天皇の御皇霊《こうれい》を安《やす》んじ奉《たてまつ》り宸衷《しんちゅう》（引用註、天皇の御心）に報《むく》ひ奉《たてまつ》りますと共《とも》に、赤子《せきし》（引用註、天皇に対し国民を子になぞらえていうことば）の冀望《きぼう》（引用註、希望）を満たさねばならぬので御座います（原史料はカタカナ交じり文、以下同じ。適宜濁点等を補った）

なんと長慶天皇陵との伝承がある場所は、宮内省が関知する限りでも七十か所にものぼるというのである。八代のいう二十六か所どころではない。このなかから長慶天皇陵を探すのが臨時陵墓調査委員会の任務である。宮内大臣による臨時陵墓調査委員会への諮問事項は他にも多いが、何といっても第一の課題は長慶天皇陵を探すことであった。臨時陵墓調査委員会の委員のうち長慶天皇陵の調査に当たったのは、黒板勝美（東京帝国大学名誉教授）・辻善之助（東京帝国大学教授兼史料編纂官）・荻野仲三郎（国宝保存会委員）・芝葛盛《かずもり》（図書寮編修官）である（後に西田直二郎と龍粛《りょうすすむ》が加わる）。いずれも当時の学問の水準を示す錚々《そうそう》たるメンバーである。

その後、長慶天皇陵との伝承のある地はさらに増加する。宮内省に上申され臨時陵墓調査委員会が把握する範囲でも、昭和十一年（一九三六）七月十日の段階で八十か所、昭和十二年（一九三七）十月二十日の段階で八十八か所、そして昭和十四年（一九三九）六月三十日の段階では何と百七か所にも達したのである。次第に増加するのとともに、地域的にも北は北海道、南は九州までの広がりを持つに至った。もっともこのなかには、夢で見たとか、啓示を受けたとかいうものもあった。

臨時陵墓調査委員会ではこれらを四つに分類した。つまり第一類「牽強附会《けんきょうふかい》の説を為すもの又は偽物・偽文書を以て証拠となすもの」、第二類「伝説・地名を存するもその内容を詳《つまびらか》にせざるもの」、第三類「素朴なる古伝を有し、又は之を核心として考証をなせるもの」、第四類「伝説・文献又は考説の稍《やや》徴すべきもの」である。つまり第一類から第四類に向かって信憑性が高くなるのである。

この百七か所のうち比較的信憑性の度合いの高いものについては、臨時陵墓調査委員会は実地調査を行なうなどした。しかし臨時陵墓調査委員会は、ついにこのなかから長慶天皇の遺骸の眠る真の長慶天皇陵を探し当てることはできなかったのである。

とはいっても臨時陵墓調査委員会の出す結論が、長慶天皇陵がどこにあるかはわからなかった、ということですむ筈はない。何としても長慶天皇陵を見つけなければならない。そこで臨時陵墓調査委員会の出した結論は次のとおりである。つまり、長慶天皇陵を示す資料に恵まれず百か所を超える候補地にも取るに足るものがない。そこで長慶天皇が亡くなる前後の事情を考察する以外途はなくなった。そうしてみると嵯峨にある慶寿院址《けいじゅいんあと》は、長慶天皇が亡くなった場所として、また遺骸を葬った地として「推察」できる。そこでこの慶寿院址を長慶天皇陵とするのが最も妥当である、というのである。

しかし本当はこれでは困るのである。遺骸があるかどうかわからないのに陵と称することなど出来ない。何しろ本章5「『皇室陵墓令』と大正天皇陵」でみたとおり、大正十五年(一九二六)十月二十一日に公布された「皇室陵墓令」の第一条に「天皇・太皇太后・皇太后・皇后の墳塋《ふんえい》を陵とす」(原史料はカタカナ交じり文)とあるのである。ここにみえる「墳塋《ふんえい》」とは墓地のことにほかならない。墓地とはもちろん遺骸を納めた場所である。

そこで、慶寿院址《けいじゆいんあと》はまず陵墓参考地とされたのである。昭和十六年(一九四一)九月二十七日のことである。陵墓参考地については第五章「もうひとつの天皇陵」で改めて述べるが、天皇陵とすることはできなくても陵墓参考地にすることならできる。何しろ陵墓参考地についてはどこにも規定などないのである。このような曖昧《あいまい》というほかはない陵墓参考地のあり方が、この際大いに利用価値があったということであろう。この陵墓参考地は昭和十七年(一九四二)十二月二十二日に、下嵯峨《しもさが》陵墓参考地とされた。

「擬陵」

しかし本来このようなことで良いわけはない。長慶天皇陵を想定した陵墓参考地ということでいえば、すでに相馬《そうま》陵墓参考地・河根《かね》陵墓参考地の二か所がある。これに加えてこの下《しも》嵯峨《さが》陵墓参考地が指定され、計三か所に増えてしまったのである。長慶天皇陵をめぐる状況はますます混迷の度を深めるばかりであった。そこで提示されたのが「擬陵《ぎりょう》」という考え方である。「擬陵《ぎりょう》」とは何か。東京大学法学部附属近代日本法政史料センター原資料部所蔵岡本愛祐《あいすけ》関係文書の「所謂擬陵《いわゆるぎりょう》ノ問題」からみることにしたい。

「所謂擬陵《いわゆるぎりょう》ノ問題」に収められた昭和十八年（一九四三）二月十五日「皇室陵墓令下ニ於ケル所謂擬陵ノ問題」は長慶天皇陵の決定について、将来も長慶天皇の遺骸の眠る地は発見できないのであるから、それと「推考」される地に「擬陵《ぎりょう》」を定めるほかはなく、これまで決定された天皇陵のなかでも崇峻《すしゅん》天皇陵・桓武天皇陵・二条天皇陵・安徳天皇陵・仲恭天皇陵・光明天皇陵等は、遺骸が確認できない場所に営まれた陵であった、とするのである。こんな理由付けでもしなければ長慶天皇陵は決定されるべくもなかったのである。

長慶天皇陵の決定

かくて長慶天皇陵はこの「擬陵《ぎりょう》」との考え方を拠り所に慶寿院址《けいじゅいんあと》に決定された。つまり慶寿院址に指定されていた下嵯峨陵墓参考地を正式の天皇陵に格上げしたのである。時に昭和十九年（一九四四）二月十一日、紀元節の日であった。これに伴なって、長慶天皇陵と想定されていた相馬《そうま》陵墓参考地と河根《かね》陵墓参考地は廃止された。同日付『読売報知』は「長慶天皇の御陵『嵯峨東陵』と勅定」との見出しで長慶天皇陵の決定を報じるとともに、宮内大臣松平恒雄の謹話を載せる。そこには次のようにある。

嵯峨の地は又第九十代亀山天皇を始め奉《たてまつ》り、第九十一代後《ご》宇多《うだ》天皇、第九十九代後《ご》亀山《かめやま》天皇の御在所であり、且《かつ》御陵の存する地でありまして同皇統《こうとう》を継がせ給《たま》ひし長慶天皇に御縁の深い地でございます、恰《あたか》も天皇崩御の後五百五十年に相当する本年に於《おい》て同所に御陵を御治定《ちじょう》相成り御陵名を嵯峨東陵と勅定《ちょくじょう》あらせられましたることは、畏《かしこ》くも長慶天皇在天の皇霊《こうれい》を安《やす》んじ奉《たてまつ》り御追遠《ついえん》（引用註、祖先祭祀をていねいにすること）奉仕に万全を期《き》し得《う》る所以《ゆえん》と恐察し奉《たてまつ》ります、茲《ここ》に御歴代天皇の御陵は悉《ことごと》く御決定を拝するに至り慶祝《けいしゅく》措《お》く能《あた》はざる次第に存じます

ここには、この度決定された長慶天皇陵は「御縁の深い地」であって遺骸が埋葬されている訳ではないこと、長慶天皇陵の決定によって不明の天皇陵がなくなったことが述べられている。この年が長慶天皇が亡くなってから五百五十年に相当するとしていることも、決して見過ごされてはならない。詳しくは第四章「天皇による祭祀」２「式年祭とは」で述べるが、天皇による祭祀のなかでも最も重要なものである式年祭が明治三年（一八七〇）十一月二十八日「御追祭定則」で定められた当初には、天皇が亡くなってから百年以降は五十年毎に式年祭がなされることになっていたのである。これは早くも明治五年（一八七二）十一月七日には百年毎に改められるが、五十年毎というのも、式年祭がたどってきた経緯を振り返った場合、大きな意味をもつものであった。

とはいっても長慶天皇陵とされたこの慶寿院址《けいじゅいんあと》が、それまで全く長慶天皇陵の候補に上ったことがないかというと、そうではない。すでにみた八代國治《やしろくにじ》著『長慶天皇御即位の研究』は、「大正五年八月嵯峨臨川寺の東、慶寿院《けいじゅいん》旧址を調査し御陵にあらずやと思はるゝ墳墓を発見したれど、学術上覚《ママ》に認め難《がた》きを以《もつ》て発表は姑《しばら》く之を止めたり」とするが、この「慶寿《けいじゅ》

院《いん》旧址」とはまさに右にみた長慶天皇陵である。つまり八代が学術的な考察のもとに否定した場所を臨時陵墓調査委員会は「擬陵《ぎりょう》」との認識のもとに長慶天皇陵として認め、亡くなってから五百五十年に当たる年の紀元節に長慶天皇陵として治定されたのである。

しかし考えてもみれば、第二次世界大戦のさなかにあって同じ昭和十九年一月七日には大本営はインパール作戦を認可し、三月八日には作戦が開始されたが、得たものは戦死三万人、病死二万人を超すというとてつもなく大きな犠牲のみであった。このなかで五百年以上も前の天皇陵の決定など何とのん気なことをとも思うが、これをも含めて天皇制国家というべきである。

村田論文への抗議

この間に長慶天皇陵をめぐって興味深い動向があったので、この際記しておくことにしたい。それは、史蹟名勝天然紀念物保存協会『史蹟名勝天然紀念物』昭和十五年（一九四〇）十一月・十二月（第十五集第十一号・第十二号）に村田正志著「長慶天皇と慶寿院」（上・下）が掲載されたことに端を発する。

村田論文は、元中九年（明徳三年、一三九二）の南北合一の後に長慶天皇は京都嵯峨の慶寿院で晩年を過ごしそこで亡くなり、そのため長慶天皇陵は慶寿院ともいわれるという通説を否定し、慶寿院は長慶天皇の位牌を奉安したに過ぎず、長慶天皇が晩年を過ごし亡くなったのは、南朝と関係の深かった禅宗法燈派の禅寺である和泉高石の大雄寺の塔頭長慶院であることを主張するものであった。

これは結果として、当時臨時陵墓調査委員会がまとめつつあった、長慶天皇陵を慶寿院址とする方針を否定する議論として宮内省に捉えられることになった。この経緯について村田正志氏は後に次のように回想している。

宮内省では大変なご立腹で、その先鋒になったのが、あの当時宮内省の要職にあった和田《わだ》軍一《ぐんいち》さんで抗議文を龍さん（引用註、龍粛《りようすすむ》、当時東京帝国大学史料編纂所所長）のところに送ってきた。「折も折…」。折も折って、こっちは知らないわけだ（笑）。こんな論文を出すとはけしからんというわけでね。長い巻紙に毛筆で書いた手紙なんですよ。それを見ながら、龍さんは私に所長室でなんと二時間説教なんだよ。「宮内省では大変に怒っている。場合によっては対決しようと言っているから、村田は知らないでやったんだろうからまあまあ、ってなだめておいた」。（村田正志「南北朝時代史の研究と懐旧談」（下）〔『日本歴史』第五七三号、平成八年二月〕）

事実、同じ『史蹟名勝天然紀念物』昭和十六年（一九四一）一月（第十六集第一号）には和田軍一著「村田学士の『長慶天皇と慶寿院』を読む」が掲載され、村田説に対する反論が展開されている。

長慶天皇陵についての一学説が、なぜこのように宮内省の怒りを買ったのか。その点について村田氏は、「二千六百年記念事業として、長慶天皇の御陵を、通説に基づいて慶寿院跡に決定する予定であったらしい」（前掲村田論文）とする。とすれば、昭和十五年（一九四〇）に予定されていた慶寿院址への長慶天皇陵の決定は村田論文が発表されたために延期となり、昭和十六年（一九四一）九月二十七日の慶寿院址の陵墓参考地としての指定を経て、長慶天皇崩後五百五十年にあたる昭和十九年（一九四四）の紀元節（二月十一日）に慶寿院址は長慶天皇陵として正式に決定されたということになる。

＊

ここにみられる一連の動向が、学術的な見地から果たして整合性があるといえるのか、もしくは、ないと言わざるを得ないのか、軽々に判断をすることはできないであろう。しかし結果はともあれその経過のなかでは学術的な調査の成果はきちんと取り上げられ、すでにある法との整合性も正面から検討された。このことは正しく評価されるべきであろう。今日の宮内庁書陵部による陵墓管理の現状と比較して、ますますその感を強くする。

第三章　天皇陵の改定・解除

1　天武・持統天皇陵の改定

第二章「天皇陵決定法」では天皇陵、また陵墓一般の決定について述べた。続いて天皇陵の改定、つまり一旦決定されたにもかかわらずそれが改められた場合について述べることにしたい。ここで取り上げるのは天武・持統天皇陵をめぐる一連の動向である。

天武・持統天皇陵はどこに

天武《てんむ》天皇（?〜朱鳥《しゅちょう》元、?〜六八六）とその妻持統《じとう》天皇（大化元〜大宝二、六四五〜七〇二）は、同じ陵に葬られた。つまり、天武天皇は朱鳥元年（六八六）九月九日に崩《ほう》じ、二年以上にも及ぶ殯宮《もがりのみや》（貴人の棺を仮におさめてそこで儀式を行なうこと）の後に持統天皇二年（六八八）十一月に檜隈大内陵《ひのくまおおうちりょう》に葬られ、持統天皇は大宝二年（七〇二）十二月二十二日に崩《ほう》じ、翌大宝三年（七〇三）十二月十七日に飛鳥岡《あすかのおか》で火葬に付され、同月二十六日檜隈大《ひのくまおお》内《うち》陵に合葬されたのである。そうしてみれば、天武天皇と持統天皇が合葬された檜隈大内陵には、天武天皇の遺骸を納める石棺と持統天皇の遺骨を納める骨壺とがあることになる。

ちなみにこの持統天皇の火葬は、天皇としてははじめてのことである。火葬というのはもちろん仏教の影響によるものであり、これに先立つ文武天皇四年（七〇〇）三月十日に亡くなった僧道昭《どうしょう》が火葬されたのが、この国における火葬のはじめである。そのわずか二年半後に天皇が火葬されたのであるから、当時における仏教の影響の大きさは推《お》して知るべしであろう。

さて、この天武・持統天皇陵はいったいどこにあるのであろうか。第二章「天皇陵決定法」1「仁徳天皇陵の探しかた」で検討した方法と同様に、『日本書紀』と『延喜《えんぎ》式《しき》』「諸陵《しょりょう》寮式《りょうしき》」からみることにしたい。『古事記』は推古《すいこ》天皇までが記述の範囲であるから、天武・

写真16　天武・持統天皇陵（野口王墓古墳、奈良県高市郡明日香村）

写真17　見瀬丸山古墳（畝傍陵墓参考地、国史跡丸山古墳、奈良県橿原市）

持統天皇については対象外である。また、右にみたように天武天皇と持統天皇は合葬されたのであるから、ここでは便宜上天武天皇陵を探すことにする。

『日本書紀』は天武天皇陵について「大内陵《おおうちりよう》」と、『延喜式』「諸陵寮式」は「檜隈大内陵《ひのくまおおうちりよう》。飛鳥浄御原宮御《あすかきよみはらのみやぎよう》宇天武天皇。大和国高市《やまとくにたかいち》郡に在り。兆域《ちよういき》東西五町。南北四町。陵戸《りようこ》五烟」（原漢文）とする。そこで、この条件に合う古墳を探すことになる。候補は二か所ある。野口王墓《のぐちおうぼ》古墳（奈良県高市郡明日香《あすか》村野口）と見瀬丸山《みせまるやま》古墳（奈良県橿原《かしはら》市五条野町・大軽町）である。

結論を先取りして言うと、野口王墓古墳は現在宮内庁によってまさにこの天武・持統天皇陵とされ、見瀬丸山古墳は現在後円部墳頂が宮内庁によって畝傍《うねび》陵墓参考地と、墳丘部全体が文化庁によって国史跡丸山古墳とされている。以下、ここにいたるまでの経緯についてみることにしたい。

盗掘事件

天武・持統天皇陵は盗掘されたことがある。鎌倉時代後期の史書『百錬抄《ひやくれんしよう》』の嘉禎《かてい》元年（文暦《ぶんりやく》二年、一二三五）四月八日条に「去る月二十日、大和国高市郡天武天皇御陵を以て、群盗《ぐんとう》（引用註、何人もの盗人）のために穿鑿《せんさく》（引用註、穴をあけること）せらる、重宝《ちようほう》（引用註、大切な宝物）を捜し取ると云々、多く是《こ》れ金銀の類と云々」（原漢文）とあり、南北朝期の史書『帝王編年記』の同年同月十一日条に「大和国高市郡山陵、去《さ》る比《ころ》盗人の為《ため》に穿《せん》破《ば》（引用註、穴を掘ってこわすこと）せらる、近辺・南都《なんと》（引用註、奈良）ならびに京中の諸人多く陵中に入り、御骨等を拝し奉る、天武天皇の山陵也」（原漢文）とあるとおりである。つまり、天武・持統天皇陵は嘉禎元年三月二十日に盗掘され、これを聞きつけた奈良や京の人びとが天武・持統天皇陵を訪れ、石室に入って「御骨等」を拝んだ、というのである。

また、鎌倉時代前期の歌人藤原定家《ていか》（応保二～仁治二、一一六二～一二四一）の日記『明《めい》月記《げつき》』にも何か所かこの盗掘事件に関する記述がある。そのなかでも特に、「ただ白骨相遺《のこ》る、また御白髪なお残ると云々」（原漢文、以下同じ）（嘉禎元年四月二十二日条）、また「女帝（引用註、持統天皇）の御骨においては、銀の筥《はこ》を犯用《はんよう》（引用註、盗んで用いること）するため、路頭《ろとう》（引用註、道ばた）に棄《す》て奉《たてまつ》り了《おわ》んぬ」（同年六月六日条）とあるのは注目される。天武・持統天皇陵の石室には遺骨・白髪がなお存し、盗人は火葬された持統天皇の遺骨を納めた銀の骨壺を盗み出し、そのなかにあった遺骨を道ばたにすててしまったというのである。まさに驚くべき事態である。

もっともそうであればこれ以降、天武・持統天皇陵には天武天皇の遺骸が納められた石棺一基のみが存することになる。なぜなら、持統天皇の遺骨を納めた骨壺は盗人によって持ち去られてしまったからである。

文久の修陵における天武・持統天皇陵

それでは天武・持統天皇陵は、文久の修陵ではどのように扱われたのであろうか。第一章「創られた天皇陵」2「文久の修陵」で述べた『文久山陵図』の鶴澤探眞《つるさわたんしん》画「山陵図」と谷《たに》森善臣《もりよしおみ》著「山陵考」からみることにしたい。

まず気付くことは、「山陵図」には天武・持統天皇陵の図がないことである。先にも述べたように『文久山陵図』はいわば文久の修陵の総まとめである。そのなかの「山陵図」に天武・持統天皇陵の図がないというのは、天武・持統天皇陵は文久の修陵では修補されなかったということなのであろうか。

しかし、谷森善臣による「山陵考」には天武・持統天皇陵についての記述があり、候補が二か所あるとする。先にも指摘したとおりの野口王墓古墳と見瀬丸山古墳である。「山陵考」は野口王墓古墳について、大和国高市郡野口村の「字を王の墓山とよぶ一堆の岡山のうへに円く築立たる御陵」と述べ、見瀬丸山古墳については「五条野村・大軽村・三（瀬）村三箇村の間に字を丸山とよべるいと大なる古墳」とする。つまり谷森は、野口王墓古墳については円墳との、見瀬丸山古墳については巨大古墳との認識である。さて谷森は、どちらを天武・持統天皇陵と考えたのであろうか。

谷森は、野口王墓古墳を天武・持統天皇陵と考えたのである。「この野口村なる王墓山（引用註、野口王墓古墳）ハ当昔の陵制によく合《かな》ひ、日本紀にミえたる大内丘の形勢にもまたよく相合《かな》ひたれハ、此古陵こそは元禄の御定のごとく、大内丘陵（引用註、天武・持統天皇陵）におはしますべけれとぞ考奉らるゝかし」とあるとおりである。つまり、天武・持統天皇陵としては、見瀬丸山古墳のような巨大古墳ではなく、小規模であっても精巧に作り上げられた野口王墓古墳の方が時代的に相応《ふさわ》しい、との主旨である。天皇陵の形状の変遷の過程に立脚した、まことに理路整然とした議論である。

また見瀬丸山古墳を天武・持統天皇陵とする説への反論として、正治二年（一二〇〇）十

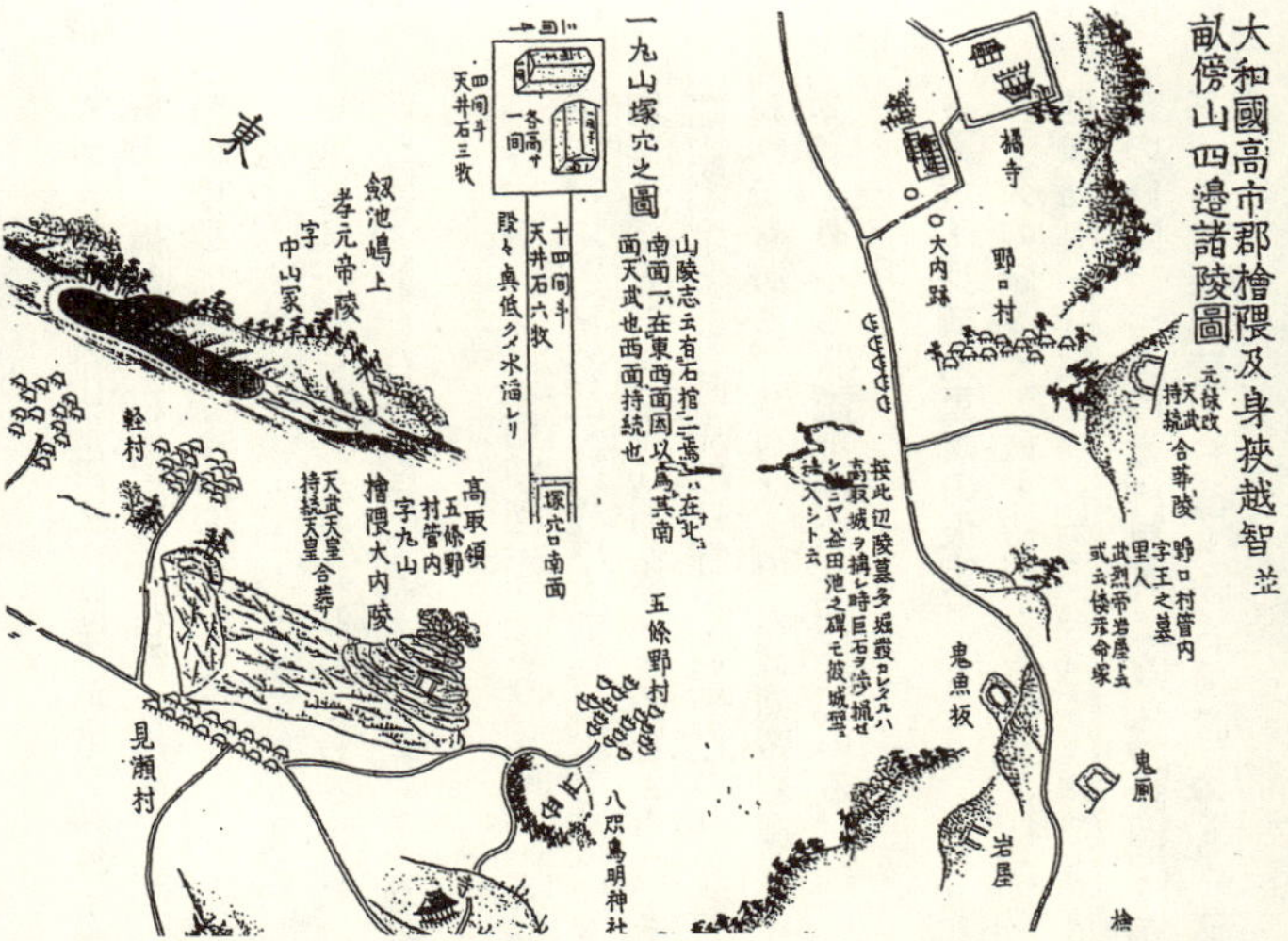

資料16　『聖蹟図志』より見瀬丸山古墳・野口王墓古墳（国立公文書館内閣文庫所蔵）

一月『諸陵雑事注文《しょりょうざつじちゅうもん》』に「大和青木御陵天武天皇御陵」とあるのを引いたうえで、「今尋《たずね》奉《たてまつ》るにその青木といふ号も又はやく絶はてゝ然《しか》よふ地この檜《ひの》隈《くま》わたりに聞えす」と、この「青木」という地名が見瀬丸山古墳の周辺にみられないことを指摘しているのは、後に述べる明治十三年（一八八〇）六月十三日の『阿不幾乃山陵記《あおきのさんりょうき》』の発見との関連で重要である。

『聖蹟図志』

ところが幕末期には、天武・持統天皇陵を見瀬丸山古墳とする説があった。平塚瓢斎《ひらつかひょうさい》（津久井清影《つくいきよかげ》）による嘉《か》永《えい》七年（一八五四）の『聖蹟図志《せいせきずし》』からみてみよう。資料16「『聖蹟図志《せいせきずし》』より見瀬丸山古墳・野口王墓古墳」には見瀬丸山古墳後円部の中段に開口部がみえ、「宇丸山檜隈大内陵天武天皇持統天皇合葬」との註記もある。さらに石室内の様子もよく描かれ、石棺二基と石室の規模も細かく記されている。また、石室や羨道《せんどう》を覆《おお》う天井石の枚数にもよく注意を払っている。

もっともすでにみたとおり、嘉禎元年（一二三五）三月二十日の盗掘以降は天武・持統天皇陵には石棺一基のみがあるのであるから、石棺が二基ある見瀬丸山古墳が天武・持統天皇陵であるわけはないのである。しかし、なぜかこの点について『聖蹟図志』は無頓着である。

さて資料16「『聖蹟図志《せいせきずし》』より見瀬丸山古墳・野口王墓古墳」には右側に野口王墓古墳がみえ、そこには「元禄改天武持統合葬陵」とある。これは、元禄年間（一六八八〜一七〇四）には野口王墓古墳が天武・持統天皇陵とされていたということであるから、逆にいえば『聖蹟図志』の時点では野口王墓古墳は天武・持統天皇陵とされていないということのあらわれでもある。さらに「里人武烈帝岩屋ト云　或云倭彦命塚」ともあり、野口王墓古墳の被葬者をめぐる諸説を幅広く記している。

天武・持統天皇陵の仮定

文久の修陵で天武・持統天皇陵とされたのは見瀬丸山古墳であった。文久の修陵に際して見瀬丸山古墳がどのように扱われたかについては、すでに第一章「創られた天皇陵」２「文久の修陵」で、岡本桃里画『文久帝陵図』から資料５「岡本桃里画『文久帝陵図』より天武・持統天皇陵（見瀬丸山古墳）」のⓐ「墳丘部」とⓑ「石室内」を掲げたが、そこには

「天武天皇持統天皇合葬」、また石室内の二基の石棺についてそれぞれ「天武帝」・「持統帝」と記されている。これは見瀬丸山古墳が文久の修陵で天武・持統天皇陵とされたことの何よりの反映であると考えられよう。

しかし右にみたとおり、文久の修陵の考証面を専ら担当した谷森善臣はこれを否定して、野口王墓古墳を天武・持統天皇陵としているのである。この矛盾はどのように解決されたのであろうか。

資料17　岡本桃里画『文久帝陵図』より文武天皇陵（野口王墓古墳）（宮内庁書陵部所蔵）

文久の修陵において見瀬丸山古墳は天武・持統天皇陵とされたものの、それはあくまでも仮定ということで折り合いがつけられたものと考えられる。仮定とは何とも曖昧な言い方であるがそうとしか言いようがない。正式のものと仮定のものとどのような差があるのかという問題は重要ではあるが、一ランク落ちるものとされたのであろうというほか、何とも説明することができない。

それでは野口王墓古墳は文久の修陵ではどのように扱われたのかというと、文武《もんむ》天皇陵とされたのである。資料17「岡本桃里画『文久帝陵

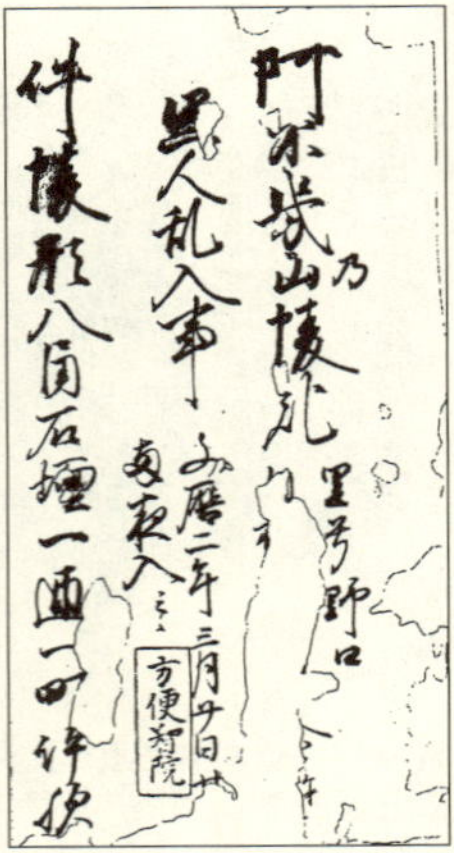

資料18『阿不幾乃山陵記』（謄写）より（明治8年5月『公文録』教部省〔国立公文書館所蔵〕）註、「文暦二年」とあるのは、嘉禎元年（9月19日改元）。

図』より文武天皇陵（野口王墓古墳）」のとおりである。そしてこの文武天皇陵もやはり仮定であった。文久の修陵における天皇陵の仮定の例はほかに、綏靖《すいぜい》天皇陵・崇峻《すしゅん》天皇陵・光明天皇陵が知られる。

『阿不幾乃山陵記』の発見

ところが大事件がおこる。明治十三年（一八八〇）六月十三日に『阿不幾乃山陵記』というそれまで知られていなかった史料が、京都栂尾高山寺《とがのおこうざんじ》で田中教忠《たなかのりただ》によって発見されたのである。「あおきのさんりょうき」と読む。これは、嘉禎元年（一二三五）に天武・持統天皇陵が盗掘された際の観察記録で、石室内の様子を実に事細かに記すものである。

すでにみたとおり、『諸陵雑事注文』は天武・持統天皇陵のことを「大和青木御陵」（傍点引用者）とする。これと『阿不幾乃山陵記』に「阿不幾（あおき）」とあるのとはよく一致する。つまり、天武・持統天皇陵は「あおき（「青木」「阿不幾」）」山陵とされていたことが、これまでにも『諸陵雑事注文』によって知られていたし、このことが『阿不幾乃山陵記』の発見によってなお一層裏付けられたということなのである。

しかし、この『阿不幾乃山陵記《あおきのさんりょうき》』発見の本当の意味はここにあるのではない。資料18「『阿不幾乃山陵記』（謄写）」をよくご覧いただきたい。すると、「里号野口」とあるのが判読いただけよう。ここに、天武・持統天皇陵＝あおき（「青木」「阿不幾」）山陵が、野口村にあることが文献史料から論証できたことになる。野口村にあるのは、見瀬丸山古墳ではなく野口王墓古墳である。ここにまさに一点の曇りもなく、野口王墓古墳が天武・持統天皇陵であることが学問のうえで証明されたのである。大発見である。

天武・持統天皇陵の改定

ところが、もっと驚くべきことがこの後におこった。政府は、この野口王墓古墳が天武・持統天皇陵であることの証明を全面的に受け容れ、早くも翌明治十四年（一八八一）二月十五日に、天武・持統天皇陵を見瀬丸山古墳から野口王墓古墳に改定したのである。文久の修陵では野口王墓古墳は文武《もんむ》天皇陵とされたのであるから、当然文武《もんむ》天皇陵も改定された。栗《くり》原塚穴《はらつかな》古墳（奈良県高市郡明日香村大字栗原）が文武《もんむ》天皇陵とされたのである。従って資料16「『聖蹟図志』より見瀬丸山古墳・野口王墓古墳」・資料17「岡本桃里画『文久帝陵図』より文武天皇陵（野口王墓古墳）」にみえる野口王墓古墳は、明治十四年（一八八一）二月十五日以降は天武・持統天皇陵ということになる。

それにしても天武・持統天皇陵の見瀬丸山古墳から野口王墓古墳への改定が、実に速やかになされたことには驚かされるばかりである。このことと、文久の修陵の考証面で中心的な役割を果たした谷森善臣がもともと天武・持統天皇陵に野口王墓古墳をあてていたことが果たして関係するものなのかどうか。関心をひかれるところであるが、今となっては詳らかにすることができない。

見瀬丸山古墳のその後

さて見瀬丸山古墳は、天武・持統天皇陵としての管理を解かれてからどのような経緯をたどったのであろうか。

見瀬丸山古墳は明治三十年（一八九七）九月十五日に御陵墓伝説地として指定された。もちろん、後円部墳頂の部分に限ってである。これが今日の畝傍陵墓参考地である。しかし考えてもみれば、天皇・皇族の陵墓の可能性があるということで御陵墓伝説地なり何なりに指定されるのが筋というものであって、この見瀬丸山古墳のように、天皇陵であることが学問の上でも行政の手続きの上でも否定されたにもかかわらず御陵墓伝説地とされるのは、どう考えても理屈に合うものではない。

事実、すでに何度か触れた昭和十年（一九三五）六月二十七日に発足した臨時陵墓調査委員会では、見瀬丸山古墳の畝傍陵墓参考地としての指定を解除するべきかどうかが諮問されたのである。実にもっともな諮問である。

これに対する臨時陵墓調査委員会内に設けられた小委員会による昭和十二年（一九三七）四月の報告は、「全員一致を以て本陵墓参考地（引用註、畝傍陵墓参考地〔見瀬丸山古墳〕）

は之を解除すべきものと認め候条、理由書相具し此段報告に及び候也」（原史料はカタカナ交じり漢文、適宜濁点を補った。以下同じ）というものであった。つまり、見瀬丸山古墳はもう陵墓参考地である必要はない、というのである。これも至極真っ当な結論である。

ところがこの結論がひっくり返る。昭和十三年（一九三八）三月二日の臨時陵墓調査委員会内の小委員会の報告は、「全員一致を以て本陵墓参考地の解除は尚姑《しばら》く之を留保すべきものと認め候条、理由書相具し此段報告に及び候也」というものであった。つまり、しばらくの間は畝傍陵墓参考地の解除はするべきでない、というのである。なぜか。その「理由書」は、「畝傍陵墓参考地（見瀬丸山古墳）が天武・持統天皇陵でないことはもちろん、欽明天皇・堅塩媛《きたしひめ》の合葬陵とする説をも明確に否定しつつ、「本陵墓参考地は檜隈大内陵（引用註、天武・持統天皇陵）の参考地として保存する理由無きも、其規模の大なること全国有数のものにして皇室関係の陵墓たらざるやの疑を存するを以て、尚姑《しばら》く解除の決定を留保すべきものと認む」とする。いったいこの間に何があったのか、全く不明としか言いようがない。しかし、全国有数の規模を持つからには皇室関係の陵墓であろう、という古墳の被葬者についての考え方の指向性がここにはっきり現れていることは注目に値する。

＊

今日の宮内庁による陵墓管理においては、ここで取り上げた天武・持統天皇陵の場合のような天皇陵の改定は全く望むべくもない。天武・持統天皇陵の改定から長い年月を経て、考古学、歴史学は長足の進歩をとげた。

しかし宮内庁は今日、どの位謙虚な姿勢で天皇陵をめぐる諸説に耳を傾け、その施策に反映させてきたのであろう。ここで取り上げた天武・持統天皇陵の改定の例を思うにつけ、少なくともこの点に限ってみれば、昔の方がはるかに立派だったと言わざるを得ない。これではいけないのだと、宮内庁自身にも考えていただきたい。

なお、その後の見瀬丸山古墳がたどった経緯については、第六章「聖域か文化財か」1「陵墓と文化財」で述べる。

2 豊城入彦命墓のゆくえ

いったん決定された陵墓が、その決定を解かれることがある。陵墓の解除である。もちろん例は少ないし、経緯も詳らかでないことが多い。

ここで取り上げるのは、崇神《すじん》天皇皇子豊城入彦命《とよきいりひこのみこと》墓である。明治八年（一八七五）三月に総社二子山古墳（群馬県前橋市総社町植野）は崇神《すじん》天皇皇子豊城入彦命《とよきいりひこのみこと》墓とされたが、その後ある事情によって解除されてしまった。その後豊城入彦命墓はどうなったか。その経緯を繙くことによって、これまで知り得なかった陵墓の一側面がくっきりと浮かび上がってくる。

総社二子山古墳

古墳というとつい関西に眼が向いてしまうが、関東にも古墳は多い。そのなかでも群馬県は特に多い。前橋市総社町植野の総社二子山古墳は、県内でも著名な前方後円墳として知られているが、その総社二子山古墳が崇神《すじん》天皇皇子豊城入彦命《とよきいりひこのみこと》との関連において注目を集めるに至った。いったいなぜであろうか。

『日本書紀』崇神天皇四十八年条には、崇神天皇の命による夢占いの結果、兄の豊城入彦命は東方に向かって東国を統治し、弟の活目尊《いくめみこと》が皇太子となり、その後皇位を継承して垂仁《すいにん》天皇となったという説話や、東国にくだった豊城入彦命が上毛野君《かみつけののきみ》・下野野君《しもつけののきみ》の始祖とされる伝承が載せられている。また『新撰姓氏録《しんせんしょうじろく》』にも、豊城入彦命を祖とする氏が少なからずみられる。

これが群馬県の古墳と豊城入彦命を結びつける根拠である。ここには豊城入彦命がどこに葬られたかについての記述はないが、むしろそのことが、さまざまな古墳が豊城入彦命《とよきいりひこのみこと》墓との伝承をもつ機会を与えることにもなる。しかも弟が皇位を継承し、兄である豊城入彦命《とよきいりひこのみこと》自らは東国に下ったともなればなおさらである。総社二子山古墳はそのような古墳の一つである。

総社二子山古墳が豊城入彦命《とよきいりひこのみこと》と結びつけられたのは、文政二年（一八一九）に墳丘上の墓地への埋葬に際して遺品が発見されたことが端緒と思われる。その後、「豊城入彦命　正三位刑部卿藤原朝臣貞直謹書」と刻された石碑が総社二子山古墳に建てられた。

さて総社二子山古墳が豊城入彦命墓ということになれば、当然その祭祀が問題となる。その点でいうと、総社二子山古墳に石碑が建てられた文政十年から四十二年後の明治二年（一八六九）三月十五日に、藩主松平大和守公用人鎌田才吉が、京都において弁事御役所に宛てて、総社二子山古墳を豊城入彦命墓として「何とぞ修陵祀典御委任成し下されたく懇願《こんがん》奉り候」（傍点引用者。原漢文）（明治九年三月四日「豊城入彦命御墓地の儀に付伺」〔明治九年三月『公文録』内務省、国立公文書館〕）と述べるのが注目される。この「修陵祀典御委任」というのは、前橋藩が総社二子山古墳の豊城入彦命《とよきいりひこのみこと》墓としての修陵ばかりでなく、祭祀をも行なうことの正統性の保証を朝廷から得ようとしたことのあらわれである。また、「そもそも尊《みこと》（引用註、豊城入彦命）の開天明道《かいてんめいどう》の大勲偉績《だいくんいせき》元《もと》より言《げん》を待《ま》たず、別して東国の土民奉戴《ほうたい》すべきは勿論、いわんや上野は垂跡《すいせき》の地遺恩余沢《いおんよたく》の最も深き処、このまま頽廃《たいはい》に任《まか》せ候ては、実に恐懼《きょうく》に堪《た》えざる儀に御座候」（原漢文）（同前）という。つまり、東国のなかでも上野国は豊城入彦命に格別の恩沢《おんたく》を受けており、その墓が荒れるに任せたままというのはとても恐れ多い、というのである。

陵墓として

総社二子山古墳は明治七年（一八七四）十月に熊谷県《くまがや》（明治六年〔一八七三〕六月十五日にそれまでの群馬県・入間県をあわせて成立。明治九年〔一八七六〕八月二十一日に群馬県となる）によって豊城入彦命墓として教部省《きょうぶ》（明治五年〔一八七二〕三月十四日から明治十年〔一八七七〕一月十一日まで）に申し立てられ、翌明治八年（一八七五）三月には現地における管理人として墓掌《ぼしょう》・墓丁《ぼてい》が置かれた。このうち墓丁に任ぜられたのは群馬郡植野《うえの》村の福嶋友吉であった。

ここに総社二子山古墳は、豊城入彦命墓とされたのである。

陵墓の解除

ところが、この後予想だにしなかった事態が起こる。明治九年（一八七六）五月に、総社二子山古墳の豊城入彦命墓としての管理が解かれたのである。これはいったいどうしたことなのであろうか。

この間の事情を物語る一次史料（直接の当事者によって記された文献資料）には恵まれないが、昭和三十一年（一九五六）発行の『総社町誌』は「明治九年には宮内省より墓掌《ぼしょう》年給七十円、墓丁《ぼてい》年給三十六円が下がっているが、この金をめぐり、従来古墳の保存に尽力して来た人々の間に紛糾があり、墓掌、墓丁も辞職をするなどが起り自然解消のやむなきにいたつた」とする。つまり、墓掌・墓丁に支払われる巨額の金銭をめぐる地元のトラブルによって総社二子山古墳が豊城入彦命墓としての管理が解かれた、というのである。

もう一点史料がある。『疑雲に閉させる豊城入彦命の墓』（宮内庁書陵部所蔵）である。次のとおりである。

> 然《しか》るに明治九年五月には或《ある》事情の為《ため》此の墓掌墓丁は辞職するの余儀《よぎ》なきに至つた、其主因《そのしゆいん》は土民《どみん》の伝《つた》へる処《ところ》に依《よ》ると、政府より下賜《かし》（引用註、身分の高いひとからくださること）される祭費の処分法に就《つい》て私慾《しよく》上より墓掌墓丁始め村民間に内訌《ないこう》（引用註、うちわもめ）を生じ、遂《つい》には訴訟沙汰と迄《まで》ならんとしたのである、之《こ》れを伝へ聞いたる時の政府は苟《いやし》くも　皇族の御墓陵（ママ）を祀る可き金円を私慾の為に争闘を起し奪《うば》ひ合ふとは畏《おそ》れ多しと云ふので、金円の御下賜を差止められたのであると云ふ、如上《じよじよう》の次第で其後《そのご》は墓掌丁は辞職し祭

費は下賜されぬ為士民としても誰一人手を入れるものもなく荒廃に委《まか》せて今日に至《いた》ったのである

やはり原因は金銭をめぐるトラブルであった。しかも『疑雲に閉させる豊城入彦命の墓』によれば、事の発端は政府から支出される「祭費」をめぐるトラブルが訴訟にまでなろうとしたというのである。そもそも陵墓は天皇による祭祀がなされることに意味があるのであるから、祭祀に相応しくないトラブルが地元にあったと判断されて「祭費」の支出が止められた以上、地元に陵墓の管理人である墓掌《ぼしょう》・墓丁《ぼてい》が置かれる必要は全くない。従って墓掌《ぼしょう》・墓《ぼ》丁《てい》は辞職、という順序である。となれば総社二子山古墳はもはや陵墓ではない。豊城入彦命墓ではなくなったのである。確かに金銭トラブルと天皇による祭祀とは両立するものでもないであろうが、それにしてもそれが原因で陵墓が解除されるなど前代未聞の珍事というべきである。

ただしこの『疑雲に閉させる豊城入彦命の墓』は、昭和十年(一九三五)七月に「松沢氏」が提出した新聞切り抜きを昭和十一年(一九三六)七月九日に諸陵寮において村上嘉雄が写したものであるが、何新聞の何年何月何日付の記事なのか、現在のところ残念ながら詳らかでない。

前二子山古墳

右にみたとおりの経過で、総社二子山古墳は豊城入彦命墓としての管理を解かれた。つまり解除である。これで一件落着と思いきや、そうはいかなかった。豊城入彦命墓候補の二番手があらわれた。前二子山古墳（群馬県前橋市西大室町）である。前二子山古墳は、その北側にある中二子山古墳・後二子山古墳とともに大室《おおむろ》古墳群を構成する。しかしこの前二子山古墳には、豊城入彦命墓との伝承があったのではない。それならばなぜ、前二子山古墳は豊城入彦命墓の二番手になどされたのであろうか。大いに疑問なところである。

その前二子山古墳の石室が開いた。明治十一年（一八七八）のことである。村民がこの年の三月に「南北二陵」、つまり前二子山古墳と後二子山古墳で「狐狢《こかく》（引用註、きつねとむじな）の巣穴を穿《うが》ち偶然石窟《せっくつ》を掘」（傍点引用者）り当てた。そこで調べてみると、前二子山古墳の石室は規模が大きく「奇古《きこ》」なること比類なく出土品も多いので、豊城入彦命墓であろうと思われる、というのが時の県令《けんれい》（現在の知事。ただし当時は政府の任命制）楫取素《かとりもと》彦《ひこ》（文政十二～大正元、一八二九～一九一二）が明治十一年四月に宮内卿徳大寺実則《とくだいじさねつね》に宛てた「上申」による説明である。（群馬県庁文書『明治十一年中御指令本書第一課』）

ところがこの説明は事実と違う。「偶然石窟《せっくつ》を掘」（傍点引用者）り当てたのではない。全く計画的な発掘なのであった。

群馬県立文書館寄託前橋市西大室町根岸孝一家文書の明治十一年二月「二子山日記」によれば、二月一日には群馬県の官吏によって前二子山古墳の測量が命ぜられ、二月十五日には前橋警察署から二名が出張したことがわかる。そして二月中には計二円六十五銭、翌三月には四円四十三銭二厘がこの間の経費として記録されている。ここに楫取《かとり》による明治十一年四月の「上申」の虚偽が明白である。楫取《かとり》は、明治九年五月に総社二子山古墳が豊城入彦命墓としての管理を解かれて後、早くも明治十一年二月には、前二子山古墳を豊城入彦命墓として宮内省に上申するべく、前二子山古墳の発掘に着手したのである。

こうなると前二子山古墳は多くの人々の注目を集める。やはり根岸孝一家文書の「古墳神器拝礼人名誌」は、同年四月から六月にかけての前二子山古墳見学者の署名簿である。これによると、地元群馬県はもとより関東各県、また広く長野・新潟・石川・山梨・福井・愛知・滋賀県から総計五、一七九名もの人びとがこの三か月の間に見学に訪れている。標題にある「神器拝礼」とは、楫取《かとり》の、また、見学に訪れた人びとの前二子山古墳からの出土品に対する期待の内容をよく示すものである。

宮内省の実地調査

これに対応して宮内省は、明治十一年十月に官員大澤清臣《すがおみ》と大久保忠保を実地調査に出張させた。果たして、前二子山古墳は宮内省から正式に豊城入彦命墓として認められたのであろうか。

大澤清臣と大久保忠保は現地調査の結果、県令楫取素彦《かとりもとひこ》が主張する前二子山古墳を豊城入彦命墓とする見解について次のように判断するに至った。つまり、北から南に後二子山古墳・中二子山古墳・前二子山古墳と並ぶ三基の古墳についてみると、その中央にある中二子山古墳が一番良い地勢の場所に築造されており、後二子山古墳と前二子山古墳は中二子山古墳に従属しているように思われる。そうしてみると、確かに中二子山古墳には豊城入彦命の曾孫《ひまご》に当たる御諸別《みもろわけ》王墓との伝承があるが、そうであればこそなおさら前二子山古墳を豊城入彦命墓とはいえないし、前二子山古墳の羨道《せんどう》の造りも粗末であり、豊城入彦命墓として相応しくない、というのである。

これは決定的である。実地調査の結果否定されてしまえば、もう抗弁《こうべん》の余地《よち》はない。ついに前二子山古墳は、豊城入彦命墓として宮内省に認められることはなかったのである。

前二子山古墳のその後

さてそれでは、豊城入彦命墓であることを宮内省に否定された前二子山古墳のその後は、どのようなものであったのであろうか。

その後も、前二子山古墳に対する注目は継続される。明治十三年（一八八〇）三月七日には、イギリスの外交官アーネスト＝サトウ（一八四三〜一九二九）が前二子山古墳を訪れたが、その際の記録である「大室・前二子古墳の現地調査」の同年三月七日条には「全部で（引用註、古墳は）三つありうち二つは既に開口されていた。たくさんの静粛な見物人が群がり二人の警官がいる」とある。二年前の明治十一年（一八七八）に豊城入彦命墓であることを宮内省によって否定されたはずの前二子山古墳ではあったが、明治十三年三月の段階でもなお多くの「静粛な見物人」が前二子山古墳を含む大室古墳群に集まり、警官二名が警備に当たっていたのである。

写真18　アーネスト＝サトウ

この後、昭和二年（一九二七）四月八日には総社二子山古墳と前二子山古墳はともに国の史跡に指定された。

臨時陵墓調査委員会

これまでにも何回か取り上げた昭和十年（一九三五）六月二十七日に宮内大臣の諮問機関として発足した臨時陵墓調査委員会は、この豊城入彦命墓をめぐる問題にも正面から取り組んでいる。宮内大臣湯浅倉平から臨時陵墓調査委員会への諮問の第四号は「崇神天皇皇子豊城入彦命の墓の御治定を仰ぐべきや否や」（原史料はカタカナ交じり文、以下同じ。適宜濁点等を補った）というものである。その「説明書」には次のとおりある。

群馬県群馬郡総社町二子山古墳は崇神天皇皇子豊城入彦命の御墓なりと称せられ、明治八年之が管守の為に墓掌丁を置かれたるも、翌九年墓掌丁は之を免ぜられ、以て今に及びたるものにして、右二子山古墳は考証上豊城入彦命の御墓なりと認め御治定を仰ぎ得らるべきや否やに付諮問する所なり

ここには、総社二子山古墳を豊城入彦命墓とする見解の当否について、改めて取り上げて結論を求めようとする姿勢がみられる。

この諮問についてなされた同委員会内に設けられた小委員会による昭和十一年（一九三六）六月十七日報告の内容は、総社二子山古墳を豊城入彦命墓としないとするものであっ

た。総社二子山古墳を豊城入彦命墓とする説を「近代唱へ始まりたる説にして古来の伝承にあらざるなり」と一蹴《いっしゅう》し、総社二子山古墳の前方部と後円部にある横穴式石室の構造は前方後円墳の末期のもので豊城入彦命墓の時代とあわない、と断じたのである。

また、日本古文化研究所（代表東京帝国大学名誉教授黒板勝美）によって昭和十二年（一九三七）に発行された『日本古文化研究所報告第四』は、田澤金吾《たざわきんご》著「上野国総社二子山古墳の調査」を載せる。これは、総社二子山古墳についての考古学的検討を展開した上で、「本古墳の営造年代は、上代末頃を距ること遠からざる時期なりと認むべく、これを更に遠く溯りたる時期に求むることは困難なりと言ふ外はない」と、総社二子山古墳を豊城入彦命墓とする説の当たらないことを明確に述べる。

さらに黒板博士記念会編修『古文化の保存と研究』（昭和二十八年、吉川弘文館）所載の和田軍一《わだぐんいち》著「臨時陵墓調査委員会」にも、大変興味深い記述がみられる。次のとおりである。

これ（引用註、右にみた田澤著「上野国総社二子山古墳の調査」）によつて、二子山古墳（引用註、総社二子山古墳）を豊城入彦命の墓に比定することは学術的に不可であることが地元民に判つて、案件は自然に解決され、委員会（引用註、臨時陵墓調査委員会）での問題処理も容易になつたのである。この問題において示された博士（引用註、黒板勝美）の政治力と政治的手腕は余人のたやすく窺及し得ないところであろう。

ここに「地元民に判つて」とあるのは、総社二子山古墳の周辺の人びとが、総社二子山古墳が豊城入彦命墓ではないことをよく理解したということであると考えられるが、このことは逆にいえば、総社二子山古墳を豊城入彦命墓とする考え方がこの段階においてなお根強く存していたことをよくあらわすものである。

前二子山古墳をめぐる動向をも含めて、群馬県、また地元による豊城入彦命墓をめぐる関心は、黒板勝美を中心に展開したこの一連の動向によって、ようやく収束したものと思われる。

*

すでに述べたように、陵墓としての管理を解除されたのは豊城入彦命墓に限ったものではない。とはいえこの豊城入彦命墓の例は、決定から解除に至るまでの経緯、そしてその後の動向までをも明らかにすることができる、他にかえがたい貴重な例といえる。

振り返ってみると、ここでも陵墓の決定と祭祀は表裏一体の関係であることに気付く。明治二年（一八六九）三月十五日に前橋藩は総社二子山古墳の豊城入彦命墓としての「修陵」と「祀典」とをあわせて許可を朝廷に求め、地元にトラブルが発生するやまず打ち切られたのは「祭費」であった。その結果、総社二子山古墳の豊城入彦命墓としての管理は解除されたのである。祭祀がなされない以上、当然陵墓ではあり得ない。一見、豊城入彦命墓であることの当否に終始するかのような一連の過程ではあるが、そこにみられるキーワードはまさに祭祀にほかならない。

第四章　天皇による祭祀

1　祭祀の真相

本章では、これまで断片的にながらしばしば触れてきた天皇による祭祀についてまとめて述べることにしたい。陵墓の本質とはまさに天皇による祭祀の対象であるということにほかならないが、その祭祀はいったいどのようなものなのであろうか。また、いつ頃どのようにして成立し、どのような経緯を経て今日に至ったのであろうか。

宮内庁と陵墓祭祀

ここでこれまでとは視点を変えて、仮に自分が宮内庁の職員になったとしてみることにしよう。つまり、現実に陵墓を管理する側に自分を置いて考えてみるのである。

そうしてみると、陵墓に関する業務としては、どこが誰の陵墓であるかを決定することと、その場所を陵墓として相応しく整備することの二点が基本であろうと考えられる。

もちろん、これに付随した業務もあるであろう。研究者や研究団体による意見や要請にも、ケースによっては答える必要もある。頭から無視することはできない。特に関連学協会が名を連ねて要請等を提出して来た場合には、慎重に対応しなければならない。何しろ平成十七年（二〇〇五）七月には、関連学協会は書陵部長に対して、十一の陵墓について学術調査を目的とした立ち入りを要請してきたのである。その要請が純然とした学術的なものであっても、いやそうであればこそ問題は簡単でない。何しろ少しでも新たな対応をすれば、それが今後の先例になってしまう。妥当な範囲はどこまでなのか、これまでの先例を丹念に調べつつよい結論を見出さなければならない。何しろ陵墓である。そこに眠る御霊の静安と尊厳が最も大切である。学術調査目的の立ち入りも全く認めないわけではないが、限度というものがある。そこのところを学協会、研究者にもよく分かって貰わなくてはならないし、そのための努力も惜しんではならない。それと、マスコミの取材への対応も大切である。とかく宮内庁は、因循姑息《いんじゅんこそく》な官僚制の典型として批判の対象になりやすい。気を付けなければならない。

学協会、研究者の眼から宮内庁の陵墓管理を見たとき、宮内庁による陵墓に関する業務の大枠はこのように映るであろう。であるからこそ、学協会、研究者は、宮内庁による陵墓の管理が古墳を保存するために十全であるように注文をつけ、学術目的の調査を認めるようにと訴え続けているのである。

しかしここで大きく欠落していることがひとつある。それは陵墓における祭祀である。この祭祀は決して宮内庁による祭祀などではない。天皇による祭祀である。天皇による祭祀が滞りなくなされるための事務を掌ることは、宮内庁の極めて大切な業務である。

祭祀の対象としての陵墓

それでは、その天皇による陵墓祭祀とはいったいどのようなものなのであろうか。ここでしばらくこの問題について考えることにしたい。まずは、宮内庁長官の国会における答弁をみよう。そこには、宮内庁の陵墓に対する基本的な姿勢があらわれているはずである。

次の発言は、昭和四十七年（一九七二）三月三十日に衆議院内閣委員会における宇佐美毅宮内庁長官が、高松塚《たかまつづか》古墳（奈良県高市郡明日香村）の発掘を機に陵墓の学術的調査を宮内庁に促《うなが》す木原実委員（日本社会党）の質問に対する答弁である。当時、高松塚古墳の石室に描かれた極彩色の壁画の発見に社会は沸《わ》き立ち、古代史ブームの観を呈していた。

陵墓というのは、（略）御遺骸を納め、御冥福を祈り、そうして後世の人が御先祖を祭るという精神のものでございまして、非常に精神的な意味が強いものであると私は思います。したがって、普通の史跡やなにかのように、公開し、調査し、発掘しという考えはとうてい考えられません。調査というようなことは、あるいは限度によってあり得るかもしれませんけれども、そういうような発掘をしてあばくというような感じは、現在の私どもの範囲においてはとうてい考えられないことだと思います。

ずいぶん以前の発言ではあるが、宮内庁の姿勢は今日なお全くかわるものではない。それに引き換え、高松塚古墳のなんと変わり果てた姿となってしまったことか。ここでくだくだしく言葉を連ねる必要ももはやないであろう。読者のみなさんがよく御存知のことである。話をもどそう。ここで宇佐美宮内庁長官が述べる「後世の人が御先祖を祭るという精神」

とか「非常に精神的な意味が強いもの」というのは、天皇による祭祀ということである。ここでなぜストレートに天皇による祭祀と言い切ってしまわなかったのか、むしろそのことの方がわからない。祭祀という言葉を使うことによって問題を広げたくなかった、ということなのであろうかとも思う。

要は、天皇による祭祀の対象なのであるから陵墓は史跡一般などとはとても同一には論じられるものではない、というのが右の発言の主旨である。宮内庁による陵墓管理を考える場合、祭祀ということが決して忘れられてはならない。

さてそれでは、天皇による祭祀とはどのようなものなのか。天皇は陵墓に対して何を祈るというのか。念のために付け加えれば、ここで天皇による祭祀の全体を取り上げようというのではない。日頃あまり取り沙汰されることも少ないが、名著村上重良著『天皇の祭祀』(一九七七年、岩波新書)によってすでに明らかにされたように、天皇による祭祀は実に幅も広く奥も深い。ここでは、天皇による祭祀のなかでも、陵墓をめぐる祭祀に特に注目して進めることにしたい。

2　式年祭とは

ここではまず、今日の宮内庁による陵墓管理のなかで祭祀がどのような位置を占めているのかについて考えることにしたい。そのための手がかりとして、宮内庁書陵部による『陵墓要覧』の平成二十四年版をみることにしたい。この平成二十四年版は、現在のところ『陵墓要覧』の最新版である。『陵墓要覧』は、「当部（引用註、宮内庁書陵部）所管の陵墓等について、職員の手引書として日常管理事務用に作成したもの」（「まえがき」）であるから、これによれば、宮内庁による陵墓の「日常管理事務」の実態にある程度は接近できるはずである。

『陵墓要覧』から

さて『陵墓要覧』には、末尾に「式年表」がある。これは後に触れることになる、式年祭という天皇による祭祀が行なわれる日の表である。平成二十四年版『陵墓要覧』の場合、昭和三十七年から平成七十三年（令和四十三）までの式年が記されている。ここで平成十九年（二〇〇七）から令和五年（二〇二三）までの部分についてまとめたものが表3「平成十九年〜令和五年の式年一覧」である。

表3によって、式年祭の日程が明らかである。ここでとりあえず天皇の式年祭の日程に限ってみると、平成十九年（二〇〇七）一月九日が武烈《ぶれつ》天皇千五百年、同年七月二十二日が文《もん》武《む》天皇千三百年、同年八月十六日が堀河《ほりかわ》天皇九百年、平成二十年（二〇〇八）三月二十三日が花山《かざん》天皇千年、同年八月三十一日が孝昭《こうしょう》天皇二千四百年、同年九月十八日が後二条天皇七百年、平成二十一年（二〇〇九）一月七日が昭和天皇二十年、平成二十二年（二〇一〇）一月十六日が東山天皇三百年、同年二月十三日が反正《はんぜい》天皇千六百年、同年二月二十三日が孝安《こうあん》天皇二千三百年、同年四月一日が応神《おうじん》天皇千七百年、平成二十三年（二〇一一）七月三十一日が一条天皇千年、同年十一月二十七日が冷泉《れいぜい》天皇千年、平成二十四年（二〇一二）七月三

表3　平成十九年～令和五年の式年一覧

（『陵墓要覧』〔平成五年、同二十四年、宮内庁書陵部〕等を基に作成）

平成十九年（二〇〇七）式年表

天皇・皇族	月日	式年	陵墓の所在地
武烈天皇	一月九日	千五百年	奈良県香芝市今泉
宣仁親王（高松宮）〔昭和天皇皇子〕	二月三日	二十年	東京都文京区大塚五丁目豊島岡墓地
通陽門院藤原厳子〔後円融天皇後宮〕	二月十四日	六百年	京都府京都市上京区行衛町華開院墓地内
文武天皇	七月二十二日	千三百年	奈良県高市郡明日香村大字栗原
中宮温子〔宇多天皇女御〕	七月二十五日	千百年	京都府宇治市木幡《こはた》
邦永親王妃福子《とみこ》内親王（伏見宮）	七月三十一日	三百年	京都府京都市上京区相国寺門前町相国寺内伏見宮墓地
堀河天皇	八月十六日	九百年	京都府京都市右京区竜安寺朱山竜安寺内
深仁《しんにん》親王（閑院宮）〔東山天皇皇曾孫〕	八月二十四日	二百年	京都府京都市右京区花園扇野町仁和寺宮墓地
皇后姈子内親王〔後宇多天皇皇后〕	八月三十日	七百年	京都府京都市右京区北嵯峨朝原山町蓮華峯寺陵内
寿宮《としのみや》（有栖川宮）〔霊元天皇皇曾孫女〕	九月十七日	二百年	京都府京都市北区紫野大徳寺町大徳寺竜光院内有栖川宮墓地
光明　定院《こうみょうじょういん》〔東山天皇皇女〕	十月七日	三百年	京都府京都市上京区相国寺門前町相国寺内慈照院跡
寛隆《かんりゅう》親王〔霊元天皇皇子〕	十月十一日	三百年	京都府京都市右京区花園扇野町仁和寺宮墓地
敦道《あつみち》親王〔冷泉天皇皇子〕	十一月二十日	千年	京都府宇治市木幡宇治陵域内
憲仁親王（高円宮）	十一月二十一日	五年	東京都文京区大塚五丁目豊島岡墓地
伊予親王〔桓武天皇皇子〕	十二月十八日	千二百年	京都府京都市伏見区桃山町遠山
宣仁《のぶひと》親王妃喜久子（高松宮）	十二月十八日	三年	東京都文京区大塚五丁目豊島岡墓地

平成二十年（二〇〇八）式年表

天皇・皇族	月日	式年	陵墓の所在地
花山天皇	三月二十三日	千年	京都府京都市北区衣笠北高橋町
栽仁王《たねひと》〔有栖川宮〕〔霊元天皇六世皇孫〕	四月七日	百年	東京都文京区大塚五丁目豊島岡墓地
清観院〔伏見宮〕〔後伏見天皇十八世皇孫〕	五月一日	二百年	京都府京都市上京区相国寺門前町相国寺内伏見宮墓地
菊麿王〔山階宮〕〔後伏見天皇二十世皇孫〕	五月二日	百年	東京都文京区大塚五丁目豊島岡墓地
良応親王《りょうおう》〔後西天皇皇子〕	八月九日	三百年	京都府京都市左京区一乗寺坂端曼殊院宮墓地
永皎女王《えいこう》〔中御門天皇皇女〕	八月二十五日	二百年	京都府京都市上京区鶴山町大聖寺宮墓地
孝昭天皇	八月三十一日	二千四百年	奈良県御所市大字三室
後二条天皇	九月十八日	七百年	京都府京都市左京区北白川追分町
博経親王妃郁子〔華頂宮〕〔後伏見天皇十九世皇孫妃〕	十一月十四日	百年	東京都文京区大塚五丁目豊島岡墓地

平成二十一年（二〇〇九）式年表

天皇・皇族	月日	式年	陵墓の所在地
昭和天皇	一月七日	二十年	東京都八王子市長房町武蔵陵墓地
多祉宮《たちのみや》〔光格天皇皇女〕	七月十一日	二百年	京都府京都市上京区北ノ辺町廬山寺陵域内
承快親王《しょうかい》〔後陽成天皇皇子〕	九月十八日	四百年	京都府京都市左京区大原勝林院町梶井宮墓地
贈皇太后橡姫〔天智天皇皇子追尊天皇春日宮天皇妃〕	十月二十五日	千三百年	奈良県宇陀市榛原角柄《つのがわら》
邦憲王《くにのり》〔賀陽宮〕〔後伏見天皇二十世皇孫〕	十二月八日	百年	京都府京都市東山区泉涌寺山内町賀陽宮墓地
宣仁親王妃《のぶひと》喜久子〔高松宮〕	十二月十八日	五年	東京都文京区大塚五丁目豊島岡墓地

平成二十二年（二〇一〇）式年表

天皇・皇族	月日	式年	陵墓の所在地
東山天皇	一月十六日	三百年	京都府京都市東山区今熊野泉山町泉涌寺内
新崇《しんす》賢門院《けんもんいん》藤原賀子《ふじわらよしこ》（東山天皇後宮）	一月二十八日	三百年	京都府京都市上京区北ノ辺町廬山寺陵域内
反正天皇	二月十三日	千六百年	大阪府堺市堺区北三国ヶ丘町二丁
孝安天皇	二月二十三日	二千三百年	奈良県御所市大字玉手
応神天皇	四月一日	千七百年	大阪府羽曳野市誉田六丁目
皇后香淳皇后	六月十六日	十年	東京都八王子市長房町武蔵陵墓地
萬宮《かずのみや》（有栖川宮）（霊元天皇皇玄孫女）	八月七日	二百年	京都府京都市北区紫野大徳寺町大徳寺竜光院内有栖川宮墓地
大山守命（応神天皇皇子）		千七百年	奈良県奈良市法蓮町

平成二十三年（二〇一一）式年表

天皇・皇族	月日	式年	陵墓の所在地
文仁《あやひと》親王（桂宮）（霊元天皇皇子）	四月二十二日	三百年	京都府京都市上京区相国寺門前町相国寺内桂宮西ノ墓地
尊英《そんえい》女王（後陽成天皇皇女）	五月十九日	四百年	京都府京都市上京区行衛町華開院内光照院宮墓地
霊妙心院《れいみょうしんいん》（光格天皇皇女）	六月十六日	二百年	京都府京都市上京区笹屋町二丁目浄福寺内
尊統《そんとう》親王（有栖川宮）（後西天皇皇孫）	七月三日	三百年	京都府京都市東山区林下町知恩院一心院墓地内知恩院宮墓地
盛仁《たけひと》親王（桂宮）（光格天皇皇子）	七月七日	二百年	京都府京都市上京区相国寺門前町相国寺内桂宮西ノ墓地

冷雲院《れいうんいん》〔後陽成天皇皇子〕	七月十七日	四百年	京都府京都市上京区北ノ辺町清浄華院墓地内
茂宮《いそのみや》〔閑院宮〕〔東山天皇五世皇孫女〕	七月二十八日	二百年	京都府京都市上京区北ノ辺町廬山寺墓地内
一条天皇	七月三十一日	千年	京都府京都市右京区竜安寺朱山竜安寺内
暲子内親王〔鳥羽天皇皇女〕	八月十三日	八百年	京都府京都市右京区鳴滝中道町
冷泉天皇	十一月二十七日	千年	京都府京都市左京区鹿ヶ谷法然院町鹿ヶ谷西寺ノ前町
喜之宮《きしのみや》〔伏見宮〕〔後伏見天皇十八世皇孫女〕	十二月十四日	二百年	京都府京都市上京区相国寺門前町相国寺内伏見宮墓地
日本武尊〔景行天皇皇子〕		千九百年	三重県亀山市田村町

平成二十四年（二〇一二）式年表

天皇・皇族	月日	式年	陵墓の所在地
皇后房子〔霊元天皇〕	五月十九日	三百年	京都府京都市東山区今熊野泉山町泉涌寺内
止宮《とめのみや》〔霊元天皇皇女〕	五月二十八日	三百年	京都府京都市上京区北ノ辺町清浄華院墓地内
明治天皇	七月三十日	百年	京都府京都市伏見区桃山町古城山
高雲院《こううんいん》〔後陽成天皇皇子〕	九月二日	四百年	京都府京都市上京区鶴山町十念寺墓地内
性応《しょうおう》親王〔霊元天皇皇子〕	九月十六日	三百年	京都府京都市北嵯峨山王町大覚寺宮墓地
雅慶王〔宇多天皇皇孫〕	十一月十七日	千年	京都府京都市伏見区醍醐川久保町
憲仁親王（高円宮）〔大正天皇皇孫〕	十一月二十一日	十年	東京都文京区大塚五丁目豊島岡墓地
聖安女王〔後西天皇皇女〕	十二月三十日	三百年	京都府京都市北区紫野大徳寺町大徳寺養徳院内曇華院宮墓地
菟道稚郎子尊《うじのわきいらつこのみこと》〔応神天皇皇太子〕		千七百年	京都府宇治市菟《と》道《どう》丸山

平成二十五年（二〇一三）式年表

天皇・皇族	月日	式年	陵墓の所在地
陳《ひさの》宮（伏見宮）〔後伏見天皇十八世皇孫女〕	三月三十日	二百年	京都府京都市上京区相国寺門前町相国寺内伏見宮墓地
嘉智《かちの》宮〔霊元天皇皇子〕	四月三十日	三百年	京都府京都市上京区北ノ辺町廬山寺墓地内
峯《みねの》宮〔霊元天皇皇子〕	五月二十三日	三百年	京都府京都市上京区北ノ辺町清浄華院墓地内
威仁《たけひと》親王（有栖川宮）〔霊元天皇五世皇孫〕	七月十日	百年	東京都文京区大塚五丁目豊島岡墓地
空華《くうげ》院〔後陽成天皇皇女〕	八月二十六日	四百年	京都府京都市上京区北ノ辺町清浄華院墓地内
致《おきの》宮（閑院宮）〔東山天皇五世皇孫〕	八月三十一日	二百年	京都府京都市上京区北ノ辺町廬山寺陵域内
後桜町天皇	十二月二十四日	二百年	京都府京都市東山区今熊野泉山町泉涌寺内

平成二十六年（二〇一四）式年表

天皇・皇族	月日	式年	陵墓の所在地
皇后徳子〔高倉天皇皇后〕	二月一日	八百年	京都府京都市左京区大原草生町
皇后昭憲《しょうけん》皇太后〔明治天皇皇后〕	四月十一日	百年	京都府京都市伏見区桃山町古城山
彰仁親王妃頼《より》子（小松宮）〔後伏見天皇十九世皇孫妃〕	六月二十六日	百年	東京都文京区大塚五丁目豊島岡墓地
季《すえ》子女王（閑院宮）〔後伏見天皇二十世皇孫女〕	七月十七日	百年	東京都文京区大塚五丁目豊島岡墓地
道承《どうしょう》親王（伏見宮）〔後伏見天皇十五世皇孫〕	八月十八日	三百年	京都府京都市左京区北白川丸山町聖護院宮墓地
宣仁親王妃喜久子（高松宮）	十二月十八日	十年	東京都文京区大塚五丁目豊島岡墓地

平成二十七年（二〇一五）式年表

天皇・皇族	月日	式年	陵墓の所在地
寛仁《ともひと》親王（三笠宮）	六月六日	三年	東京都文京区大塚五丁目豊島岡墓地
発《はつ》子女王（久邇宮）〔後伏見天皇二十一世皇孫女〕	六月二十六日	百年	京都府京都市東山区今熊野悲田院山町久邇宮墓地
雍仁親王妃勢津子（秩父宮）	八月二十五日	二十年	東京都文京区大塚五丁目豊島岡墓地
千嘉《ちか》宮（伏見宮）〔後伏見天皇十八世皇孫〕	九月二十一日	二百年	京都府京都市上京区相国寺門前町相国寺内伏見宮墓地

平成二十八年（二〇一六）式年表

天皇・皇族	月日	式年	陵墓の所在地
神武《じんむ》天皇	四月三日	二千六百年	奈良県橿原市大久保町
苞《かねの》宮（伏見宮）〔後伏見天皇十八世皇孫〕	五月三日	二百年	京都府京都市上京区相国寺門前町相国寺内伏見宮墓地
永《のぶの》宮（閑院宮）〔東山天皇五世皇孫女〕	五月三日	二百年	京都府京都市上京区北ノ辺町廬山寺墓地内
公辨親王〔後西天皇皇子〕	六月十日	三百年	京都府京都市山科区安朱稲荷山町毘沙門堂内輪王寺宮墓地
春日宮天皇〔天智天皇皇子施基皇子〕	九月五日	千三百年	奈良県奈良市矢《や》田《だ》原《わら》町
勝子内親王〔霊元天皇皇女〕	十月二十七日	三百年	京都府京都市上京区北ノ辺町清浄華院墓地内
正仁《ただひと》親王（有栖川宮）〔後西天皇皇孫〕	十一月七日	三百年	京都府京都市北区紫野大徳寺町大徳寺竜光院内有栖川宮墓地
顕日《けんにち》王〔後嵯峨天皇皇子〕	十一月十三日	七百年	栃木県大田原市雲岩寺字西輪雲巌寺内
栄仁親王（伏見宮）〔後伏見天皇皇曾孫〕	十二月十八日	六百年	京都府京都市伏見区深草坊町深草北陵内

平成二十九年（二〇一七）式年表

天皇・皇族	月日	式年	陵墓の所在地
宣仁《のぶひと》親王（高松宮）	二月三日	三十年	東京都文京区大塚五丁目豊島岡墓地
治仁《はるひと》王（伏見宮）（後伏見天皇皇玄孫）	三月九日	六百年	京都府京都市伏見区桃山町泰長老大光明寺陵域内
寛仁《ともひと》親王（三笠宮）	六月六日	五年	東京都文京区大塚五丁目豊島岡墓地
宜仁《よしひと》親王（桂宮）	六月八日	三年	東京都文京区大塚五丁目豊島岡墓地
三条《さんじょう》天皇	六月十一日	千年	京都府京都市北区衣笠西尊上院町
皇后遵子（円融天皇皇后）	七月三日	千年	京都府宇治市木幡
後《ご》陽成《ようぜい》天皇	九月二十五日	四百年	京都府京都市伏見区深草坊町
煕《ひろ》子女王（有栖川宮）（霊元天皇皇曾孫女）	九月二十九日	二百年	京都府京都市北区紫野大徳寺町大徳寺竜光院内有栖川宮墓地
伏見《ふしみ》天皇	十月十六日	七百年	京都府京都市伏見区深草坊町

平成三十年（二〇一八）式年表

天皇・皇族	月日	式年	陵墓の所在地
賀彦《よしひこ》王（久邇宮）（後伏見天皇二十一世皇孫）	六月十八日	百年	京都府京都市東山区今熊野悲田院山町久邇宮墓地
珖《こう》子女王（久邇宮）（後伏見天皇二十一世皇孫女）	六月二十七日	百年	京都府京都市東山区今熊野悲田院山町久邇宮墓地
良助《りょうじょ》親王（亀山天皇皇子）	九月二十一日	七百年	奈良県高市郡明日香村大字冬野
美仁《はるひと》親王（閑院宮）（東山天皇皇曾孫）	十一月四日	二百年	京都府京都市上京区北ノ辺町盧山寺陵域内

平成三十一年・令和元年（二〇一九）式年表

天皇・皇族	月日	式年	陵墓の所在地
昭和《しょうわ》天皇	一月七日	三十年	東京都八王子市長房町武蔵陵墓地
堯延《ぎょうえん》親王〔霊元天皇皇子〕	一月十九日	三百年	京都府京都市東山区三十三間堂廻リ妙法院宮墓地
娍《はるの》宮〔光格天皇皇女〕	一月三十一日	二百年	京都府京都市上京区北ノ辺町清浄華院内
猗《ながの》宮〔光格天皇皇子〕	二月十三日	二百年	京都府京都市上京区北ノ辺町廬山寺陵域内
恒久《つねひさ》王（竹田宮）〔後伏見天皇二十世皇孫〕	四月二十三日	百年	東京都文京区大塚五丁目豊島岡墓地
宜仁《よしひと》親王（桂宮）	六月八日	五年	東京都文京区大塚五丁目豊島岡墓地
崇仁《たかひと》親王（三笠宮）	十月二十七日	三年	東京都文京区大塚五丁目豊島岡墓地
苞《すが》子女王（有栖川宮）〔霊元天皇皇曾孫女〕	十一月二十三日	二百年	京都府京都市北区紫野大徳寺町大徳寺竜光院内有栖川宮墓地
尊杲《そんこう》女王〔後西天皇皇女〕	十二月九日	三百年	京都府京都市上京区行衛町華開院内光照院宮墓地

令和二年（二〇二〇）式年表

天皇・皇族	月日	式年	陵墓の所在地
和宮（伏見宮）〔後伏見天皇十八世皇孫女〕	一月十一日	二百年	京都府京都市上京区相国寺門前町相国寺内伏見宮墓地
贈皇太后尚《ひさ》子〔中御門天皇女御〕	二月二十七日	三百年	京都府京都市東山区今熊野泉山町泉涌寺内
皇后幸《ゆき》子女王〔東山天皇皇后〕	三月十八日	三百年	京都府京都市東山区今熊野泉山町泉涌寺内
陽光太上天皇妃晴子〔正親町天皇皇子妃〕	三月二十一日	四百年	京都府京都市東山区今熊野泉山町月輪陵域内
織仁《おりひと》親王（有栖川宮）〔霊元天皇皇孫〕	四月二日	二百年	京都府京都市北区紫野大徳寺町大徳寺竜光院内有栖川宮墓地
皇后香淳皇后	六月十六日	二十年	東京都八王子市長房町武蔵陵墓地
興意《こうい》親王〔正親町天皇皇孫〕	十一月一日	四百年	東京都港区高輪一丁目

令和三年（二〇二一）式年表

天皇・皇族	月日	式年	陵墓の所在地
悦仁親王《としひと》（光格天皇皇子）	三月十四日	二百年	京都府京都市東山区今熊野泉山町月輪陵域内
宗栄女王《そうえい》（後西天皇皇女）	四月四日	三百年	京都府京都市左京区鹿ケ谷桜谷町霊鑑寺宮墓地
聖祝女王《しょうしゅく》（東山天皇皇女）	五月十一日	三百年	京都府京都市北区紫野大徳寺町大徳寺養徳院内曇華院宮墓地
安仁親王《しずひと》（仁孝天皇皇子）	七月八日	二百年	京都府京都市東山区今熊野泉山町月輪陵域内
常胤親王《じょういん》（伏見宮）（後伏見天皇九世皇孫）	七月二十九日	四百年	京都府京都市東山区三十三間堂廻リ妙法院宮墓地
煥宮《あきの》（伏見宮）（後伏見天皇十八世皇孫）	八月十三日	二百年	京都府京都市上京区相国寺門前町相国寺内伏見宮墓地
崇仁親王《たかひと》（三笠宮）	十月二十七日	五年	東京都文京区大塚五丁目豊島岡墓地
宗恭女王《そうきょう》（閑院宮）（東山天皇皇曾孫女）	十二月十三日	二百年	京都府京都市左京区鹿ケ谷桜谷町霊鑑寺宮墓地

令和四年（二〇二二）式年表

天皇・皇族	月日	式年	陵墓の所在地
元明天皇	一月二日	千三百年	奈良県奈良市奈良阪町
邦房親王《くにのぶ》（伏見宮）（後伏見天皇十世皇孫）	一月六日	四百年	京都府京都市上京区相国寺門前町相国寺内伏見宮墓地
皇太子聖徳太子（用明天皇皇子）	四月十一日	千四百年	大阪府南河内郡太子町大字太子叡福寺内
高栄女王《こうえい》（後西天皇皇女）	四月三十日	三百年	奈良県生駒郡斑鳩町大字三井中宮寺宮墓地
寛仁親王（三笠宮）	六月六日	十年	東京都文京区大塚五丁目豊島岡墓地
皇后播磨稲日大郎姫《はりまのいなびのおおいらつめの》命（景行天皇皇后）	六月二十四日	千九百年	兵庫県加古川市加古川町大野字日岡山
依仁親王《よりひと》（東伏見宮）（後伏見天皇十九世皇孫）	六月二十七日	百年	東京都文京区大塚五丁目豊島岡墓地
治宮《まさの》（光格天皇皇女）	八月二十一日	二百年	京都府京都市上京区北ノ辺町廬山寺陵域内
尊誠親王（伏見宮）（後伏見天皇十八世皇孫）	十月八日	二百年	奈良県奈良市菅原町喜光寺《きこうじ》内一乗院宮墓地
戒珠院《かいじゅいん》（伏見宮）（後伏見天皇十八世皇孫女）	十月十九日	二百年	京都府京都市上京区相国寺門前町相国寺内伏見宮墓地
憲仁親王（高円宮）	十一月二十一日	二十年	東京都文京区大塚五丁目豊島岡墓地

天皇・皇族	月日	式年	陵墓の所在地
貞愛《さだなる》親王（伏見宮）〔後伏見天皇十九世皇孫〕	二月四日	百年	東京都文京区大塚五丁目豊島岡墓地
熾仁《たるひと》親王妃董《ただ》子（有栖川宮）〔霊元天皇五世皇孫妃〕	二月七日	百年	東京都文京区大塚五丁目豊島岡墓地
佐那《さなの》宮（伏見宮）〔後伏見天皇十八世皇孫〕	二月二十八日	二百年	京都府京都市上京区相国寺門前町相国寺内伏見宮墓地
梅芳《ばいほう》院（閑院宮）〔東山天皇皇孫〕	三月六日	三百年	京都府京都市上京区北ノ辺町廬山寺墓地内
成久《なるひさ》王（北白川宮）〔後伏見天皇二十世皇孫〕	四月一日	百年	東京都文京区大塚五丁目豊島岡墓地
贈皇后繫《つな》子（仁孝天皇女御）	五月十三日	二百年	京都府京都市東山区今熊野泉山町泉涌寺内
慈悲心院《じひしんいん》〔仁孝天皇皇女〕	五月十三日	二百年	京都府京都市東山区今熊野泉山町泉涌寺雲竜院内
威仁親王妃慰《やす》子（有栖川宮）〔霊元天皇五世皇孫妃〕	六月三十日	百年	東京都文京区大塚五丁目豊島岡墓地
實種《みすの》宮（有栖川宮）〔霊元天皇皇玄孫女〕	七月十五日	二百年	京都府京都市北区紫野大徳寺町大徳寺竜光院内有栖川宮墓地
遊亀《ゆくの》宮（有栖川宮）〔霊元天皇皇玄孫女〕	八月十日	二百年	京都府京都市北区紫野大徳寺町大徳寺竜光院内有栖川宮墓地
寛子女王（閑院宮）〔後伏見天皇二十世皇孫女〕	九月一日	百年	東京都文京区大塚五丁目豊島岡墓地
武彦王妃佐紀子《さきこ》女王（山階宮）〔後伏見天皇二十一世皇孫妃〕	九月一日	百年	東京都文京区大塚五丁目豊島岡墓地
師正《もろまさ》王（東久邇宮）〔後伏見天皇二十一世皇孫〕	九月一日	百年	東京都文京区大塚五丁目豊島岡墓地
正《ただの》宮（伏見宮）〔後伏見天皇十八世皇孫女〕	九月八日	二百年	京都府京都市上京区相国寺門前町相国寺内伏見宮墓地
八重《やえの》宮〔霊元天皇皇女〕	十月十七日	三百年	京都府京都市上京区鶴山町大歓喜寺内大聖寺宮墓地
聖　秀《しょうしゅう》女王〔後奈良天皇皇女〕	十一月十七日	四百年	京都府京都市北区紫野大徳寺町大徳寺養徳院内曇華院宮墓地

十日が明治天皇百年の式年祭等が行なわれることがわかる。天皇以外の皇族の式年祭が行なわれる日程についても同様である。この日程は、明治五年以前においては当時行なわれていた太陰太陽暦による年・月・日を太陽暦による年・月・日に換算したものである。このことは、この際注意しておきたい。

また、『陵墓要覧』(平成五年)には、平成二十二年(二〇一〇)の応神《おうじん》天皇皇子大山守命については、亡くなった年・月の記載があるだけで日の記載がなく、平成二十三年(二〇一一)の景行《けいこう》天皇皇子日本武尊《やまとたけるのみこと》と平成二十四年(二〇一二)の応神天皇皇太子菟道稚郎子《うじのわきいらつこの》尊《みこと》については、亡くなった年の記載があるだけで月・日の記載がない。実際にいつ式年祭が行なわれるのか、その動向が注目されるところである。

このうち日本武尊《やまとたけるのみこと》についてみれば、その墓は同表にあるとおり三重県亀山市田村町に所在する能褒野《のぼの》墓であるが、日本武尊《やまとたけるのみこと》にはこのほか、奈良県御所《ごせ》市大字冨田字北浦と大阪府羽曳野《はびきの》市軽里《かるさと》三丁目に白鳥陵がある。これは、三重県亀山市の能褒野《のぼの》墓が日本武尊《やまとたけるのみこと》の遺骸が葬られた場所とされるのに対して、奈良県御所市と大阪府羽曳野《はびきの》市の白鳥陵はともに白鳥と化した日本武尊《やまとたけるのみこと》が停まった場所とされるものである。そうであれば、日本武尊《やまとたけるのみこと》の式年祭が三重県亀山市の能褒野《のぼの》墓を対象として行なわれるのはわかるが、二か所の白鳥陵は式年祭にどのように関与し、あるいは関与しないのであろうか。これも動向が大いに注目されるところである。

この式年祭というのはいわば年忌で、天皇・皇族が亡くなってから一定の年を経たその日に天皇によって行なわれる祭祀である。そしてこの『陵墓要覧』(平成五年)に「式年表」

が掲載されているということは、書陵部が何らかの形で式年祭に関与していることを示すものである。

それでは何年毎にこの式年祭を行なうのか。それについては、明治四十一年（一九〇八）九月十八日に公布された「皇室祭祀令」が今日なお事実上の拠り所となっている。「皇室祭祀令」は式年祭について、三年・五年・十年・二十年・三十年・四十年・五十年・百年、その後は百年毎に行なうものと規定している。百年毎に、そして永久に式年祭は続くのである。

式年祭はこのように、一定の規則に基づいてなされる恒常的な祭祀である。天皇による祭祀には、この式年祭のように恒常的な祭祀とは別に、機に応じてなされる臨時の祭祀もある。例えば、天皇・皇后、また皇太子・皇太子妃による外国訪問、皇族の結婚の場合等には臨時の祭祀が行なわれる。もちろんこれも重要な祭祀であるが、ここでは恒常的な祭祀を天皇による祭祀の中核とみて論を進めることにしたい。それは、陵墓への学術調査目的の立ち入りが許されない理由が天皇による祭祀の対象であるというのならば、その祭祀は何よりも恒常的なものであることが重要なはずであり、その代表的な祭祀が他ならぬ式年祭であると考えられるからである。

もっともこの式年祭は、陵墓の現地でも行なわれるが、同時に宮中三殿の皇霊殿でも行なわれる。歴代天皇の式年祭の場合陵墓には勅使が遣わされるが、皇霊殿には天皇・皇后の出御がある。この点では陵墓での祭祀よりも皇霊殿での祭祀に重点が置かれていると考えることができるが、それでもなお、陵墓は天皇による祭祀の重要な対象である。

正辰祭

もうひとつ、陵墓の現地における恒常的な祭祀がある。正辰祭である。一般には「せいしんさい」と読むが、宮内庁による読みは「しょうしんさい」である。式年祭が右にみたように定められた年ごとの祭祀であるのに対して、正辰祭は毎年行なわれる。いわば祥月命日である。式年祭と同様、旧暦を現行の暦に直して行なわれる。毎年行なわれる分だけ祭祀の回数は厖大なものとなる。現行の「正辰表」には、一月一日から十二月三十日（十二月三十一日には該当する正辰祭がない）まで、計七百十五方の正辰祭が収められている。単純に三百六十五日で割れば、一日当たり約一・九六方、つまりおよそ二方の正辰祭が執り行なわれている計算になる。もちろんどの正辰祭にも当たらない日も多いが、多くの正辰祭が重なる日もある。例えば、三月二十日・八月十六日・九月一日はそれぞれ七もの正辰祭が行なわれる。これが毎年毎年永遠に継続されるのである。

このように式年祭と正辰祭は、ともに陵墓の現地における恒常的な祭祀といえるものである。しかし、正辰祭に比較して式年祭の方が祭祀としての規模も大きく、後でみるとおり、歴史的にみてもそのあり方をめぐって天皇による祭祀の根幹にかかわる動向が顕著である。そこで本書では以下、恒常的な陵墓の現地での祭祀を考えるに当たって基本的に式年祭に注目することとし、正辰祭については式年祭との関連で触れることにしたい。

式年祭の成立

実は式年祭には不明な点が多い。例えば、式年祭では天皇はいったい何を祈るのか。また、皇霊殿と陵墓とで祭祀がなされるという形態には、どのような意味がこめられているのか。このような極めて基本的な疑問にすら満足のゆく答えが用意されているわけではない。そこでここでは式年祭の成立やその後の経緯について、歴史的な視点から取り組むことにしたい。そうすることによって何かが見えて来るに違いない。

まずは、式年祭の前提をめぐってである。ここで江戸時代における天皇による祭祀の詳細について述べるゆとりはないが、祖先祭祀についてみれば、基本的には寺院における仏式の行事であったとみてよい。ここでとりあえず幕末期の例についてみると、安政二年（一八五五）四月二日の「鳥羽院天皇七百回御忌」が安楽寿院（京都市伏見区）で、文久二年（一八六二）三月七日の「光厳院天皇五百回聖忌」が常照寺（京都府北桑田郡京北町〔現京都市右京区〕）で、また慶応二年（一八六六）八月二十六日の「後陽成院天皇二百五十回聖忌」が般舟院（京都市上京区）と泉涌寺《せんにゅうじ》（京都市東山区）で行なわれたことが注目される（『孝明天皇紀』）。いずれもそれぞれの天皇陵が営まれ、あるいはゆかりの深い寺院である。

しかし、明治二年（一八六九）七月三日の「垂仁天皇千八百年祭」と同年八月四日の「称徳天皇千百年祭」はともに京都御所後院庭上で、同年十二月二十七日の「後花園天皇四百年祭」は神祇《じんぎ》官《かん》と京都御所後院苑内の遥祭場で「山陵祭」として行なわれている（『明治天皇紀』）。ここに、寺院での仏教式祭祀から神祇官・京都御所での神道式祭祀への転換が明らかである。

明治三年「建言」

さて式年祭が定められるに至ったのは、明治三年（一八七〇）二月の、陵墓を管理する部局である諸陵寮《しょりょうりょう》が神祇官《じんぎかん》に宛てた「聖忌御祭典につき諸陵寮建言」（明治三年二月『公文録』神祇官伺、国立公文書館所蔵）をはじまりとする。次のとおりである。

御歴代様五十回等の　聖忌《せいき》（引用註、天皇のいわば年忌、回忌）御祭典《ごさいてん》の節洞中御庭に於て御遥祭《ようさい》に相成候儀は、何頃より御例に在らせられ候哉下官等一同聢《しか》と相弁《わきま》へ申さず候へども、五十年に一度の御祭典に候へば　勅使《ちょくし》以下　其《そ》の御陵所へ参向御儀式略儀無く遂行させられ候様これ有り度き御儀に存じ奉り候（原史料はカタカナ交じり文。適宜濁点等を補った）

つまり、歴代天皇の五十回等の「聖忌御祭典」がいつ頃から洞中御庭で御遥祭《ようさい》することとなったのかはわからないが、五十年に一度の御祭典であるから、勅使《ちょくし》以下がその御陵所へ参向して略儀なく遂行《すいこう》なされたい、というのである。

こうしてみると、明治三年（一八七〇）二月「建言」以前に、すでに仏式から神式へ、つまり、それぞれの天皇の陵が営まれる寺院での祭祀から京都御所御庭、あるいは神祇官からの遥祭への移行がシステムの面でも実態の面でも完了していたことがわかる。またあえて付け加えれば、この時点での「聖忌」は五十年に一度であった。

しかし祭祀がなされる場所についていえば、「建言」が「御歴代様五十回等の聖忌御祭典」は「洞中御庭に於て御遥祭《ようさい》」されることとなっていたと述べるように、天皇にせよ勅使《ちょくし》にせよ、陵墓の現地に赴《おもむ》くということにはなってはいなかった。それを、五十年に一度の「御祭典」であるから勅使以下も「御陵所」へ参向するようにしよう、というのが、「建言」の主旨である。

さらにさかのぼってみると、文久の修陵の時点ですでに陵墓は、現地における祭祀を前提として修補されていたことに気付く。文久の修陵では、それぞれの陵墓に新たに鳥居をしつらえた拝所《はいしょ》が設けられたのである。そうしてみれば文久の修陵では、陵墓ははるか彼方から遥祭されるものとしてではなく、現地において祭祀されるべきものとされていたと考えなくてはならない。文久の修陵では、陵墓は確かに現地における天皇による祭祀の場として位置付けられていたのであった。

祭祀のための拝所《はいしょ》をすでに擁《よう》していた陵墓と、現実になされている現地に赴かずに遥祭してなされる祭祀の矛盾の解決を目指したのが、明治三年（一八七〇）二月の「建言」であったということができる。

しかし考えてもみれば、この明治三年二月というのは、戊辰戦争の端緒である明治元年（慶応四年〔一八六八〕）正月三日～六日の鳥羽・伏見の戦から二年しか経っていないのである。

よく知られているように戊辰戦争では、鳥羽・伏見の戦以降箱館五稜郭の戦まで国内の広い範囲で新政府軍と旧幕府軍が血で血を洗う死闘を繰り広げた。さらにいえば旧幕府軍の降伏によって箱館五稜郭の戦が終わったのは明治二年（一八六九）五月十八日である。とすれば、明治三年（一八七〇）二月の「建言」まではわずか九か月に過ぎない。そしてこの間明治二年六月二十九日には、靖国神社の前身である東京招魂社が明治天皇の意思によって東京九段に創建された。ちなみにこの東京招魂社の祭日は、鳥羽・伏見の戦の戦端が開かれた正月三日、江戸上野の彰義隊潰走の五月十五日、箱館落城の五月十八日、会津降伏の九月二十二日であった。ここに東京招魂社の、そしてその後身である靖国神社の性格がこの上なく明確である。

　とはいえ、式年祭の制定と戊辰戦争における戦死者祭祀とを直接結びつけて捉える動向を示す史料はみられない。しかし、式年祭の制定が幕末〜明治期の政治的趨勢を決定づけた戊辰戦争の終結直後であったことは、明治期における天皇による祭祀の体系の成立の歴史的な前提として、充分に記憶されなければならない。

　そして同じ明治三年（一八七〇）十一月二十八日「御追祭定則」（明治三年十一月『公文録』神祇官伺、国立公文書館）では、「御正辰御追祭」「春秋御追祭」「式年御追祭」が定められた。このうち「御正辰御追祭」は毎年崩日に神祇官で行なうものとされ、「式年御追祭」は、小祥（一周忌）・大祥（三周忌）・五年・十年・二十年・三十年・四十年・五十年・百年、以降五十年毎とする案も出たようであるが、結果としては、一周・三年・七年・十三年・十七年・二十五年・三十三年・五十年・百年、以降五十年毎と定められたと思われる。

　注目されるべきなのは、この際、「今天下の年忌其期一同ならず、此度更に右の如く（引用註、右にみた小祥・大祥〜以下の案）相定め、以て天下に示し万民をして又各追孝の義を励ましむ」（傍点引用者、原史料はカタカナ交じり。適宜読点等を補った）と、「式年御追祭」の意義が明らかに示されたことと、「今般御代々皇霊式年御追祭末条の通（引用註、右にみた一周・三年～以下の案等）仰せ出され候間、山陵に於ての御祭典は各地方官にて執行す可き旨仰せ出され候事」（傍点引用者、原史料はカタカナ交じり漢文。適宜読点等を補った）と、「式年御追祭」における陵墓の現地での祭祀が規定されたことである。

ここに、式年祭の「以て天下に示し万民をして又各追孝の義を励ましむ」ことを実現させようとする式年祭の開かれた祭祀としての理念と、それを実現するための地方官によって執行されるといういわば方法が確立されたのである。つまり式年祭は、宮中の奥深い場所で誰にも見られずになされる祭祀ではない。各地に散在する陵墓の現地で敢えて行なわれる祭祀なのである。

明治四年「布告伺」

その点でいうと、明治四年（一八七一）正月に諸陵寮が神祇官に宛てた「布告伺」（明治四年二月『公文録』神祇官伺、国立公文書館所蔵）の内容はとても興味深い。次のとおりである。

旧冬（引用註、昨年、つまり明治三年の冬）式年　御祭典定式仰せ出され候に付ては　后妃　皇子　皇女御方々　御祭典も　御歴代（引用註、歴代の天皇）に準じ、格別御偉勲（引用註、目立った功績）あらせられ候御方々は勿論その余それぞれ御定式立たせられ然るべき儀と存じ奉り候（原史料はカタカナ交じり漢文、以下同じ。適宜濁点等を補った）

ここで述べられているのは、前年の明治三年に制定された歴代の天皇を対象にした「式年御祭典」は天皇に限らず后妃・皇子・皇女、それも格別の歴史上の功績のない方々にも拡大して適用されるべきであるという主張である。天皇による祭祀の体系をより完全なものとしようという指向性がここに明らかである。

問題はその次である。「布告伺」はさらに続ける。

然る処、先年已来《いらい》探索を遂げ候　御歴代御陵すら恐れながら未詳の御場所もこれ有り、況《いわ》んや右御方々陵墓は数ヶ処の儀に付、即ち今某国某郡と申す事さへ申し上げかね候御場所もこれ有り

天皇陵でさえ未詳の場所もあるのに、ましてや后妃・皇子・皇女の陵墓で判明しているのはわずかに数か所だけである。これを調査して明らかにしなければならない、というのである。これを受けた同年二月十四日「太政官布告」によって、全国を対象として調査が行なわれたことはすでに第二章「天皇陵決定法」２「決定陵と未定陵」でみたとおりである。そこでも述べたように、これはまさしく陵墓の公開調査である。今日では想像もできないが、太政官によって全国の府・藩・県全てに未定陵墓の捜索が命じられ、これを受けて各村・町はその調査を行ない、その結果が府・藩・県を通じて太政官に報告されたのである。これは一言でいえば、全国挙げての陵墓調査である。この結果決定された陵墓は多いが、そ

こでは式年祭と正辰祭が行なわれ、それがひいては「以て天下に示し万民をして又各追孝の義を励ましむ」ことの範となる構図が形成されることにもなるのである。

そして明治五年（一八七二）十一月七日には、式年は一年・三年・五年・十年・二十年・三十年・四十年・五十年・百年、以降は百年毎に改められた。仏教における年忌との類似を避けたということなのであろう。ここに式年祭をめぐるさまざまな環境は完成された。これが、先にもみた明治四十一年（一九〇八）九月十八日「皇室祭祀令」における式年祭の規定に、基本的には受け継がれたのである。

式年祭の廃止

しかしこの間の経緯は決して平坦《へいたん》なものではなかった。なんと明治十一年（一八七八）六月二十日に、綏靖《すいぜい》天皇から後桜町天皇まで、つまり初代神武天皇は別として、時の明治天皇から五代前の天皇までの式年祭が廃止されたのである。いったいなぜこんなことになったのか。

それを解く鍵が、『明治天皇紀』の明治十年（一八七七）一月三日条にある。同日条は、すでに明治七年（一八七四）八月には「万世一系の皇室に於て、一々御歴代より皇親（引用註、天皇の親族）に至るまで其《そ》の崩薨日《ほうこう》（引用註、亡くなった日）に追祭を行はるゝ時は、年中虚日（引用註、祭祀が行なわれない日）なくして其《そ》の煩《はん》に堪《た》へたまはざるべし」との認識のもとに、式年祭を廃し、春と秋、あるいは四季に霊祭を執行し、さらに皇后・后妃・皇子・皇女の霊を皇霊（天皇の霊）に合祀することが、左院《さいん》（立法諮問機関。明治四年（一八七二）七月二十九日から明治八年（一八七五）四月十四日まで）から太政官に上申されたことを述べる。さすがに、天皇のみならず皇族全体について式年祭を行なうのはとても「煩《わずら》わしいことだったのである。それにかわって行なわれたのが、歴代の后妃・皇親の霊の皇霊への合祀であり、「霊祭」の春分日・秋分日における執行であった。明治十一年（一八七八）六月二十日には綏靖《すいぜい》天皇以下後桜町天皇までの式年祭が正辰祭とともに廃され、同時に春季皇霊祭・秋季皇霊祭が置かれたのである。これはいってみれば、皇室における彼岸である。

後白河天皇「七百年式年祭」

後白河天皇の七百年式年祭をめぐって、興味深い動向があったので以下に紹介したい。明治二十一年（一八八八）四月十五日に諸陵寮京都出張所から諸陵寮に宛てた「問合」（『法規分類大全』「宮廷門陵墓」）の内容である。要旨は次のとおりである。

後白河天皇陵（京都市東山区）については、古くから人びと（「人民」）の間に頭痛病平癒の霊験があると伝えられ、毎年五月三日は御祭日として参詣の人もある。先年、陵《りよう》掌《しよう》（現地における陵墓の管理人）藤木顕右が京都府に、帰依・信仰・尊敬の上でのことであるから御祭日の一日に限って参詣を許すことを伺い出たところ、不都合のないようにせよということであったと、旧陵掌《りようしよう》永元左兵衛から申し伝えがあった。今年（明治二十一年）は七百年の「御年忌」に当たり参詣人もあることと思うので、これまでのとおりにしてよいかお伺い申し上げる。

この五月三日というのは、後白河天皇が亡くなった三月十三日（建久三年〔一一九二〕）を太陽暦に換算した月日である。ただしここで明治二十一年（一八八八）が後白河天皇の七百年忌に当たるというのは間違いであり、明治二十五年（一八九二）が正しい。この「問合」は了承されるが、ここにみられるのは、これまで述べてきた事柄とは全く異なった民間信仰レヴェルでの式年祭をめぐる動向である。しかもこの時期にあっては、天皇による祭祀としての式年祭は廃されていた。それでも民間信仰のレヴェルにあっては、明治二十一年が後白河天皇の七百年の「御年忌」とする誤りはあったにせよ、太陽暦に換算した崩日を正確に五月三日としており、一定の年毎に式年祭がなされるものであることも確かに認識されていたのである。もっともこれを、式年祭のそもそもの意義であった「以て天下に示し万民をして又各追孝の義を励ましむ」ことの反映ということはできないであろう。

明治四十一年「皇室祭祀令」

このような入り組んだ状態が明治四十一年（一九〇八）九月十八日「皇室祭祀令」によって法文のうえで体系化され、式年祭についても規定されるに至ったのである。「皇室祭祀令」にみえる祭祀のうち、本書で取り上げている範囲と重なる祭祀をまとめたものが表4「『皇室祭祀令』（明治四十一年）にみる春秋皇霊祭・先帝祭・式年祭・例祭等」である。祭祀の種類によって大祭・小祭のアクセントがつけられ、最も重んぜられるべき祭祀は何か、

表4 「皇室祭祀令」(明治四十一年)にみる春秋皇霊祭・先帝祭・式年祭・例祭等

大祭
「大祭には天皇、皇族及官僚を率いて親《みずか》ら祭典を行ふ。天皇喪に在り其の他事故あるときは前項の祭典は皇族又は掌典長をして之を行はしむ。」(第八条)

名称	期日	場所	山陵への奉幣
春季皇霊祭	春分日	皇霊殿	無
神武天皇祭	四月三日	皇霊殿	有
神武天皇の式年祭	式年に当たる四月三日	陵所・皇霊殿	—
秋季皇霊祭	秋分日	皇霊殿	無
先帝祭	毎年崩御日に相当する日(一周年祭を訖《おわ》りたる次年より行なう)	皇霊殿	有
先帝の式年祭	式年に当たる崩御日に相当する日	陵所・皇霊殿	—
先帝以前三代の式年祭	崩御日に相当する日	皇霊殿	有
先后の式年祭	崩御日に相当する日	皇霊殿	有
皇妣《こうひ》たる皇后の式年祭	崩御日に相当する日	皇霊殿	有

小祭
「小祭には天皇、皇族及官僚を率いて親《みずか》ら拝礼し掌典長祭典を行ふ。天皇喪に在り其の他事故あるときは前項の拝礼は皇族又は侍従をして之を行はしむ。」(第二十条)

名称	期日	場所	山陵への奉幣
先帝以前三代の例祭	毎年崩御日に相当する日(一周年祭を訖《おわ》りたる次年より行なう。式年に当たるときは行なわない)	皇霊殿	無

先后の例祭	毎年崩御日に相当する日（一周年祭を訖《おわ》りたる次年より行なう。式年に当たるときは行なわない）	皇霊殿	無
皇妣《こうひ》たる皇后の例祭	毎年崩御日に相当する日（一周年祭を訖《おわ》りたる次年より行なう。式年に当たるときは行なわない）	皇霊殿	無
綏靖天皇以下先帝以前四代に至る歴代天皇の式年祭	崩御日に相当する日（式年に当たるときは行なわない）	皇霊殿	無

「式年は、崩御の日より三年・五年・十年・二十年・三十年・四十年・五十年・百年、及爾後毎百年とす。」（第十条）
「皇室又は国家の大事を神宮・賢所・皇霊殿・神殿・神武天皇山陵・先帝山陵に親告するとき」等は、「大祭に準じ祭典を行なう。」（第十九条）

その次に重んぜられるべき祭祀は何か、また、どの祭祀は誰によってどこでなされるのか等々の事柄がここに体系づけられたのである。また、「皇室祭祀令」にいう「例祭」はすでにみた「正辰祭」と同じ内容である。

それでは、ここでみている式年祭を中心とする祭祀は、すべて陵墓の現地でなされるようになったのかというと、それがそうではない。同表の「場所」・「山陵への奉幣《ほうへい》」の欄に注目していただきたい。これによると、「陵所」、つまり陵墓の現地で祭祀が行なわれるとされているのは、神武天皇の式年祭と先帝の式年祭のみであり、山陵への奉幣があるのも、神武天皇祭・先帝祭・先帝以前三代の式年祭・先后の式年祭・皇妣《こうひ》（亡くなった皇太后）たる皇后の式年祭に限られる。そして、春季皇霊祭・秋季皇霊祭・先帝以前三代の例祭・先后の例祭・皇妣《こうひ》たる皇后の例祭、また、綏靖《すいぜい》天皇以下先帝以前四代に至る歴代天皇の式年祭については、「皇室祭祀令」は陵墓の現地での祭祀の規定を欠くのである。しかも、やはり「皇室祭祀令」は、天皇・皇后以外の皇族の祭祀について全く言及しない。そうであれば、「皇室祭祀令」のとおりに祭祀がなされる限り、綏靖《すいぜい》天皇以下先帝以前四代に至る歴代天皇の陵の現地は天皇による祭祀の対象ではないし、天皇・皇后以外の皇族については皇霊殿におけると陵墓の現地におけるとを問わず、天皇による祭祀の対象ではないことになる。祭祀の実態も、たしかにその通りであったのであろうか。

この点について、「皇室祭祀令」の公布とおよそ時を同じくする『全国神職会会報』（第一二〇号、明治四十一年十月二十日）の「雑報」欄の記事が参考になる。そこでは「皇室祭祀令」について「今回皇室令に基き慣習を調査し、祭祀に関する順序次第を明かにせんが為め従来の不文法を成文法となされたる次第なり」と説明すると同時に、「皇室祭祀令」が規定する祭祀のあり方と現実に行なわれている祭祀との矛盾について、「新に本令（引用註、「皇室祭祀令」）を公布するに至りても、祭祀の方式は従来と何の変りたることなしとぞ承る」（傍点引用者）というのである。なんと驚くことに、「皇室祭祀令」が公布されたからといって、そのとおりに祭祀が行なわれるわけでもないし、また、行なわれるべきでもない、というのである。

事実、大正四年（一九一五）十二月『陵墓要覧』（諸陵寮）の「式年一覧」には綏靖《すいぜい》天皇以下先帝以前四代に至る歴代天皇や、天皇・皇后以外の皇族一般の式年も掲載され、また、『宮内省省報』（第Ⅱ期大正編としてゆまに書房から一九九九年に刊行）は、「皇室祭祀令」公布の明治四十一年（一九〇八）九月十八日以降行なわれた明治四十四年（一九一一）十月三日の仁孝《にんこう》天皇皇女淑子《すみこ》内親王三十年式年祭、大正二年（一九一三）十二月二十四日の後桜町《ごさくらまち》院天皇百年式年祭、大正五年（一九一六）九月五日の春日宮《かすがのみや》天皇千二百年式年祭、大正六年（一九一七）六月十一日の三条院《さんじょう》天皇九百年式年祭、同年九月二十五日の後陽成《ごようぜい》院天皇三百年式年祭、同年十月十六日の伏見院天皇六百年式年祭について、いずれも陵墓の現地で祭祀がなされたことを記すのである。

それならばいっそ、「皇室祭祀令」とは別に規定を設けて陵墓の現地における祭祀の実態に法的根拠を与えるべきであるようにも思うが、事実そのような動向はあったようである。『全国神職会会報』（第一八三号、大正三年一月二十五日）は、「御陵墓祭祀令調査」として「御歴代天皇の御百年祭は明治十年以後宮中皇霊殿のみに於て行はせられ御陵墓の御祭典は行はせられざりしが、今回新たに御陵墓祭祀令を御発布相成ることゝなり目下其筋に於て調査中なるが、該新令によれば御百年式年祭は今後御陵墓に於て行はせらるゝ事と御治定相成りたるやに承はる」とする。ここに「御歴代天皇の御百年祭は明治十年以後宮中皇霊殿のみに於て行はせられ御陵墓の御祭典は行はせられざりし」というのは、右にみた『宮内省省報』の記載と矛盾するが、この記事は、陵墓の現地での祭祀の法的根拠を模索する構想がこの時点でまさに進行中であったということを、よく記すものとして貴重である。しかしこの「御陵墓祭祀令」は公布された痕跡はなく、陵墓の現地での祭祀は法的な根拠を欠くままであった。

それにしてもこの「御陵墓祭祀令調査」によれば、明治十年（一八七七）以降「御歴代天皇」の式年祭は全く廃されたのではなく、皇霊殿での祭祀は行なわれていたということになる。これは右に述べた、明治十一年（一八七八）における式年祭の廃止とは矛盾する。こうなると、祭祀の実態はまさに不明というほかはなくなってしまう。

昭和二十二年「通牒」

さて「皇室祭祀令」を含む「皇室令」は、昭和二十二年（一九四七）五月三日の「日本国憲法」施行の前日の同月二日限りで廃止された。それに際して「皇室祭祀令」にかわる新たな法令が制定されたわけではないので、同月三日付の宮内府長官官房文書課長高尾亮一による「通牒」に「従前の規定が廃止となり、新らしい規定ができていないものは、従前の例に準じて事務を処理すること」とあるのを拠り所として、今日まで明治四十一年（一九〇八）九月十八日「皇室祭祀令」の内容が実質的には引き継がれている。この際引き継がれたものが同令の条文の内容ばかりでなく、それに付随した矛盾でもあることは、これまでみてきたとおりである。

*

ここでみたとおり陵墓の本質は、天皇による祭祀が行なわれていることである。このことをしっかりと見極めることこそ、陵墓研究のうえでの最も重要な課題である。

ところがこれまでの陵墓をめぐる研究や運動は、陵墓として管理されている古墳が関心の対象であって、天皇による祭祀については眼が向けられることがあまりに少なかった。そのため、宮内庁による陵墓の比定が学問のうえで当を得たものが極めて少ないことや、宮内庁による営繕工事によって古墳が破壊されてはならないことを訴えること等に主眼が置かれる場合が多かった。もちろんこれはこれで大変重要な課題である。それに取り組むことなくして、陵墓として管理されている古墳の文化財としての価値を守ることなどできはしない。

しかし本章の冒頭で見たとおり、宮内庁による陵墓管理の内容は、決してそれにとどまるものではない。天皇による祭祀がなければ、陵墓などあり得ない。であればこそ、その天皇による陵墓祭祀がいつどのように成立し、その後どのように展開を遂げて今日にいたったかを、実証的に明らかにする作業は、これからも積み重ねられなければならない。

第五章　もうひとつの天皇陵

1　昭和二十四年十月『陵墓参考地一覧』の発見

陵墓をめぐるさまざまな問題のなかでも、陵墓参考地というのは特にわかりにくいテーマである。何しろ宮内庁が陵墓として管理するもののなかのひとつのカテゴリーでありながら、そこに誰が葬られているか特定されていない。つまり、誰が葬られているかわからないのに陵墓だというのである。そもそも陵墓とは、そこに天皇・皇族が葬られているとされているからこそ陵墓なのである。陵墓参考地というのはとてもわかりにくい。

私も陵墓の研究を志して短くはない年月を過ごしてきたが、これまで陵墓参考地を正面から取り上げてはこなかった。というよりはできなかったのである。宮内庁によってにせよ被葬者が示されていれば、それを肯定するにせよ否定するにせよ、ともかくもアプローチの方法はある。しかし誰が葬られているかわからないとされている陵墓参考地は、研究しようにもあまりにとっかかりが少なすぎた。

古書店の目録から

ところが、ずいぶん前のことになるが、偶然送られてきた東京神田のとある古書店の目録をみて「陵墓参考地一覧　昭和二十四年十月　書陵部　三万五千円」という一行が目についた。三万五千円というのは少々高いが、陵墓の研究者を自任する身としては大いに気になる所である。買うか買わないかはともかく、まずは送ってもらうことにした。

数日後、『陵墓参考地一覧』が古書店から到着した。「昭和二十四年十月」というだけあって、藁半紙《わらばんし》にガリ版印刷をした古色蒼然《こしょくそうぜん》とした本である。厚みはあまりない。これで三万五千円か、と思いながらページを繰ってみた。「一覧」とある通り陵墓参考地の一覧となっている。ところがその内容をみて驚いた。ひとつひとつの陵墓参考地について、「該当御方」として誰が葬られているかが全部書いてあるではないか。宮内庁は、陵墓参考地には誰が葬られているかわからないと説明してきたのではなかったのか。

しかも、この『陵墓参考地一覧』の表紙には「書陵部」とある（資料19「昭和二十四年十月『陵墓参考地一覧』（外池所蔵本）」ⓐ表紙）。とすればこれはれっきとした公文書である。それが何らかの事情で外部に流出し古書店が手に入れた、ということなのであろう。すると、宮内庁は外に向けては陵墓参考地には誰が葬られているかわからないと説明しておきながら、内部ではすべての陵墓参考地に「該当御方」、つまり被葬者《ひそうしゃ》を充《あ》てていたということではないか。この『陵墓参考地一覧』はそのことの何よりの証拠ではないか。これは大変なもの

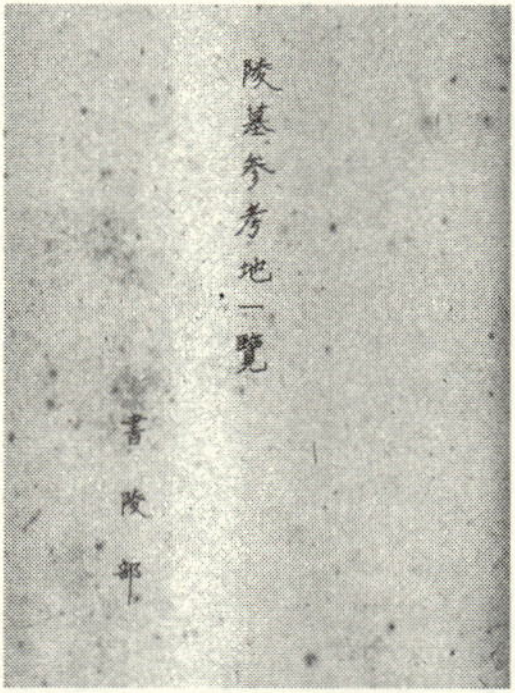

資料19　昭和24年10月『陵墓参考地一覧』（外池所蔵本）ⓐ表紙

を見つけてしまった。こんなことが即座に頭に思い浮かんだ。

さらに見ると、それぞれの陵墓参考地の指定年月日が克明《こくめい》に記されている。これにも驚かされた。どの陵墓参考地がいつ指定されたのか。実はこれまで、こんな基本的なことすら体系立って記す史料に恵まれていなかったのである。早速私は代金を払い込み、この『陵墓参考地一覧』を私のものとした。

ただし一つ気がかりなことがあった。それは、この『陵墓参考地一覧』が偽物であったらどうしよう、ということである。何年か前には旧石器遺跡の捏造《ねつぞう》事件があったではないか。あの二の舞を演じるようなことがあってはならない。

陵墓課保管本の閲覧

そこで私は、この『陵墓参考地一覧』が本物であるかどうかを調べることにした。どうすればよいか。宮内庁書陵部陵墓課に同じ本があれば、私が買った『陵墓参考地一覧』も確かに本物ということになる。すると、陵墓課保管の歴史的資料の目録である『歴史的資料目録（陵墓課保管分）』（昭和五十年（平成十三年三月追加補訂））に、確かに同題の『陵墓参考地一覧』が二本あった。そこで「情報公開法」に基づいて開示請求を行ない、書陵部庁舎の閲覧室で陵墓課保管本『陵墓参考地一覧』を閲覧したのである。『歴史的資料目録（陵墓課保管分）』については、第六章「聖域か文化財か」2「天皇陵研究法」で改めて述べることにしたい。

やはり古書店から買った『陵墓参考地一覧』は本物であった。しかも、陵墓課保管本の一本には、夥《おびただ》しい量の書き込みや多くの書類の綴り込みがあった。そのなかでも、昭和三十三年三月「陵墓参考地一覧」は、昭和二十四年十月『陵墓参考地一覧』に続く時期の陵墓参考地をめぐる動向をよく伝える史料として重要である。これらをよく検討すれば、個々の陵墓参考地についての事柄ばかりではなく、陵墓参考地の枠組みそのものについても多くを明らかにすることができる。陵墓研究者にとってはまさに宝の山である。閲覧室に陵墓課の方がみえたので、ついこう聞いてしまった。「私にこんなものを見せていいんですか」。

これこそが「情報公開法」の威力なのである。行政文書は、請求があれば基本的にはすべて開示しなければならないのである。もちろん制約もあるし、この制度や運用にさまざまな不備があることはよく知られている。しかし「情報公開法」の施行以前と較べれば、まさに隔世《かくせい》の感がある。私は、宮内庁による陵墓管理の理念や実態には大きな疑問をもっているが、少なくともこの陵墓課保管の歴史的資料の公開についての姿勢には心からの敬意を表するものである。

複写も申請して許可された。こうして私は陵墓課保管本『陵墓参考地一覧』の複写を手に入れて、それまで取り組んでいた研究を一時中断して陵墓参考地の研究に専心したのである。

であるから、私の陵墓参考地についての研究の基本資料は陵墓課保管本の『陵墓参考地一覧』であって、古書店から入手した私蔵の『陵墓参考地一覧』ではない。それでは、せっかく買ってもそれは無駄であったかというと決してそうではない。古書店から『陵墓参考地一覧』を買ったからこそ、陵墓課保管本にたどり着くことができたのである。私の手許にある

『陵墓参考地一覧』は、終生の宝である。

陵墓参考地の被葬者

ここで『陵墓参考地一覧』が、個々の陵墓参考地について「該当御方」として被葬者を記していることの意味について考えることにしたい。

例えば、允恭《いんぎょう》天皇陵は宮内庁によって大阪府藤井寺市国府《こう》一丁目に決定されている（国府《こう》市野山《いちのやま》古墳）。それにもかかわらず『陵墓参考地一覧』は、藤井寺陵墓参考地（津堂城山《つどうしろやま》古墳、大阪府藤井寺市津堂）に「該当御方」、つまり被葬者として允恭天皇をあてている（資料19「昭和二十四年十月『陵墓参考地一覧』（外池所蔵本）」ⓑ「藤井寺陵墓参考地」）。

ということは、允恭天皇が葬られている場所が、果たして現に宮内庁が決定している允恭天皇陵であるのか、それとも実は藤井寺陵墓参考地であるのか、宮内庁自身もわからないと考えているということである。この例については、本章3「陵墓参考地の断面」で再び触れることにする。

また例をもうひとつだけあげれば、雄略《ゆうりやく》天皇陵は宮内庁によって大阪府羽曳野《はびきの》市島泉《しまいずみ》八丁目に決定されている（高鷲丸山《たかわしまるやま》古墳・平塚《ひらつか》古墳）。それにもかかわらず『陵墓参考地一覧』は、大塚陵墓参考地（大阪）（河内大塚山古墳、大阪府松原市西大塚一丁目・羽曳野市南恵《みなみえ》我《が》之荘《のしょう》七丁目）に「該当御方」、つまり被葬者として雄略天皇をあてている（資料19「昭和二十四年十月『陵墓参考地一覧』（外池所蔵本）」ⓒ「大塚陵墓参考地（大阪）」）。

ということは、雄略天皇が葬られている場所が、果たして現に宮内庁が決定している雄略

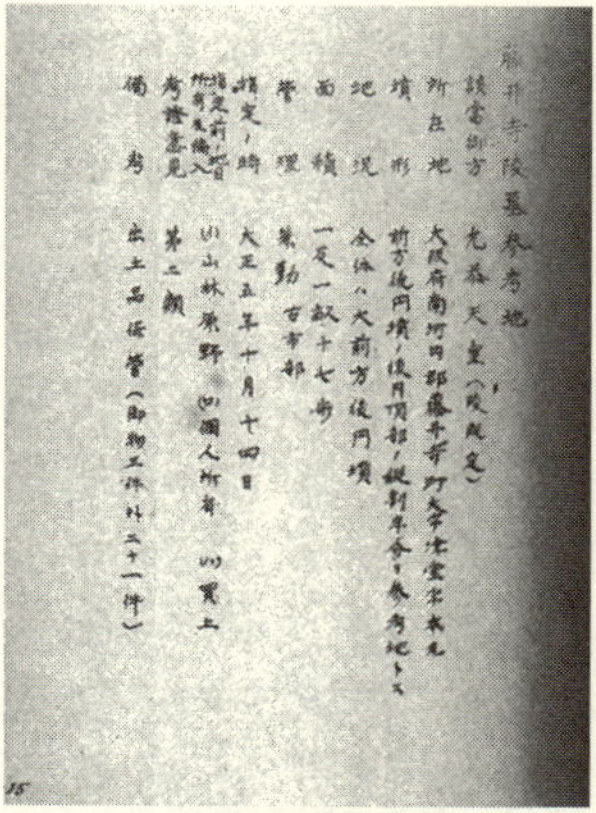

藤井寺陵墓参考地

該当御方　允恭天皇（陵既定）

所在地　大阪府南河内郡藤井寺町大字[illegible]

墳形　前方後円墳ノ後円頂部ノ縦割半分ヲ参考地トス

地況　全体ハ大前方後円墳

面積　一反一畝十七歩

管理　兼勤　古市部

指定ノ時　大正五年十月十四日

指定前ノ所有及編入　(ロ)山林原野　(ハ)個人所有　(ニ)買上

考證意見　第二類

備考　出土品保管（御物工作外二十一件）

資料19　ⓑ藤井寺陵墓参考地

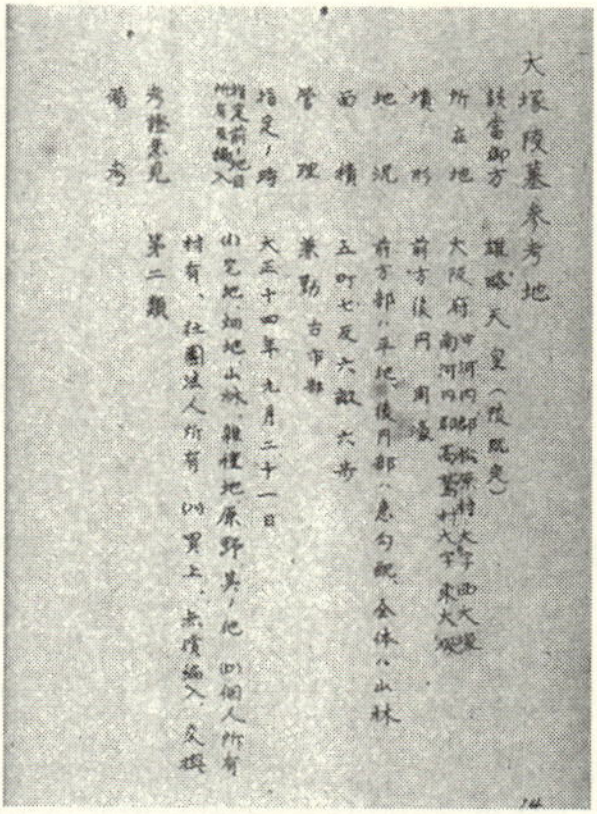

大塚陵墓参考地

該当御方　雄略天皇（陵既定）

所在地　大阪府中河内郡松原村大字西大塚　南河内郡高鷲村大字東大塚

墳形　前方後円　周濠

地況　前方部ハ平地後円部ハ急勾配、全体ハ山林

面積　五町七反六畝六歩

管理　兼勤　古市部

指定ノ時　大正十四年九月二十一日

指定前ノ所有及編入　(イ)宅地畑地山林雑種地原野墓ノ地　(ロ)個人所有村有、社團法人所有　(ハ)買上、未償編入、交換

考證意見　第二類

備考

資料19　ⓒ大塚陵墓参考地（大阪）

天皇陵であるのか、それとも実は大塚陵墓参考地であるのか、宮内庁自身もわからないと考えているということである。この例については、第六章「聖域か文化財か」1「陵墓と文化財」で再び触れることにする。

ここで、どちらのほうが学問的に正しいかということを検討しようというのではない。このようなあからさまな外と内との使い分けを如実に示す内部文書があるということに驚いているのである。さらにいえば、そのような内部文書をきちんと公開したことに驚きもし、敬意も表しているのである。

そして、それぞれの陵墓参考地にあてられた「該当御方」、つまり被葬者の信憑性の度合いについても、『陵墓参考地一覧』は記す。第一類・第二類・第三類と分け、第一類は「陵墓の疑《うたがい》濃きもの」、第二類は「第一類に次ぐもの（甲）及び陵墓の疑《うたがい》を否定し難《がた》きもの」、第三類は「陵墓の関係を認むることの適当ならざるもの」（以上原文はカタカナ交じり文）とする。右にみた藤井寺陵墓参考地と大塚陵墓参考地（大阪）はともに第二類、つまり「陵墓の疑を否定し難きもの」である。「否定」できないものという以上、どちらが真の允恭天皇陵・雄略天皇陵であるか、宮内庁自身が最終的な結論を下していないということにほかならない。何度もいうが驚くべきことである。

『事典陵墓参考地』

このような視点によって、私は陵墓参考地の研究を進めた。いずれはその成果を世に問いたい。幸いにも恩師佐伯有清先生のご紹介を得て、吉川弘文館が困難な出版事情のなか書籍としての出版をご承知下さった。その佐伯先生は、闘病も空しく平成十七年（二〇〇五）七月十九日に八十歳で亡くなられた。ご冥福を心からお祈りする。

そして出版されたのが、『事典陵墓参考地―もうひとつの天皇陵―』である。この本が世に出た経緯は以上述べたとおりである。佐伯先生から受けた学恩に万分の一でもお返しすることができたのかどうかははなはだ心もとないが、先生のご生前に『事典陵墓参考地』をお手許にお届けすることがかなったのは、自分としてはとてもうれしかった。

ただ出版が成ってから実は後悔が残った。それは、今となればまだまだ書き足したいことが多くあるということである。それは、私の調査不足ということもあるし、『事典陵墓参考地』が出版されて以降、新たな研究がなされ、また新たな史料が発掘されたということもある。

マスコミの取材

この間、陵墓参考地をめぐる私の研究、また『事典陵墓参考地』やその周辺の事柄がマスコミに取り上げられる機会があった。次のとおりである。

・平成十七年（二〇〇五）五月八日付『読売新聞』
・五月九日付『朝日新聞』・『デイリー・ヨミウリ』
・五月十二日付『読売新聞』
・五月十七日付『ザ・タイムス』（ロンドン発行）
・六月四日付『ジャパンタイムズ』
・六月二十四日付『読売新聞』
・七月十三日付（夕刊）『読売新聞』
・七月二十八日放映　読売テレビ「ニューススクランブル」（関西地区）
・八月五日付『しんぶん赤旗』
・九月二十五日付『しんぶん赤旗』
・十二月二十八日付（夕刊）『読売新聞』
・平成十八年（二〇〇六）一月五日付『ヘラルド朝日』
・二月六日付『民主青年新聞』
・六月二十三日付『読売新聞』
・九月四日付『タイム』

これはすべて、平成十七年（二〇〇五）五月八日付（朝刊）『読売新聞』の記事が第一面トップの扱いで「10天皇陵 宮内庁も疑問符／陵墓指定 再検討していた」との見出しのもと、宮内庁が陵墓指定に自ら疑問をもっていたことを示す内部資料、つまり右にみた『陵墓参考地一覧』の内容についての私の研究に基づく記事を掲載し、それが各方面の注目を集めたことがきっかけである。

ここでこれらの記事の内容を詳しく紹介する余裕はないが、注目すべきは『デイリー・ヨミウリ』、『ザ・タイムス』、『ジャパンタイムズ』、『ヘラルド朝日』と『タイム』である。国内紙の取材が『読売新聞』『朝日新聞』『しんぶん赤旗』『民主青年新聞』であったのに対して、英字紙・誌が五社取材に来たのである。これは、陵墓の問題が、決して国内の問題に限って考えられていないことの何よりの証明である。日本の天皇陵はなぜ発掘調査が許されないのか。発掘したら何が出て来るのか。何か良くないものでも出てくるのか。公開して困る事情でもあるのか。あまり天皇陵について発言すると研究を妨害されることはないのか。そういった、素朴ではあるが本質的な疑問を、英字紙・誌五社の取材で問われた。各紙・誌とも扱いは大きく、内容も真摯《しんし》なものであった。

国内紙、英字紙・誌を問わず、何人もの記者から共通して質問されたことがある。それは、「陵墓はどのように管理されるべきと考えるか」ということである。このような極めて当然の質問に、私はきちんとした回答を用意していなかった。陵墓について研究しているといっても、研究者の仲間内で活動している限り、このような質問にはあまり出くわさないものである。仮にそのようなことが話題になったとしても、相手も同じ研究者である。その場で一緒に考えればよい。

しかし、記者の質問に対する回答ということにもなればそうはいかない。即答が要求される。しかもわかりやすく短いことばで。私の結論はこうである。「文化財として保存・公開を図《はか》るべきである。このことと、天皇による祭祀とは矛盾しない」。

「文化財として保存・公開を図るべき」というのは、「文化財保護法」のもとに陵墓を置くべきだ、ということである。「文化財保護法」の第一条には「この法律は、文化財を保存し、且《か》つ、その活用を図り、もつて国民の文化的向上に資《し》するとともに、世界文化の進歩に貢献することを目的とする」とある。陵墓であり、しかも文化財としての価値も高いものは、当然「文化財保護法」の規定に則った保存・活用（公開）の措置が講ぜられるべきである。それと、天皇による祭祀とは別の話である。

もし右に述べたとおりになれば、陵墓として管理されている多くの古墳等は、文化庁、あるいは文化庁が指定する管理団体によって文化財として管理されることになるであろう。私はそのような管理の方が「国民の文化的向上」のためにも、「世界文化の進歩に貢献」するためにも、はるかに良いと考えたのである。それとは別の次元で天皇による祭祀があるのなら、それはそれでよいのではないか。

しかし私たちは、文化庁がどのように古墳を扱ってきたかを良く示す例を知っている。高松塚古墳（国特別史跡。奈良県高市郡明日香村）の例である。杜撰《ずさん》としか言いようのない管理の果てに、ついに壁画（国宝）はカビで覆われ、古墳は解体されてしまうのである。良好な状態の壁画を見ることができた人がいったい何人いたというのか。もちろん、古墳の石室内の壁画の保存・公開にはとてつもない困難が山積することであろう。しかし、古墳の、そして壁画の保存と公開のために文化庁は最善を尽くしたのか。その上での古墳の解体なのか。大いに疑問とせざるを得ない。壁画は損なわれ、古墳は壊されてしまう。最悪というほかはない結果である。これは、古墳・壁画の保存・公開の技術論以前の問題である。まずはしっかりと責任の所在を明らかにし、謝罪すべきは謝罪し、処分すべきは処分されなければならない。次の課題に取り組むのはそれからである。

したがって、「陵墓はどのように管理されるべきと考えるか」との質問に、私がどのように回答するかは、現在考え中ということになってしまった。「文化財保護法」に示された理念が文化庁によって実現されないというのであれば、「文化財として保存・公開を図るべき」という私の主張も戯言《たわごと》に過ぎない。陵墓はどのようにあるべきか。悩みは尽きない。

陵墓参考地の祭祀

さて次に、この陵墓参考地にどのような祭祀がなされているかについてみることにしたい。しかしそもそも陵墓参考地というのは、内実はともかく少なくとも宮内庁による表向きの説明では、誰が葬られているかわからないとされている。右にみたとおりである。そのような陵墓参考地が、果たして祭祀の対象となるのであろうか。普通に考えれば、誰が葬られているかわからないとされる以上、天皇による祭祀などあり得べくもないように思われる。

読売新聞東京本社文化部記者片岡正人氏は、平成十六年（二〇〇四）三月一日「陵墓参考地一覧」（これまでみてきた『陵墓参考地一覧』とは別のもの）を「情報公開法」に基づいて宮内庁に開示請求し、『東アジアの古代文化』第一二四号（二〇〇五年・夏、大和書房）

に収められた同著「古代史情報」にその全文を掲載した。そこには「陵墓参考地における祭祀・参拝」についても記されており、これによって陵墓参考地における天皇による祭祀の実態に迫ることができる。

そこではまず、「被葬者が皇室関係者と考えられるので、原則として春秋いずれかの皇霊祭の日に皇室から神饌《しんせん》（引用註、神に供える酒食）が供進《きょうしん》されている」とする。その上で、被葬者が特定されていないので式年祭はないこと、天皇・皇族の参拝があること、地元民による祭祀がある場合があること、について述べる。

式年祭はないにしても、春季皇霊祭（春分日）もしくは秋季皇霊祭（秋分日）のいずれかには神饌《しんせん》の供進《きょうしん》があり、しかも天皇・皇族の参拝があるというのは、まさに陵墓参考地が天皇による祭祀の対象であることにほかならない。そして地元民による祭祀については、男狭《おさ》穂塚《ほづか》・女狭穂塚《めさほづか》陵墓参考地（宮崎県西都市、昭和二十四年十月『陵墓参考地一覧』によって想定されている「該当御方」、つまり被葬者は瓊瓊杵尊《ににぎのみこと》・木花咲耶姫《このはなさくやひめ》）では三宅神社〜広場での「古墳祭」として毎年十一月初旬に、宇倍野《うべの》陵墓参考地（鳥取県岩美郡国府《こくふ》町〔現鳥取市国府町〕、同じく安徳天皇）では石堂前と長通寺での「御陵祭」として毎年九月中旬の日曜日（元は、安徳帝の御命日という九月十三日）に、西市《にしいち》陵墓参考地（山口県豊浦郡豊田町〔現下関市豊田町〕、同じく安徳天皇）では毎年四月二十四日に、鵜戸《うど》陵墓参考地（宮崎県日南市鵜戸神宮内、同じく鸕鷀草葺不合尊《うがやふきあえずのみこと》）では毎年二月二日に、それぞれ祭祀が行なわれていることを記す。

それでは、この陵墓参考地の祭祀はどのような歴史的な背景、また法的根拠によるものなのであろうか。まず法的根拠ということでいえば、明治四十一年（一九〇八）九月十八日「皇室祭祀令」には全く規定がない。そして歴史的な背景については、本章で以下何か所かの陵墓参考地を取り上げて個別に論じるなかで自ずと明らかになってくると思われる。

＊

図らずも、昭和二十四年十月『陵墓参考地一覧』の発見から、マスコミの取材、また高松塚古墳の保存問題まで話題が拡散してしまった。しかし陵墓を考えるのに、それだけを考えていたのでは見えてこないものがあるのも確かである。今後の私の研究でも、幅広い視点を忘れないように心がけたいと思う。研究は、そして学問は、決して一部の研究者だけのためのものではない。陵墓の問題を追究してつくづく思うことはそのことである。

2　安徳天皇陵と陵墓参考地

陵墓参考地全体を見渡すと、安徳《あんとく》天皇を被葬者に想定したものが多いことに気付く。よく知られているように、安徳天皇は元暦二年（一一八五）三月二十四日に壇《だん》ノ浦《うら》の海中に没した。その安徳天皇の陵があるというのである。

陵墓参考地とは

安徳天皇陵について述べる前に、まず、宮内庁が陵墓参考地をどのように位置付けているかを国会の議事録から検証することにしたい。平成十六年（二〇〇四）三月二十四日の参議院内閣委員会に政府参考人として出席した田林均宮内庁書陵部長は、吉川春子氏（日本共産党）の「国民共有の文化財である古代史研究のために、古墳への立入り研究を認めるべきではないかというふうに思いますが、宮内庁、いかがですか」との質問に次のように答えている。

陵墓及び陵墓参考地でありますが、これは現に皇室において祭祀が継続して行われているところでありまして、皇室と国民の追慕尊崇の対象となっております。静安と尊厳の保持が最も重要なことであり、したがって部外者に陵墓を発掘させたり立ち入らせたりすることは厳に慎むべきことと考えております。

また一方、陵墓には文化遺産としての価値が認められるものもあります。学術研究上の要請にこたえるため、陵墓や陵墓参考地の本義に支障を及ぼさない限りにおいて、保全工事に伴う調査の際の見学でありますとか出土品の公開、あるいは調査結果の公表などに努めているところでございます。（傍点引用者）

資料20　安徳天皇御尊影（赤間神宮所蔵）

これをみる限り宮内庁にとって陵墓と陵墓参考地とは同じである。ではどこが違うのか。

この点に関して、吉川氏の「その参考地というのはどなたのお墓なんでしょうか」との質問に、田林氏は次のように答えている。

陵墓参考地と申しますのは、そこに被葬者の具体的な特定はできておりませんけれども、文献や伝承あるいは墳塋《ふんえい》の規模や出土品の内容から考えまして皇室関係者の墳墓の可能性があるということで、将来の陵墓の考証と治定に備え、土地を取得して宮内庁で管理している場所でございます。（傍点引用者）

ここに宮内庁の説明する陵墓参考地のあり方が明確である。「被葬者の具体的な特定はできておりません」というとおりである。しかしこのような答弁にもかかわらず、宮内庁が内部史料ではすべての陵墓参考地に被葬者をあてていたのは、本章1「昭和二十四年十月『陵墓参考地一覧』の発見」でみたとおりである。ここに、陵墓参考地についての宮内庁の矛盾がこのうえなく明らかである。矛盾に包まれた陵墓参考地はどのような背景のもとに成立したのであろうか。また、どのような経緯をたどって今日に至ったのであろうか。この謎を解くための重要なキーワードが安徳天皇陵である。

安徳天皇陵と御陵墓見込地

陵墓参考地の原型は、明治十五年（一八八二）八月に定められた御陵墓見込地に求められる。この御陵墓見込地には、翌明治十六年（一八八三）四月五日に山口県豊浦《とよら》郡地吉《じよし》村（現下関市豊田町。今日の西市《にしいち》陵墓参考地）・高知県高岡郡越知《おち》村（今日の越知《おち》陵墓参考地）・長崎県下県郡久根《くね》田舎《いなか》村（現対馬市厳原《いづはら》町。今日の佐須《さす》陵墓参考地）があてられたが、これらはいずれも安徳天皇陵を見込んだものである。つまりこれらは、御陵墓見込地というよりは安徳天皇陵見込地といったほうが実は正確である。

安徳天皇はよく知られているように悲劇の天皇である。源平の争乱のさなか、寿永二年（一一八三）七月に木曾《きそ》義仲《よしなか》が京都に迫ると、同月二十五日に平宗盛《たいらのむねもり》に擁されて三種の神器《じんぎ》とともに西海に逃れ、大宰府《だざいふ》に入ったのち讃岐《さぬき》国屋島《やしま》（香川県高松市）で行宮《あんぐう》（天皇の仮の御殿）を営んだものの、文治元年（一一八五）二月十九日に源義経《みなもとのよしつね》に襲われ、三月二十四日に長門《ながと》国赤間関壇《あかまがせきだん》ノ浦《うら》で平氏一党や三種の神器とともにわずか八歳にして海に没した。歴史に翻弄《ほんろう》された生涯としか言いようがない。

では、安徳天皇の陵はどこに求めればよいのであろうか。海中で没したのであるから亡骸《なきがら》は求めようもない。となれば、陵などあり得よう筈もないではないか。ところが、安徳天皇には潜幸《せんこう》説、つまり海に没して亡くなったのは実は替え玉で、安徳天皇自身はどこかへと逃れてその後も生きながらえたという説が根強く残った。

その潜幸《せんこう》説について、全国平家会編『平家伝承地総覧』（二〇〇五年、全国平家会発行、新人物往来社製作）からみることにしたい。この全国平家会というのは、後に述べる安徳天皇陵が存する赤間《あかま》神宮（山口県下関市）に事務局を置く、平家とその伝承に関わりのある人びとによる会である。この『平家伝承地総覧』は、「帝（引用註、安徳天皇）崩御八百二十

写真19　安徳天皇陵（山口県下関市）

年にあたり、御霊《みたま》を安んずるべく、記念事業として」（全国平家会会長伴玉枝「発刊にあたりて」）刊行されたという。主な潜幸《せんこう》説は次のとおりである。

・横倉山潜幸説（高知県高岡郡越知町横倉山）
・山陰—八頭《やず》町—潜幸説（鳥取県八頭郡八頭町）
・対馬《つしま》潜幸説（長崎県対馬市厳原町久根田舎）
・宇土《うと》潜幸説（熊本県宇土市立岡《たちおか》町花園）
・久留米《くるめ》潜幸説（福岡県久留米市）
・祖谷《いや》潜幸説（徳島県三好郡西祖谷山《にしいややま》村・東祖谷山《ひがしいややま》村（現三好市））
・伊予潜幸説（愛媛県八幡浜市保内町平家谷）
・山陰—三朝《みささ》町—潜幸説（鳥取県東伯郡三朝町中津）
・宇佐《うさ》潜幸説（大分県宇佐市）
・硫黄《いおう》島潜幸説（鹿児島県硫黄島とその周辺）
・能勢《のせ》潜幸説（大阪府豊能郡能勢町宿野《しゅくの》）

また『平家伝承地総覧』は「安徳天皇伝承地一覧」を載せる。これによると安徳天皇伝承地は青森県・東京都・石川県・大阪府・鳥取県・山口県・徳島県・香川県・愛媛県・高知県・福岡県・佐賀県・長崎県・熊本県・大分県・鹿児島県に計四十六か所ある。そのうち、陵墓の伝承をもつものが、安徳天皇陵・陵墓参考地を含めて計十八か所あるという。これらの潜幸説・伝承地がいつ頃どのような事情で成立したのか。果たして史実なのか。ここでこの問題に取り組むことはできないが、安徳天皇陵が決定されるとして、当面するであろう困難さは想像もつかないものがある。

御陵墓見込地はこのような背景のもとに成立したのである。

御陵墓伝説地・御陵墓伝説参考地

右にみた三か所の安徳天皇陵見込地は、明治十八年（一八八五）九月十八日に御陵墓伝説地と名称が改められた。そして、明治二十一年（一八八八）には御陵墓伝説地は御陵墓伝説参考地とされ、同年十二月二十六日には今日の花園陵墓参考地に当たる地が御陵墓伝説参考地として加えられた。これも右の三か所と同様、安徳天皇陵であることを見込んだものである。

赤間宮の安徳天皇陵

その後安徳天皇陵をめぐって大きな動向があった。明治二十二年（一八八九）七月二十五日に山口県の赤間《あかま》宮境内御影堂旧地が安徳天皇陵と決定され、同境内の平家塚が安徳天皇陵付属地とされたのである。これは、歴代天皇陵に不明のものがあっては列国に対して信を失う、という伊藤博文の認識によって、明治二十二年六月から七月にかけて当時の不明陵のすべてが決定されたことに伴なうものである。第二章「天皇陵決定法」２「決定陵と未定陵」でみたとおりである。

赤間宮はもと阿弥陀寺《あみだ》であった。その「縁起」によると、安徳天皇の遺骸を得てこの地に廟を建て木彫の像を奉安してこれを祀ったという。明治維新の後に神仏分離によって阿弥陀寺を廃して安徳天皇社と称し、明治八年（一八七五）十月七日に赤間宮と改め、さらに昭和十五年（一九四〇）八月一日に赤間神宮と改称された。

かくて安徳天皇陵が決定された以上、少なくとも陵に関する問題はすべて解決したかにみえる。しかしそれが違うのである。正式の安徳天皇陵が決定されたのであれば、安徳天皇陵を見込んだ御陵墓伝説地・御陵墓伝説参考地など存在理由がない。廃止されて当然である。それがそうならなかったどころか、なんと、安徳天皇陵を見込んだ御陵墓参考地はその後も指定されたのである。

写真20　赤間神宮（山口県下関市）

岡益の石堂

明治二十八年（一八九五）十二月四日には、岡益《おかます》の石堂（「いしどう」、もしくは「いしんどう」）と称される今日の宇倍野《うべの》陵墓参考地に当たる地（鳥取県岩美郡御陵村大字岡益（現鳥取市国府町））が御陵墓参考地として指定された。安徳天皇陵を見込んでのことである。

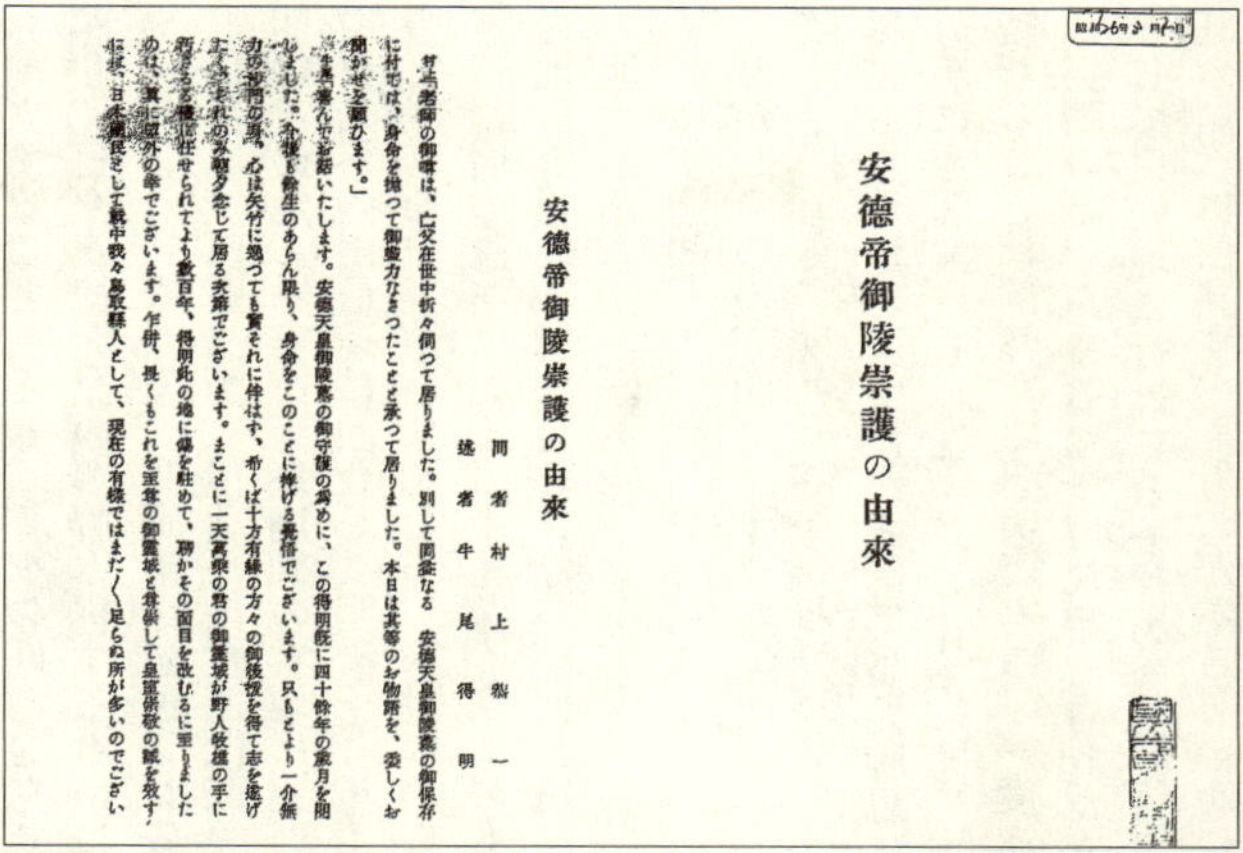
安徳帝御陵崇護の由來

安徳帝御陵崇護の由來

問者　村上恭一
述者　牛尾得明

村上「老師の御噂は、亡父在世中折々伺つて居りました。別して岡益なる　安徳天皇御陵墓の御保存に付ては、身命を擲つて御盡力なさつたことと承つて居りました。本日は其等のお物語を、委しくお聞かせを願ひます。」

牛尾「喜んでお話いたします。安徳天皇御陵墓の御守護の爲めに、この得明既に四十餘年の歳月を閲しました。今後も餘生のあらん限り、身命をこのことに捧げる覺悟でございます。只もとより一介無力の沙門の身、心は矢竹に逸つても實それに伴はず、希くは十方有縁の方々の御後援を得て志を遂げたく、それのみ朝夕念じて居る次第でございます。まことに一天萬乘の君の御靈域が野人牧樵の手に委せらるる儘に任せられてより數百年、得明此の地に錫を駐めて、聊かその面目を改むるに至りましたのは、眞に望外の幸でございます。乍併、畏くもこれを至尊の御靈域と拜崇して皇室崇敬の誠を效すには、日本國民として就中我々鳥取縣人として、現在の有様ではまだ〳〵足らぬ所が多いのでござい

資料21　『安徳帝御陵崇護の由来』（昭和３年９月）（国立国会図書館憲政資料室牧野伸顕関係文書）

なお同年には、御陵墓伝説参考地の称は御陵墓参考地と改められている。

なぜ岡益の石堂《いしんどう》は、赤間宮に安徳天皇陵が決定された後になってすらなお御陵墓参考地とされたのか。ここにその経緯を事細かに記す小冊子がある。『安徳帝御陵崇護の由来』である。私はこれを、国立国会図書館憲政資料室牧野《まきの》伸顕《のぶあき》関係文書の中から見つけた。昭和三年（一九二八）九月の発行で「問者村上恭一」と「述者牛尾得明《とくみょう》」との問答形式である。以下、この『安徳帝御陵崇護の由来』によって岡益《おかます》の石堂が御陵墓参考地に指定された経緯をみることにしたい。

牛尾得明は明治十五年（一八八二）三月二十日に長通寺《ちょうつう》（鳥取県岩美郡岡益村）住職となった。時に得明は二十一歳であった。長通寺は、岡益の石堂に接する曹洞宗の寺院で安徳天皇を開基《かいき》（寺院

を創立すること）とし、朝夕の回向《えこう》を怠らず勤めていた。得明は長通寺に伝わる古文書を検討し、日夕安徳天皇の尊牌と称するものに接するに従って長通寺と安徳天皇の深い由緒を認識するようになった。長通寺の近くには安徳天皇陵と伝える石堂があり、長通寺山内には、二位禅尼、西蓮法師、伊賀平内左衛門家長、越中治郎兵衛盛次の霊牌も安置されている。得明はこの地こそ安徳天皇崩御の霊地に違いないとの信念を得、明治十六年（一八八三）に鳥取県知事山田信道に面会し、明治十九年（一八八六）四月には宮内省諸陵主事六村中彦が出張し詳密な調査がなされたが、六村は帰京の際、得明に「まことにこの石堂は御高見（引用註、得明の説）の如く、由緒深く高貴のものと思はれる。安徳天皇の御陵は、今日未だ何れの地にも正式の御決定を見ないが何れ遠からず確たる考証の上決定せらるることと思ふ。この地にかかる御遺跡の存する以上は、帝陵御決定の前に必ずその経緯を貴僧（引用註、得明）に御通知して、御高見を伺ふことに取計らひませう」と述べた。

　しかしその後、明治二十二年（一八八九）七月二十九日付『官報』に、赤間宮の安徳天皇陵が今般上奏、裁可を得たことが公示された。これを知った時の感想を、得明は「積年の心尽しも水の泡となつたかと、切歯扼腕《せつしやくわん》思はず不覚の涙に暮れました。乍併《しかしながら》思ひかへせば、いかに赤間宮に勅定《ちよくじよう》せられたりとはいへ、事実は飽《あ》くまで事実である。我が岡益《おかます》の地が帝陵なることは儼然たる事実である。一度赤間関に勅定せられしとはいへ、こは只他に確乎《かつこ》たる実蹟の証せらるる迄一応決定せられたといふに過ぎぬ。而《しか》もその勅定《ちよくじよう》の由来たるや、主として只《ただ》同地に行はるる一片の土俗に過ぎずと聞く、然《しか》るに我が岡益《おかます》の地には、許多《あまた》の徴《ちよう》証《しよう》の明《あきらか》に依拠すべきものがある。いかにもして此の岡益《おかます》が帝陵《ていりよう》地たることを公に認めて戴かねばならぬ」と述べる。

なお、ここにみえる赤間宮を安徳天皇陵と決定づけたという「一片の土俗」、および安徳天皇陵決定の経緯とは、得明によれば、同地においては「毎年三月廿四日に限り、この日は全く平常に異つて、女人の地位が男子を凌《しの》ぎ、女人の思ふ儘《まま》に振舞《ふるま》ふことが出来るのでございます。この風習の起源は、寿永年間平氏没落幼帝崩御の時に　遡《さかのぼ》ると申すことであります。この事が天聴《てんちょう》に達しまして、さる奇習《きしゅう》が連綿《れんめん》として七百年後の今日まで続いて居るとは、正しく仔細《しさい》のあることであらう。他に真の　安徳天皇の御陵墓の発見せらるる迄、一応同所を以て御陵と決定せよとの御諚にて、ここにかの御勅定発布を見るに至つた」というものである。「土俗」「奇習」が天皇陵決定の事実上の根拠とは驚いた話だが、安徳天皇陵の場合、そんなところに根拠を求めざるを得なかったというのもあり得る話であろう。しかも、この得明の言に拠る限り、赤間宮の安徳天皇陵の決定も、「他に真の　安徳天皇の御陵墓の発見せらるる迄」の、いわば暫定的なものであった。

写真21　宇倍野陵墓参考地（岡益の石堂、鳥取県鳥取市国府町）

　さて得明は、早速九月二十八日に上京して宮内大臣伯爵土方久元に面会し陳情したものの、土方は「安徳天皇の御陵墓は、既に官報所載の如く、勅裁を奉じて赤間関に決定済となつた今日に於ては、最早《もはや》如何《いかん》とも致方がない」と答えるのみであった。その後得明は、諸陵頭川田剛、諸陵亮足立正聲《まさな》に面会したが、川田の答えは「かかる由緒深き御遺跡がありながら、帝陵決定に際して何等の意見も聞かなかつたのは遺憾である。貴僧の上京にして今三四ヶ月早かりせば、又採《と》るべき道もあつたであらうが、最早今日となつては致方がない」というもので、足立の答えは「折角《せっかく》のことなれども、最早決定済の今日、施《ほどこ》すに術《すべ》なし」というものであった。ただし足立は鳥取県の出身であり、互に不言のうちに将来を期した。

得明の運動はその後も続く。明治二十三年（一八九〇）六月二十日には、鳥取県内の有志一千三百二十六名による「御陵御取調ノ儀ニ付建白書」を主唱者として取りまとめて宮内大臣に提出した。しかしこれにも、何らの消息もなかった。そこで、明治二十四年（一八九一）正月に再び上京して再調査願を提出し、その結果諸陵亮藤田健・諸陵寮主事六村中彦ほかが来県し、前後二日宿泊し各地を視察した。総じてこのような種類の調査は、滞在中は民心に迎合しようとおざなりの好言を振り撒《ま》くものなので、復命書作成の態度を見届けようと、得明も一行に一日遅れて上京した。しかし藤田氏の母の逝去により同氏は郷里水戸市に帰省したので、得明も長通寺にもどった。

同年八月十七日に県庁を通じて知らされた宮内大臣土方久元からの指令の内容は「詮議《せんぎ》ニ及《およ》ビ難《がた》シ」というもので、到底得明の納得するものではなかった。しかも同時に県知事西村亮吉に宛てられた書状には、「確たる徴証はこれ無く候得共高貴の墳には相違有るまじく、付ては将来湮没《いんぼつ》破壊に属し候も遺憾の次第に付、地方に於て保存方御取計相成度希望致候、因《よっ》て此段申入候也」（原史料はカタカナ交じり文。以下同）とあり、さらに得明についても「御墳墓保存方の儀牛尾得明等より請願書差出相成候処、右は篤志の至り殊勝の事に存じ候へ共、何分請願の通運び兼ね別紙の通指令致し候間、この余の奔走は冗費を嵩むべく愍然《びんぜん》（引用註、ふびんに思うこと）の次第に付き、此の辺御差含みの上本人へ可然《しかるべく》御諭達《ゆたつ》（引用註、よく諭《さと》すこと）相成度此段申添候」と、依頼があったという。そこで得明らは県庁に呼ばれて西村県知事と宮内大臣の希望する御陵墓保存の方法について協議し「御陵墓保存会」を設立したが、これは失敗した。

　得明は翌明治二十五年（一八九二）に定久藤蔵とともに上京した。そこで得明は思い切った挙に出る。すなわち、長通寺に奉安している安徳天皇御尊牌と「長通寺由来記」の鑑定を諸陵寮に乞い、五百年以前の調製にかかるものとの鑑定を得、さらに宮内大臣になんと「発掘願」を提出し、真偽の決着をつけようとしたのである。得明曰く「さほどまでにこの御陵墓に対して疑《うたがい》を挿《はさ》まるるならば、寧《むし》ろこれを発掘して真相を正すに如《し》かず」と。ところが宮内省の回答は発掘の不許可であった。「あたら霊跡を破壊するに忍《しの》びず」。

　明治二十八年（一八九五）にも得明は上京して宮内省諸陵寮に出頭し、宮内大臣土方久元に同年三月十日付で「御陵墓御保存之儀再上申」を提出した。上京中の新任の鳥取県知事野村政明は、得明の運動に共鳴して金銭的な支援もした。さらに野村は、広島大本営に召集された折には土方宮内大臣に面会し、諸陵寮にも出頭して諸陵頭川田博士に「同地を発掘して事の真偽を確めては如何《いか》に」と訴えた。天皇が東京に還幸した後、土方宮内大臣は諸陵寮に命じて得明提出の書類を進達させ、研究のうえ宮内大臣の決裁を経て「御陵（ママ）参考地」とされることになった。先に述べたとおり明治二十八年（一八九五）十二月四日のことである。地元で安徳天皇の命日とされる八月十三日には崇陵会により盛大な式典が催された。また、明治四十年（一九〇七）五月に皇太子（後の大正天皇）が山陰を訪れた際には代拝《だいはい》の差遣（天皇の使いが差し遣わされること）があった。

これが、牛尾得明が述べる今日の宇倍野陵墓参考地が指定されるに至った経緯である。得明は、石堂が御陵墓参考地に指定されることなど望んでいなかった。石堂は安徳天皇陵とされなくてはならない、というのが得明の一身を賭《と》した主張である。

「被葬者の具体的な特定はできておりません」などとんでもない。安徳天皇陵であることを念頭に置かずに、岡益《おかます》の石堂はもちろん、右にみた他の御陵墓伝説地・御陵墓参考地はあり得ない。

＊

ここで今日宮内庁が管理する安徳天皇陵ならびに安徳天皇を被葬者に想定する陵墓参考地を、まとめれば、次のとおりである。

・西市《にしいち》陵墓参考地（山口県豊浦郡豊田町大字地吉）明治十六年（一八八三）四月五日指定される

・越知《おち》陵墓参考地（高知県高岡郡越知町大字越知）明治十六年（一八八三）四月五日指定される

・佐須《さす》陵墓参考地（長崎県下県郡厳原町大字久根田舎）明治十六年（一八八三）四月五日指定される

・花園陵墓参考地（熊本県宇土市立岡町字晩免）明治二十一年（一八八八）十二月二十六日指定される（第六章「聖域か文化財か」１「陵墓と文化財」参照）
・安徳天皇陵（山口県下関市阿弥陀寺町《あみだいじ》）明治二十二年（一八八九）七月二十五日定められる
・宇倍野《うべの》陵墓参考地（鳥取県岩美郡国府町大字岡益）明治二十八年（一八九五）十二月四日指定される

（地名は平成五年版『陵墓要覧』による）

矛盾に満ちていることが一見して明瞭である。とはいうものの、学界でも、社会一般でも、安徳天皇陵をめぐる矛盾を捉えて宮内庁の陵墓管理を非難する向きはない。むしろ、安徳天皇をめぐる伝承と史実のはざまに思いをいたすばかり、といったところであろう。

私とても、矛盾のすべてをひとつも残らず解決しなければならないと考えているわけではない。むしろこの場合問題なのは、あたかも矛盾などはじめからいささかもないかのような陵墓参考地の管理であり、陵墓参考地についての説明である。書陵部長の国会における答弁は右にみたとおりであり、赤間神宮の安徳天皇陵はともかくとして、ここに挙げた五か所のいずれの陵墓参考地の掲示にも安徳天皇陵との関連を説明する文言はない。これでは、ここに陵墓参考地があることについてはどのような経緯があるのかが全くわからない。宮内庁は、陵墓について陵墓参考地を含めて国民の追慕・尊崇の対象であるとしているが、これでは追慕・尊崇の対象としようにもその手掛かりすらない。こんなことでよいのであろうかと、首をかしげるばかりである。

3　陵墓参考地の断面

ここでは、数ある陵墓参考地のなかから妻鳥《めんどり》陵墓参考地（愛媛県四国中央市）と藤井寺《ふじいでら》陵墓参考地（大阪府藤井寺市）を取り上げて、古墳が陵墓参考地に指定された経緯や被葬者についての認識、また、祭祀のあり方等についてみることにしたい。いずれも、指定前後の事情等についてさまざまな角度からの史料が残され、あるいは研究が進展している貴重な例である。

妻鳥《めんどり》陵墓参考地

妻鳥《めんどり》陵墓参考地は、明治二十八年（一八九五）十二月四日に御陵墓参考地として指定された。当時の地名は、愛媛県宇摩《うま》郡妻鳥《めんどり》村字春宮《とうぐう》山宝塚である。允恭《いんぎょう》天皇皇子木梨軽皇子《きなしのかるのみこ》墓であることを見込んだものである。春宮《とうぐう》山は東宮《とうぐう》山とも書き、その山頂に古墳がある。古墳の名称としては東宮《とうぐう》山古墳と記されることが多いので、以下、東宮《とうぐう》山古墳とすることにしたい。『日本書紀』によれば、木梨軽皇子《きなしのかるのみこ》は允恭《いんぎょう》天皇二十三年三月に立太子した後に、同母妹軽大《かるのおお》娘皇女《いらつめひめみこ》と密通するに至った。禁じられていた同母兄妹の近親相姦である。これが発覚して軽大娘皇女《かるのおおいらつめひめみこ》は伊予《いよ》（現愛媛県）に流罪となった。その後木梨軽皇子《きなしのかるのみこ》は謀反を起こして失敗し自殺したが、『日本書紀』が引く一説は、木梨軽皇子《きなしのかるのみこ》は罪せられてやはり伊予に流されたとする。ここに、東宮《とうぐう》山古墳を木梨軽皇子《きなしのかるのみこ》墓とする伝承が生ずる拠り所を求めることができる。

三木文雄著「妻鳥陵墓参考地東宮《とうぐう》山古墳の遺物と遺構について」(『書陵部紀要』第二十三号、昭和四十六年〔一九七一〕十一月、『書陵部紀要陵墓関係論文集』、昭和五十五年〔一九八〇〕、学生社に再録)は、後にみる妻鳥陵墓参考地(東宮山古墳)からの遺物の発掘について述べるなかで、「妻鳥村前谷喜《(ママ)》久郎より愛媛県知事小牧昌華宛の埋蔵物発見届及び埋蔵物発見理由御届、明治二十七年度埋蔵物録」を拠り所に明治二十七年(一八九四)三月二十日に「当地区(引用註、妻鳥《めんどり》町)民が偶然の機会に当該古墳石室内より(引用註、東宮山古墳からの遺物を)帯出した」(傍点引用者)とする。つまり、たまたま遺物を掘り出したことが御陵墓参考地としての指定に結びついたというのである。果たしてそうなのであろうか。

冨田尚夫著「四国中央市東宮山古墳の発見経緯と陵墓参考地治定について—県立図書館所蔵行政文書から—」(『愛媛県歴史文化博物館研究紀要』第十号、平成十七年〔二〇〇五〕三月)は、愛媛県立図書館所蔵行政資料等に基づいて、東宮山古墳の御陵墓参考地としての指定をめぐる経緯をこと細かに解明した画期的な論文である。以下冨田論文の議論や、そこで紹介された愛媛県立図書館所蔵行政資料に導かれつつ、この間の事情を詳細に探ることにしたい。

「木梨軽太子御陵」の発掘

冨田論文に引用された明治二十四年(一八九一)十二月「御陵墓取調の儀に付上申」(妻

鳥村村長前谷嘉久郎等→愛媛県知事勝間田稔）は、東宮《とうぐう》山古墳を「允恭《いんぎょう》天皇第一皇子木梨軽《きなしのかるの》太子《たいし》御陵」とした上で、「古昔より人々に伝り候のみにて、確固《かっこ》たる証蹟もこれ無く、且《かつ》維新以来数度取調たる事もこれ有り候得共、何分弐千有余年の事跡に属すれば、甚《はなは》だ推究《すいきゅう》（引用註、よく研究すること）に苦しむ」（原史料はカタカナ交じり文、一部わかりやすく改めた。以下同じ）と述べる。つまり、確かに東宮《とうぐう》山古墳には木梨軽皇子《きなしのかるのみこ》墓との伝承があり、明治以降何度か調査したものの、古いことなので研究が困難である、という。

そして「上申」は、これに続けて次のように述べる。

> 去る明治七年以来、その当時の戸長より時々上申致候書類、又は宮内省属官御派出取調の景況及び別紙参考書等の事実に依り、推考《すいこう》候件は、必ず真正の御陵墓ならんと恐察奉り候。就てはこの儘に相成候時は、皇室に対し不敬至りと存じ奉り、即、今般有志の者申合、今再度の御調査相成候様企図仕。尚、御漂着の旧跡なる春宮《とうぐう》石を掘明け試み候得ば、何か証跡の顕るることもこれ有る可き乎《や》と卑考仕り候

ここからは、すでにこの段階で宮内省による取り調べがあったこと、東宮山古墳を「允恭天皇第一皇子木梨軽太子御陵」としようとする地元の強い意向があったこと、「御漂着の旧跡」である「春宮《とうぐう》石」を掘ればこのことが証明できるであろうとする具体的な見通しが地元にあったことが明らかである。

さらに、明治二十七年（一八九四）三月二十二日「埋蔵物発見の義に付報告」（川之江警

察署長警部土居潔↓愛媛県警部長安立綱之）には、次のようにある。

明治二十七年三月二十日は春季皇霊祭に付処轄（引用註、所轄）妻鳥村前谷嘉久郎（目下同村長）・広田磯見・高橋政一於同村字春宮山東宮山神社に参詣し、社内散歩中同山絶頂の小丘は古来より宝塚と称し入らず同様なりしも、此の進歩に従ひ右信仰者は掃除せんと木葉を掃き除けしに、はからずも（「不図」）小き穴ある事を探り見るに深さ何程あるや斗《はか》り難《かた》く如何にも奇異の思ひを為し、試しに少しく其《その》脇を掘り見るに左右は石垣を以て畳々上げその巾六尺余奥行二間半位高さ六尺位の空虚にして天井は平石を並へ有し（傍点引用者）

つまり、同月二十日の春季皇霊祭にあたり村長前谷嘉久郎以下が東宮《とうぐう》山神社に参詣し散歩をしていたところ、東宮《とうぐう》山の頂上は宝塚といって誰も入らない場所であったが、そこの木の葉を掃くと図らずも（「不図（はからずも）」）小さな穴を発見し、そこを探ると「空虚」、すなわち石室に行き当たった、というのである。

この際発掘されたのは、「天冠ノ如キモノ」一個・「曲玉壺ノ如キ土焼取交」八個・「太刀ノ腐リタル如キモノ」六本・「玉」二個・「兜ノ如キモノ」二個・「金鐶」一個・「鏡」一面・「不判明ノ器物」四個、その他「不明ノ金札」数十個という。

ここにみえる春季皇霊祭というのは、すでに第四章「天皇による祭祀」2「式年祭とは」で触れたように、毎年春の彼岸に天皇による祭祀がなされる祭日である。そうしてみると、村長前谷嘉久郎以下が春季皇霊祭にあたって東宮《とうぐう》山古墳のある東宮《とうぐう》山神社に参詣したというのは、東宮《とうぐう》山古墳を木梨軽皇子《きなしのかるのみこ》墓として祭祀の対象とする考え方の延長として解することができる。そのうえで、石室が発見され遺物が発掘されたのである。とすれば、はからずも（「不図」）小さな穴を発見したとはいうけれども、この発掘には、東宮《とうぐう》山古墳を木梨軽皇子《きなしのかるのみこ》墓とするための根拠を求めようとする計画性を充分に認めることができる。

さてこの発掘は翌四月に宮内省に報告され、五月には宮内省諸陵寮の官員が出張し現地を調査した。そして七月には発見された遺物が宮内省諸陵寮に回送されたのである。

かくて翌明治二十八年（一八九五）十二月四日には東宮《とうぐう》山古墳は御陵墓参考地として指定された。当時は、御陵墓伝説地と御陵墓参考地の二通りの名称が用いられており、御陵墓伝説地の方が陵墓としての信憑性が高いものとされたから、この東宮《とうぐう》山古墳の御陵墓参考地としての指定は、東宮《とうぐう》山古墳が陵墓としての根拠が比較的薄弱であるとの意味が込められている。

そして御陵墓参考地との名称は、大正十五年（一九二六）十月二十一日「皇室陵墓令施行規則」にみえる文言（第十八条に「陵墓地・陵墓専用道路及陵墓参考地に付ては台帳を設け之《これ》に其《そ》の現況及異動を登録し図面を添附すべし」〔傍点引用者。原史料はカタカナ交じり文。濁点等を適宜補った〕とある）を根拠に陵墓参考地と改められ、同地は妻鳥《めんどり》陵墓参考地と称されるようになって今日に至っている。

この一連の経過は、東宮《とうぐう》山古墳を木梨軽皇子《きなしのかるのみこ》墓として認めさせようとする地元の動向と、それへの宮内省の対応との相克《そうこく》として解することができよう。結果は木梨軽皇子《きなしのかるのみこ》墓としての決定ではなく御陵墓参考地としての指定であった。しかし、木梨軽皇子《きなしのかるのみこ》墓としての東宮《とうぐう》山古墳への信仰は今日もなお根強いものがあり、木梨軽皇子《きなしのかるのみこ》の命日とされる九月八日には地元で祭が行なわれ、古市陵墓監区事務所からも所長ないし副所長の参拝があるという（阿久根治《あくねはる》子《こ》著『流刑の皇子』昭和六十一年、新潮社）。さてこうなると、陵墓と陵墓参考地との差はいったいどこにあるのか。両者の間の確たる線引きは、少なくともこの場合困難と言わざるを得ない。

藤井寺陵墓参考地

津堂城山《つどうしろやま》古墳は大正五年（一九一六）十月十四日に御陵墓参考地に指定された。右に述べたように御陵墓参考地というのは、陵墓としての信憑性が比較的低いものである。この津堂城山古墳の御陵墓参考地としての指定の経緯はどのようなものであったのであろうか。大道弘雄著「河内国小山村発見の大石棺」（『考古学雑誌』第二巻第九号、明治四十五年五月）からたどってゆくことにしたい。

その名称から察せられるように津堂城山古墳は古くは三好《みよし》氏の居城とされていたが、江戸時代に入って享保五年（一七二〇）に墳丘上に八幡宮が営まれた。しかしこの八幡宮は、神社合祀によって明治四十二年（一九〇九）一月に隣村の神社に合祀された。明治年間には墳丘上は花樹園として開発されたという。その後、かつて神社があったことを記念する石碑の建立のために必要な石材を得ようと津堂城山古墳を発掘したところ、明治四十五年（一九一二）三月二十六日に大石棺の一部が露出し、二十八日の午後六時には石棺の蓋の全部が掘り出され、続けて四月五日の午前には石棺の底石付近から下を掘り下げた、というのである。

写真22　津堂城山古墳出土の石棺（明治45年７月撮影）（『大阪府史蹟名勝天然紀念物調査報告』第５輯〔昭和９年〕）

すると、「誰も平面な一板石と計り思つて居た底石が船底の様になつた厚い湾曲した大石でしかも前後に舌状の大突起のある事が発見せられ、こゝに大石棺の全体を確知する事が出来る様になつた次第なのである」（大道論文）。この石棺は、凝灰岩《ぎょうかいがん》製の長持《ながもち》形石棺として著名である。

それにしても石材を得ようと「城山」を掘ったというのは、もとは城郭であったのであるから石材を得るには適当であると考えたものか、あるいは、古墳と知ってその石室から石材を切り出そうとしたものなのか。それとも、はじめから古墳の石室・石棺の発掘調査を目論《もくろ》んだものなのか。今となってはその動機を知る術はない。

この発掘は広く社会一般の注目を集め、当時の新聞でも大々的に取り上げられたという。多くの研究者が発掘の報に接して津堂城山古墳を訪れた。右に引いた大道弘雄氏のほかにも、坪井正五郎氏、また梅原末治氏が現地調査を行ない、それぞれ学会誌にその成果が報告された。なかでも坪井正五郎氏は、海外出張から帰国した六日後の四月三日夜には東京を発ち現地に向かったという慌《あわただ》しさであったという。

これが直接の契機となって、その後大正五年（一九一六）十月十四日に津堂城山古墳は御陵墓参考地として指定された。ただし、その墳丘全体が指定されたのではない。御陵墓参考地に指定されたのは後円部墳頂の一部、つまり石棺が発掘された場所を中心とした部分に限られた。そして大正十五年（一九二六）十月二十一日「皇室陵墓令施行規則」にみえる文言によって藤井寺陵墓参考地と名称が改められたのは、妻鳥《めんどり》陵墓参考地の場合と同じである。

しかし藤井寺陵墓参考地は、妻鳥《めんどり》陵墓参考地とは被葬者をめぐる動向については事情が異なる。すでに述べたように、妻鳥《めんどり》陵墓参考地つまり東宮《とうぐう》山古墳には被葬者を木梨軽皇子《きなしのかるのみこ》とする伝承があった。しかし藤井寺陵墓参考地つまり津堂城山古墳の場合は、むしろ御陵墓参考地としての指定がまずあって、それから被葬者をめぐる問題が取沙汰されたのである。

この点について梅原末治著「河内国小山城山古墳調査報告」（『人類学雑誌』第三十五巻第八・九・十号、大正九年八・九・十月）は「藤井寺村藤野氏」による津堂城山古墳を允恭《いんぎょう》天皇陵とする説に賛成し、その理由として、すでに決定されている允恭《いんぎょう》天皇陵（国府《こう》市野山古墳、大阪府藤井寺市）では、『延喜《えんぎ》式《しき》』「諸陵寮式」が示す允恭《いんぎょう》天皇陵の兆域《ちょういき》（陵墓の広さ）「東西三町。南北二町」に合致しないが、津堂城山古墳つまり藤井寺陵墓参考地であればこの条件にかなうこと、そして、『日本書紀』が「長野原陵《ながのはらりょう》」、『延喜《えんぎ》式《しき》』「諸陵寮式」が「恵我《えが》長野《ながの》北陵」とする地名にも合うことを挙げる。すなわち梅原論文が「其の墳（引用註、津堂城山古墳）は構造上来 屢《しばしば》記せる如《ごと》く、これを当代の帝陵に比するに適当なる性質を示せるものなるに於いて、これを延喜《えんぎ》式《しき》に見ゆる同帝陵（引用註、允恭《いんぎょう》天皇陵）に比定するの略《ほ》ぼ誤《あやま》りなきを思ふ」と述べるとおりである。しかし考えてもみればこれは、宮内省が管理する允恭《いんぎょう》天皇陵に対するあからさまな否定論にほかならない。

たい。

戦後期における陵墓参考地

次には、妻鳥《めんどり》陵墓参考地と藤井寺陵墓参考地をめぐる戦後期の動向についてみることにしたい。

本章でみた昭和二十四年十月『陵墓参考地一覧』では、妻鳥《めんどり》陵墓参考地・藤井寺陵墓参考地はともに第二類、つまり「陵墓の疑《うたがい》を否定し難《がた》きもの」（原史料はカタカナ交じり文）に分類された。第二類であるから、陵墓参考地のなかでは陵墓としての信憑性《しんぴょう》は高いものとされたのである。そして「該当御方」、つまり被葬者としては、妻鳥《めんどり》陵墓参考地には「允恭《いんぎょう》天皇皇子木梨軽皇子《きなしのかるのみこ》」、藤井寺陵墓参考地には「允恭《いんぎょう》天皇」が想定された。

さらに注目するべきことは、昭和三十三年（一九五八）一月二十一日に、藤井寺陵墓参考地として指定された部分を含む津堂城山古墳の全域が城山古墳として国史跡に指定されたことである。この際に陵墓参考地としての指定を解除されたわけではないから、これ以降津堂城山古墳は、国史跡と陵墓参考地との二重指定ということになる。このことについては、第六章「聖域か文化財か」1「陵墓と文化財」で詳しく述べることにしたい。

また、昭和三十三年（一九五八）三月「陵墓参考地一覧」（前掲昭和二十四年十月『陵墓参考地一覧』と同綴）も、妻鳥《めんどり》陵墓参考地・藤井寺陵墓参考地とも昭和二十四年十月『陵墓参考地一覧』と同じく第二類に分類し、妻鳥《めんどり》陵墓参考地については「隣地には皇子（引用註、木梨軽皇子《きなしのかるのみこ》）を祀る東宮《とうぐう》神社があり、この附近一帯に皇子に関する伝説がある。当所は内部を伺うことが出来るが嘗《かつ》て金冠等を出土し貴人の墓と思われるので、内部も実測調査の要がある」と、また藤井寺陵墓参考地については「当所は嘗《かっ》て大石棺が発見された時取あえずその箇所のみを指定したものであるから全域についての実測調査を要する」とする。古墳の「内部」（妻鳥《めんどり》陵墓参考地）、また陵墓参考地に指定された部分のみならず古墳の「全域」（藤井寺陵墓参考地）の実測調査を現実的な射程範囲に捉えた大変突っ込んだ記述である。

そして昭和三十四年（一九五九）三月には、妻鳥《めんどり》陵墓参考地（東宮《とうぐう》山古墳）にあった石室の開孔部分の閉鎖修理に際して三木文雄氏が宮内庁書陵部に現状調査を委嘱され、古墳調査が行なわれた。その結果は『書陵部紀要』に掲載され（前掲三木論文）、出土遺物や同古墳の外形と石室についての考察とともに、石室入口および側壁（写真23「妻鳥陵墓参考地（東宮山古墳）の石室入口および側壁（石室内部より）」）や石室後壁の写真も掲載された。ここにみえるのは、現実に宮内庁によって陵墓参考地として管理されている古墳の石室の内部である。驚くべきことである。

ここで再び、藤井寺陵墓参考地の被葬者をめぐる動向について指摘しておくことにしたい。被葬者として允恭《いんぎょう》天皇が想定されていたことはすでに述べたが、新たに仲哀《ちゅうあい》天皇陵説が浮上してきたのである。つまり、古墳研究の進歩にしたがって津堂城山古墳の築造時期が四世紀末期である可能性が高まり、津堂城山古墳は河内にはじめて陵を営んだ仲哀天皇陵であろうというものである（藤井利章著「津堂城山古墳の研究」〔『藤井寺市史紀要』第三集、昭和五十七年三月〕、『藤井寺市史』第一巻通史編一〔平成九年〕、『藤井寺市史』第三巻史料編一〔昭和六十一年〕）。

これを反映してか、今日の書陵部の藤井寺陵墓参考地についての捉え方は「仲哀天皇陵、

写真23　妻鳥陵墓参考地（東宮山古墳）の石室入口および側壁（石室内部より）（『書陵部紀要所収陵墓関係論文集』）

允恭天皇陵両説」である（片岡正人著「古代史情報」（『東アジアの古代文化』二〇〇五年・夏、一二四号）所引平成十六年（二〇〇四）三月一日「陵墓参考地一覧」。本章1「昭和二十四年十月『陵墓参考地一覧』の発見」ですでに紹介）。しかし、一か所の陵墓参考地の被葬者に二つの説をともに認めるというのはどういうことなのであろうか。少なくともほかならぬ宮内庁が陵墓あるいは陵墓参考地の被葬者という場合、それは祭祀の対象としての被葬者にほかならない。そうであれば、藤井寺陵墓参考地が祭祀の対象であるとして、それは何天皇の陵として祭祀されるというのであろうか。そもそも藤井寺陵墓参考地とは別に、仲哀天皇陵も允恭天皇陵ももちろんあるのである。いったいどの古墳が何天皇陵であるというのか。それが曖昧《あいまい》なまま天皇による祭祀がなされてよいのか。疑問は尽きない。

これにひきかえ江戸時代以来木梨軽皇子《きなしのかるのみこ》墓とされてきた妻鳥《めんどり》陵墓参考地では、木梨軽皇子《きなしのかるのみこ》の命日とされる九月八日に地元で祭祀が営まれ、古市陵墓監区事務所からも代参があるとされることはすでに述べた。

このように同じ陵墓参考地ではあっても、被葬者についての認識のあり方は陵墓参考地によっておよそ異なるものである。

＊

ここでは現在四十六か所を数える陵墓参考地から、僅かに妻鳥《めんどり》陵墓参考地と藤井寺陵墓参考地の二か所を取り上げた。この二か所の陵墓参考地には、一方には允恭《いんぎょう》天皇陵との説もあり、もう一方には允恭《いんぎょう》天皇皇子木梨軽皇子《きなしのかるのみこ》墓とされてきたという、允恭《いんぎょう》天皇を介する関係もないではないし、ともに石室・石棺といった埋葬施設の様子が確認されている貴重な例というう共通点もある。しかし、右にみたように、そのたどってきた経緯はおよそ趣を異にするものである。同じ陵墓参考地といっても、とても一括りにして考えることができるようなものではない。

第六章　聖域か文化財か

1　陵墓と文化財

陵墓とは何か。一言でいえば、天皇の祖先の御霊の眠る聖域である。つまり、天皇による祭祀の対象である。であるからこそ陵墓は他の文化財一般とは異なったものとされ、文化財の保存と活用（公開）を求める「文化財保護法」の適用を受けず、宮内庁による独特の管理のもとに置かれている。この独特の管理というのは、聖域であるから研究・調査のための内部への立ち入りは認めない、聖域として充分な管理を行なっているから文化財としての史跡指定は必要ない、というものである。つまり、陵墓であることと史跡であることとは相容れない、言い換えればなじまないというのが、宮内庁の考え方である。

そうすると、例えばあるひとつの古墳が、陵墓として宮内庁の管理のもとにあるのと同時に史跡として「文化財保護法」の適用を受けるということなど、全くあり得ないことのように思われる。ところが実際にはそういうケースがある。ここで取り上げるのはこの問題である。

史跡に指定された陵墓

『陵墓要覧』（平成五年、宮内庁書陵部）によると、宮内庁が管理する陵墓であるにもかか

	陵　墓	史跡（指定年月日）	所　在　地
二重指定	畝傍陵墓参考地	丸山古墳 （昭和44年5月23日指定） （昭和58年1月12日追加指定）	奈良県橿原市五条野町
	藤井寺陵墓参考地	城山古墳 （昭和33年1月21日指定） （昭和41年3月14日追加指定）	大阪府藤井寺市津堂
	応神天皇陵ほ号陪冢	墓山古墳 （昭和50年2月22日指定） （平成7年2月21日追加指定）	大阪府羽曳野市白鳥三丁目
	仁徳天皇陵へ号陪冢	丸保山古墳 （昭和47年7月25日指定）	大阪府堺市北丸保園
外濠外堤の指定	応神天皇陵	応神天皇陵古墳外濠外堤 （昭和53年10月30日指定） （昭和60年1月31日、平成元年1月24日、平成4年12月28日、平成6年3月23日、平成7年2月20日追加指定）	大阪府羽曳野市誉田

表5　陵墓と史跡の二重指定・陵墓の外濠外堤の史跡指定

わらず、国の史跡に指定されている例が四例あることがわかる。そしてこのことは、「文化財保護法」による史跡等を取録した『史跡名勝天然記念物指定目録』（平成十七年、文化庁文化財部記念物課）によっても確認できる。表5「陵墓と史跡の二重指定・陵墓の外濠外堤の史跡指定」の「二重指定」の欄のとおりである。

つまりこの四例は、陵墓として天皇による祭祀の対象でありながら、「文化財保護法」に基づいて史跡として指定されてもいるのである。「文化財保護法」によって史跡に指定するということは、この目的、つまり保存と活用（公開）のために指定するということである。「文化財保護法」の主旨については、第五章「もうひとつの天皇陵」1「昭和二十四年十月『陵墓参考地一覧』の発見」ですでに述べたとおりである。

さて表5「陵墓と史跡の二重指定・陵墓の

外濠外堤の史跡指定」の「二重指定」の部分をみると、陵墓と史跡の二重指定の例は、いずれも陵墓参考地あるいは陪冢《ばいちょう》であることに気付く。つまり、天皇陵などの正式の陵墓ではないのである。陵墓参考地については、すでに第五章「もうひとつの天皇陵」で述べた。だれが葬られているかは特定できないが陵墓の可能性があるというのが陵墓参考地である。そして陪冢《ばいちょう》は、陵墓の本体から離れて存在するもので、宮内庁書陵部は「陵墓飛地《とびち》」との分類のなかで「陪冢《ばいちょう》・附属地」と位置付けている。陪冢《ばいちょう》は、考古学の上では陪塚《ばいづか》として、大規模な古墳を主墳としてその周辺に配置された古墳をいう。この陵墓参考地と陪冢《ばいちょう》に限って、史跡に指定されているのである。

それともうひとつ特徴的なことがある。それは、どの場合もすでに陵墓参考地・陪冢《ばいちょう》とされているものがその後になって史跡に指定されたのであって、その逆は一例もないということである。この順序にはおそらく意味があるのであろう。

陵墓参考地・陪冢の史跡指定

さて、これら四か所の陵墓参考地・陪冢《ばいちょう》が、すでに陵墓として宮内庁によって管理されていたにもかかわらず史跡に指定されたのは、どのような理由からであったのであろうか。この度「情報公開法」によって文化庁に開示請求し、それに応じて開示された行政文書から、それぞれの陵墓参考地・陪冢《ばいちょう》の指定理由の説明をみることにしたい。ただし、城山《しろやま》古墳（藤井寺陵墓参考地）については「文書が存在しないため」不開示であった。

・丸山《まるやま》古墳（畝傍《うねび》陵墓参考地）
後円部の上部が陵墓参考地となっているほか墳丘の大部分が開墾され、また前方部と周濠跡の一部に道路および家屋が建設されているが、なお旧態をうかがい得る。大和地方における最大級の古墳であり、古墳時代後期の代表的な前方後円墳として学術上価値が高い。（傍点引用者。以下同じ）

・墓山《はかやま》古墳（応神《おうじん》天皇陵ほ号陪冢《ばいちょう》）
墳丘部は、応神天皇陵陪冢として宮内庁管轄地となっており、詳細は不明だが、葺石や埴輪列があるという。周濠は、南側の一部が埋められて墓地となっているが、その他はよく遺存している。周庭帯のほとんどは宅地化されている。指定するのは、周濠と墳丘部をあわせた地域である。

・丸保山《まるほやま》古墳（仁徳《にんとく》天皇陵へ号陪冢《ばいちょう》）
前方部は早くから削平（引用註、削り取られて平らになっていること）されていたが、その旧規をよく残しているため、仁徳天皇陵陪冢の一つとして保存をはかるべきものである。後円部は宮内庁の陪冢に指定されている。

一見して明瞭である。宮内庁が管理する範囲だけでは陵墓参考地・陪冢《ばいちょう》の保存のために充分でないので史跡として指定する、というのである。右にみた指定理由の説明、なかでも傍点の部分には、このままでは保存されるべきものが保存され得ないという危機感が滲《にじ》み出ている。巨大前方後円墳としての威容を誇る丸山古墳（国史跡としての名称。一般には見瀬丸山古墳という）のうち、畝傍《うねび》陵墓参考地とされているのは後円部墳頂の一部に限られ、周濠を有する前方後円墳である墓山古墳も応神《おうじん》天皇陵ほ号陪冢《ばいちょう》としての範囲には周濠は含まれない。そして仁徳《にんとく》天皇陵へ号陪冢《ばいちょう》の場合は、史跡丸保山古墳として指定しようとする部分はすでに削平《さくへい》されていたが、それを敢えて指定するのは「仁徳天皇陵陪冢の一つとして保存をはかる」ためなのである。

行政文書が不開示であった城山《しろやま》古墳（藤井寺陵墓参考地）も、第五章「もうひとつの天皇陵」３「陵墓参考地の断面」でみたように、陵墓参考地とされたのは巨大前方後円墳のうち後円部の墳頂部分のみでありそれ以外の部分は多く農地とされていた。これでは不充分であるので墳丘全体を指定した、という道筋を考えることができる。

つまりここにみえる文化庁による史跡指定は、陵墓参考地・陪冢《ばいちょう》とされた範囲では不充分であるためになされたのである。ということは、文化庁がこれらの史跡指定にあたって保存しようとしていたものは、陵墓（ここでは陵墓参考地・陪冢《ばいちょう》）であり、さらにいえば陵墓の文化財としての価値であったのである。

ただ、これらの史跡指定に際して採用された古墳の名称は、宮内庁による名称とは異なるものである。例えば見瀬丸山古墳についてみれば、宮内庁は「畝傍《うねび》陵墓参考地」とし、文化庁は「丸山《まるやま》古墳」とする。この点を捉《とら》えて考えれば、文化庁は宮内庁とは異なった見地からこれらの史跡指定を行なったものと考えることもできる。

しかし、その間の経緯はどのようなものであったのであろうか。これについては、畝傍《うねび》陵墓参考地の丸山《まるやま》古墳としての史跡指定をめぐって興味深い史料が残されている。第五章「もうひとつの天皇陵」1「昭和二十四年十月『陵墓参考地一覧』の発見」で取り上げた昭和二十四年十月『陵墓参考地一覧』の陵墓課保管本にみえる昭和四十年（一九六五）七月十五日の書き込みには、「下ニ埋立、家を立てる、未指定のため止めるわけにゆかぬ、御陵の周濠部のみを指定することは出来ぬ、御陵となっているものを指定するのはどうか、周濠址などは買収されるべきである」（傍点引用者）とある。

この書き込みからは、当時、周辺の開発が早急に対応を迫られる問題であってそのための「指定」が緊急の課題であったことを読み取ることができる。そして、ここに「御陵の周濠部のみを指定することは出来ぬ」、また「御陵となっているものを指定するのはどうか」とあることをみれば、この「指定」が「文化財保護法」に基づく史跡指定であることは明らかである。だとすれば、昭和四十四年（一九六九）五月二十三日の史跡指定の四年前に、周辺の開発から畝傍《うねび》陵墓参考地の保存を図るための史跡指定へ向けての方途を、宮内庁書陵部が具体的に検討していたことになるのである。

つまりこれは、開発から陵墓（ここでは陵墓参考地・陪冢《ばいちょう》）を守るための史跡指定である。ここからは、宮内庁による陵墓指定が主、文化庁による史跡指定が従という構図がはっきりと浮かび上がってくる。

史跡「応神天皇陵古墳外濠外堤」の指定

そのような傾向をより明確に示す例がある。史跡応神《おうじん》天皇陵古墳外濠外堤《がいごうがいてい》の指定である。つまり、応神《おうじん》天皇陵（誉田御廟山《こんだごびょうやま》古墳）の外濠《がいごう》・外堤《がいてい》が史跡に指定されたのである。この指定理由について、やはり文化庁によって開示された行政文書によってみることにしたい。

・応神《おうじん》天皇陵古墳外濠外堤《がいごうがいてい》

(引用註、宮内庁所管地の外方、内堤の外側の)外濠、外堤は宮内庁の所管外であり、東、北、南側は早くから集落となり、今日では西面のみが旧状を良好にとどめているものの次第に開発が波及しつつあるため、積極的な保存が望まれて来た。今回は外濠外堤に該当する西面一部の保存を図ろうとするものであるが、この地は昭和五十一年大阪府教育委員会による発掘調査があり、外濠空堀、外堤が発見されている地域である。

これによると、史跡応神《おうじん》天皇陵古墳外濠外堤《がいごうがいてい》の指定は、周辺の開発からの保存と大阪府教育委員会の宮内庁所管地外の調査による「外濠空堀、外堤」の発見を契機とするものであった。ここでも、史跡指定は陵墓を守るためのものであった。

陵墓参考地・陪冢《ばいちょう》の場合にしても応神天皇陵外濠外堤の場合にしても、主体となる部分が陵墓でそれに付随する部分が史跡である。こんなややこしいことをせずに陵墓を拡張した方がよほど整合性があるとも思うが、陵墓を拡張すれば皇室財産を増やすことになる。そうしないための工夫がこの史跡としての指定であると考えざるを得ない。

そして史跡としての名称についてみると、応神《おうじん》天皇陵古墳外濠外堤《がいごうがいてい》の場合、宮内庁による「応神天皇陵」との名称がそのまま取り入れられていることに気付く。これは、陵墓参考地・陪冢《ばいちょう》が史跡指定される場合に、宮内庁による名称と史跡としての名称が異なるものであ

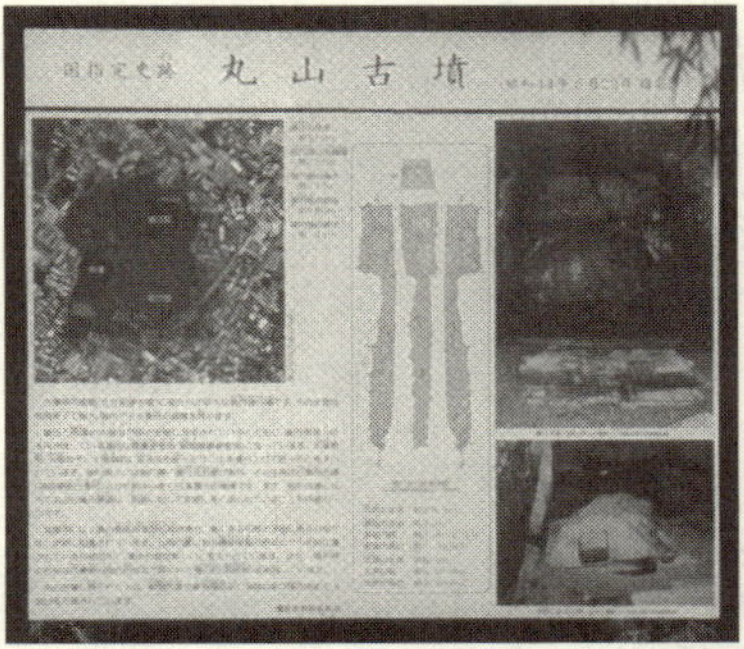

写真24（上）　国史跡丸山古墳の橿原市教育委員会による案内板
写真25（右）　畝傍陵墓参考地の制札（後方）と国史跡丸山古墳の標示（前方）

ることと対照的である。

陵墓として、史跡として

ある古墳が陵墓（ここでは陵墓参考地・陪冢《ばいちょう》）でありかつ史跡でもあるという場合には、現地には、陵墓としての制札と史跡としての標示の両方があることになる。写真25「畝傍《うねび》陵墓参考地の制札と国史跡丸山《まるやま》古墳の標示」をご覧いただきたい。読みにくいが後方が宮内庁による畝傍《うねび》陵墓参考地としての制札（よく見ると「畝傍陵墓参考地　一みだりに域内に立ち入らぬこと　一魚鳥等を取らぬこと　一竹木等を切らぬこと　宮内庁」とある）、前方が史跡丸山古墳としての標示である。ひとつの古墳に制札と標示のふたつがある何ともわかりにくい光景ではあるが、陵墓と史跡の二重指定の場合こうなるのである。

また古墳には、地元の自治体による案内

板があることが多い。この畝傍《うねび》陵墓参考地・丸山《まるやま》古墳にも橿原《かしはら》市教育委員会による案内板がある（写真24「国史跡丸山古墳の橿原市教育委員会による案内板」）。宮内庁による制札や史跡としての標示よりも、この古墳についてははるかにわかりやすくまた詳しく述べられている。この傾向はおおむね一般的である。古墳を訪れる人びとの多くは、このような案内板によってその古墳について知り、その地域の、またこの国の歴史に思いを馳《は》せるのであって、決して宮内庁による制札や史跡としての標示によってではない。

二重指定の意味

陵墓であるということは、天皇による祭祀の対象ということである。つまりは聖域である。これに対して「文化財保護法」における史跡とは、その保存と活用（公開）を通じて国民の文化的向上に資するとともに、広く世界の文化の進歩に貢献するべきものである。この両者はなじまない、また、充分な保存措置を講じているから史跡指定の必要はない、というのが宮内庁の見解である。すでに述べたとおりである。

しかしここで明らかにしたように、陵墓でありかつ史跡であるという古墳は四基ある。宮内庁は、この四基の古墳についていったいどのように考えろというのであろうか。

仮に文化庁による史跡指定を宮内庁が認めていないということであれば、むしろ話はわかりやすい。ところがそうではない。右にみたように、少なくとも畝傍《うねび》陵墓参考地の場合、宮内庁は自らその史跡指定を検討していたことが明らかである。そうであれば、いくら宮内庁が陵墓であることと史跡であることがなじまないといっても、実態はすでに先行しているのである。二重指定されているのが天皇陵ではなく陵墓参考地・陪冢《ばいちょう》であっても、天皇による祭祀の対象であるという以上、それは同じことである。

そして、「文化財保護法」の主旨に相応しい保存と活用（公開）が、陵墓と史跡の二重指定の古墳にもきちんと実現されるべきなのは、至って当然である。

春日大娘陵・黒姫山古墳

ここで取り上げるのは、陵墓として管理されていた古墳がその管理を解かれた後に、国の史跡に指定された例である。このような例はいくつかあり、すでに第三章「天皇陵の改定・解除」２「豊城入彦命墓のゆくえ」で総社二子山古墳（群馬県前橋市総社町）の例について述べた。ここではこのような例をさらに一例だけ挙げることにしたい。

黒姫山《くろひめやま》古墳（大阪府堺市（旧南河内郡美原《みはら》町））は、明治初年に仁賢《にんけん》天皇皇后春日大娘《かすがのおおいらつめ》（父は雄略《ゆうりゃく》天皇、武烈《ぶれつ》天皇の母）の陵とされていたが、明治十二年（一八七九）二月八日「春日大娘《かすがのおおいらつめ》御陵並びに宇度墓畤眭の取消と吉隠《よなばり》陵の改定についての達」（宮内卿徳大寺実則↓堺県）によって黒姫山古墳は春日大娘《かすがのおおいらつめ》陵としての管理を「取消」されたのである。黒姫《くろひめ》山《やま》古墳を春日大娘《かすがのおおいらつめ》陵とする根拠は不明であるが、「取消」された根拠も、「達」に「今般詮《せん》議《ぎ》の次第これ有り」（原漢文）とあるだけで不明である。さらに興味深いのは、「取消」後の措置である。同年三月十一日「古墳跡地請取りについての達」（内務卿↓堺県）は、「取消」後の黒姫山《くろひめやま》古墳について「右黒姫山《くろひめやま》古墳の儀は、他日考証の為め、故跡（引用註、古跡）の名称を以て跡地保存致し置き申す可し」（原漢文）と、黒姫山《くろひめやま》古墳が春日大娘《かすがのおおいらつめ》陵としての管理を解かれた後の「保存」を「他日」の「考証」のために命じているのである。

この黒姫山《くろひめやま》古墳は、春日大娘《かすがのおおいらつめ》陵としての管理を「取消」されて七十八年後の昭和三十二年（一九五七）十月二十四日に国の史跡に指定された。かつて陵墓であり後に国の史跡に指定された例がここにも見られるのである。

河内大塚山古墳・大塚陵墓参考地

次は、国の史跡に指定されてから陵墓参考地に指定され、しかもその間には国の史跡と陵墓参考地の二重指定の期間があった例である。

河内大塚山古墳（大阪府松原市・羽曳野《はびきの》市）は、大正十年（一九二一）三月三日に大塚古墳として国の史跡に指定された。注目されるのは、その後の大正十四年（一九二五）九月二十一日にさらに陵墓参考地に指定されたことである。昭和十六年（一九四一）十二月四日に国史跡としての指定が解除されるまでは河内大塚山古墳は国の史跡と陵墓参考地との二重指定だったのである。

陵墓参考地として河内大塚山古墳が指定されたのは、被葬者に雄略《ゆうりゃく》天皇を想定してのことである。第五章「もうひとつの天皇陵」1「昭和二十四年十月『陵墓参考地一覧』の発見」でも述べたとおりである。ここで被葬者についての議論を一例だけ挙げれば、吉田東伍《とうご》著『増補大日本地名辞書』第二巻上方（明治三十三年初版、昭和四十四年増補、冨山房）の高《たか》鷲原《わしはら》陵（雄略《ゆうりゃく》天皇陵）条は、正式の陵とされた雄略《ゆうりゃく》天皇陵（高鷲《たかわし》丸山古墳・平塚古墳、大阪府羽曳野市）について「然《しか》れど是卑小《これひしょう》の丸塚にして、小治田《おはりだ》奈良朝《ならちょう》（引用註、小墾田《おはりだ》宮。推《すい》古《こ》朝の都宮《とぐう》）の制式に合ふも、雄略《ゆうりやく》帝陵とせば疑《うたが》はし」と明確に否定し、「其真皇陵は此《これ》を距《へだて》る西微南十五町、大塚山（引用註、河内大塚山古墳）に擬《ぎ》す可《べ》きのみ」と、雄略《ゆうりやく》天皇陵河内大塚山古墳説を強く主張している。

今日では研究者の見解も宮内庁が管理する雄略天皇陵に全く信を置くものではないが、注目するべきことは、何と当の宮内庁自身も、現に決定され管理もされている雄略《ゆうりやく》天皇陵（高《たか》鷲《わし》丸山古墳・平塚古墳）を否定する見解を持っていることである。

すでに第五章「もうひとつの天皇陵」１「昭和二十四年十月『陵墓参考地一覧』の発見」で紹介した昭和二十四年十月『陵墓参考地一覧』は、大塚陵墓参考地（河内大塚山古墳）の「該当御方」、つまり想定される被葬者を「雄略《ゆうりやく》天皇」とし、陵墓課保管本の昭和二十四年十月『陵墓参考地一覧』と同級の内部資料の昭和三十三年三月「陵墓参考地一覧」も、「現御陵（引用註、高鷲《たかわし》丸山古墳・平塚古墳）に疑義があり、当所（引用註、大塚陵墓参考地（河内大塚山古墳））は御陵の所伝があるので、実地調査と共に資料を採訪する要がある」（傍点引用者）とする。現実に書陵部が管理する雄略天皇陵（高鷲丸山古墳・平塚古墳）について書陵部自らが「現御陵に疑義があり」とは全く驚愕の限りというほかはないが、逆にいえば、そのくらい河内大塚山古墳は雄略《ゆうりやく》天皇陵を考えるにあたって重要なのである。

しかし、いったん決定した雄略《ゆうりやく》天皇陵を改めるわけにはいかない。そこで、雄略《ゆうりやく》天皇陵の最有力候補である河内大塚山古墳をまずは国の史跡にし、そのうえで陵墓参考地に指定したのであろう。つまり、国の史跡としての指定は陵墓参考地としての指定の準備段階として位置付けられたのではないか。その間に二重指定の時期があったとしても構わなかったし、むしろその方が都合がよかったのではないかとすら思われる。

というのも、河内大塚山古墳にはある事情があった。江戸時代、あるいはそれ以前から後円部の墳頂には天神社が、前方部には東大塚村・西大塚村が営まれていたのである。陵墓参考地ということにもなれば、これらはすべて撤去されなければならない。そのためにはそれなりの補償や代替地が必要で時間もかかる。そのようなこともあって、陵墓参考地の指定に先立ってまず国の史跡に指定されたということなのであろう。

ここにも、陵墓のための国の史跡という位置付けが明らかである。先にみたとおりの、陵墓が主、国の史跡が従という構図である。

河根陵墓参考地・南朝玉川宮伝承地

三番目は、陵墓参考地が廃止されてから、自治体によって史跡として指定された例である。

河根《かね》陵墓参考地は、長慶天皇陵との見込みのもとに明治二十一年（一八八八）二月二十四日に和歌山県伊都《いと》郡河根《かね》町（現九度山《くどやま》町）に指定された御陵墓伝説地にはじまる。長慶天皇陵についてはすでに第二章「天皇陵決定法」６「長慶天皇陵を探せ」で述べたように、昭和十九年（一九四四）二月十一日に京都市右京区に嵯峨東陵として決定され、これにともなって、河根《かね》陵墓参考地はやはり長慶天皇陵を見込んだ相馬《そうま》陵墓参考地（青森県中津軽郡相馬《そうま》村）とともに廃止された。当然である。国の認める長慶天皇陵は一か所でなければならない。

興味深いのはその後の経緯である。河根《かね》陵墓参考地が廃止されてから三十七年後の昭和五十六年（一九八一）六月一日に、九度《くど》山《やま》町によって史跡南朝玉川宮伝承地とされたのである。この南朝玉川宮伝承地には、河根陵墓参考地の後身である元長慶天皇御陵墓参考地（五輪石塔一基、宝篋印塔《ほうきょういんとう》一基）のほか、観阿《かんあ》弥《み》尼公墓所、玉川宮・明野《あけの》庵跡が含まれる。

この観阿《かんあ》弥《み》尼公というのは後醍醐天皇第一皇女宣政門院懽子《かんし》内親王で、父後醍醐天皇の三回忌にあたる興国《こうこく》三年（康永《こうえい》元年〔一三四二〕）に供養のため高野山登山をしようとしたものの女人禁制のために果たせず、同地で後醍醐天皇の冥福を祈っていたが、後に長慶天皇の身代わりとなって自害したという。観阿《かんあ》弥《み》は玉川宮・明野《あけの》庵跡に住み、難を逃れようと長慶天皇も一時移ったという。そして、明治二十一年（一八八八）二月二十四日の長慶天皇陵を見込んだ御陵墓伝説地の指定である。晩年の長慶天皇をめぐる史跡が一括して九度《くど》山《やま》町の史跡とされたのである。

考えてもみれば、宮内省の管理下にあった河根《かね》陵墓参考地が、正式の長慶天皇陵が決定されたのに伴なって廃止されたのは、長慶天皇陵が二か所以上あり得べくもないというごく当然の理由のほかに、天皇による祭祀の体系の矛盾のない完成のためでもあった。

これに対して元長慶天皇を見込んだ陵墓参考地を含む南朝玉川宮伝承地の九度《くど》山《やま》町の史跡としての指定は、これとはまた異なった独自の見地によるものとみることができる。あるいは、南朝玉川宮伝承地にまつわる長慶天皇についての伝承は、伝えられたとおりの史実として学問のうえで立証されることはないのかもしれない。しかし、地域の歴史を豊かに語り継ぐためには、このような伝承もとても大切である。

宮内省による河根《かね》陵墓参考地と九度山《くどやま》町による史跡南朝玉川宮伝承地とは、実体としてはもちろん同じものである。しかしそれらの指定の経緯には、それぞれに全く異なった背景があったのである。

花園陵墓参考地・晩免古墳

最後は、陵墓参考地とされている古墳が、陵墓参考地であるまま自治体の史跡として指定された例である。

花園陵墓参考地については、やはり第五章「もうひとつの天皇陵」2「安徳天皇陵と陵墓参考地」で安徳天皇を被葬者に想定した陵墓参考地の例として挙げたが、その花園陵墓参考地は晩免《ばんめん》古墳（熊本県宇土市）が明治二十一年（一八八八）十二月二十六日に御陵墓参考地として指定されたことにはじまる。

花岡興輝校訂「古墳発顕《はっけん》記録（抄）」は、晩免古墳が御陵墓参考地として指定される前後の公文書を体系的に収めたものである。これに収められた明治十九年（一八八六）五月二十七日「進達」（宇土郡花園村外十ヶ村戸長代理和田文八郎→熊本県庶務課）は、「当部内立岡村字西潤野《うろの》官林に嘗《かつ》て発顕（引用註、発見）せし平資盛《たいらのすけもり》の古墳所在近方に右古墳よりも製方（引用註、つくり方）一層鄭重《ていちょう》なる石槨《せっかく》（引用註、石で作られた遺骸を納めるところ）露出致居り候趣に相聞」（カタカナをひらがなに直すなど原文を一部分かりやすく改めた。以下同じ）、つまり、平資盛《たいらのすけもり》の墓との伝承のある西潤野《うろの》の古墳の近くに、それよりもずっとよいつくりの石槨《せっかく》が発見された、と記す。このことと、やはり「古墳発顕記録（抄）」に、

「古老の言伝、里伝、安徳天皇の陵と称し毎年旧暦正月二十日天皇祭と唱《とな》え今に里民《りみん》（引用註、村人）祭典執行致《いた》し来《きた》り候」とある地元の伝承が、安徳天皇陵を見込んだ御陵墓参考地としての指定に結びついたものと考えることができる。

そして明治二十四年（一八九一）に、晩免《ばんめん》古墳には周囲五間五尺高さ三尺の筒形の石畳《いしだたみ》が敷かれ、頂上には土が盛られ横四間三尺七寸長さ三間三尺六寸の石垣が造られ、その上には木柵が建てられ、西面には門扉《もんぴ》を設け石の階段五段がつけられた（『宇土郡誌』）。御陵墓参考地としての整備の様子を、よくうかがうことができる。

また、小杉榲邨《こすぎすぎむら》（古典学者。天保五～明治四十三、一八三四～一九一〇）は明治二十五年（一八九二）一月から五月中旬頃までの鹿児島県・熊本県への出張の途次、四月から五月にかけて熊本に立ち寄り、県の求めに応じて晩免《ばんめん》古墳を調査した。石棺には四方に柵がめぐらされざっと土がかけられていて、皇子とか皇族の御古蹟ではないかとその筋にも申し立ててあるので御調べがあるかも知れない、とのことであった。小杉は土をかきのけ、ふたを大勢で取りのけて内へ入って見ると、中には何もなく土砂のみが入っていた。大和あたりで見る丸ぼりとは違って、四方からかたちをなしたものであるが、奇妙なのは押ぶたがあったとみえるそのふたうけのようなものに、浮き彫りにした菊章のような彫り出し紋があり、これは世間にいう宝相花というものではなく実に菊章というものであろう。石の質も、鼠色の緻密の質ながら最ももろい方の質であった。その様子は平家時代の安徳天皇、清盛相国や重盛内大臣ごろのものではない、というのが小杉の結論であった。そして帰京の後、宮内省諸陵《しょりょう》寮《りょう》（今日の宮内庁書陵部陵墓課）の官員にもこの話をしたという。

しかし、小杉が調査した明治二十五年には晩免《ばんめん》古墳はすでに御陵墓参考地として指定されていた。であるからこそ、石棺の周囲には柵がめぐらされ土もかけられていたのである。それにもかかわらず、石棺、つまり埋葬施設の調査まで小杉によってなされていたことは、やはり特筆に値するというべきである。

その後昭和三十三年（一九五八）三月十四日に、晩免《ばんめん》古墳は宇土町（現宇土市）によって史跡に指定された。これに際して陵墓参考地としての指定が解かれたわけではないから、これ以降晩免《ばんめん》古墳は花園陵墓参考地と宇土町・宇土市（昭和三十三年十月一日市制施行）の史跡の二重指定ということになる。先にも述べたように、陵墓参考地・陪冢《ばいちょう》の場合には国の史跡との二重指定の例は四件あるが、町・市の史跡との二重指定の例は他には確認できない。

今日晩免《ばんめん》古墳を訪れると、宮内庁による花園陵墓参考地としての制札と、宇土市教育委員会による晩免《ばんめん》古墳としての案内板の両方がある。宇土市教育委員会による案内板は、晩免《ばんめん》古墳の築造を五世紀後半頃と説明するとともに、安徳天皇に関する伝説についても「文治元（一一八五）年、壇《だん》ノ浦《うら》の戦いでの平家滅亡に際し、八歳の安徳天皇は平清盛の妻二位尼《にいのあま》時《とき》子《こ》に抱かれて入水《じゅすい》したとされています。しかし、密《ひそ》かに落ち延びてどこかの地に隠れ住んだという伝説が、西日本の各地に残っています」とする。

晩免《ばんめん》古墳（花園陵墓参考地）の宇土町・宇土市の史跡としての指定は、先にみた四か所の陵墓参考地・陪冢《ばいちょう》と国の史跡との二重指定の場合とは基本的に異なる点がある。それは、先にみた四か所の二重指定の場合はいずれも周辺に迫った開発から陵墓参考地・陪冢《ばいちょう》を保護するための史跡指定であったが、それに対し晩免《ばんめん》古墳（花園陵墓参考地）の場合は、周辺に開

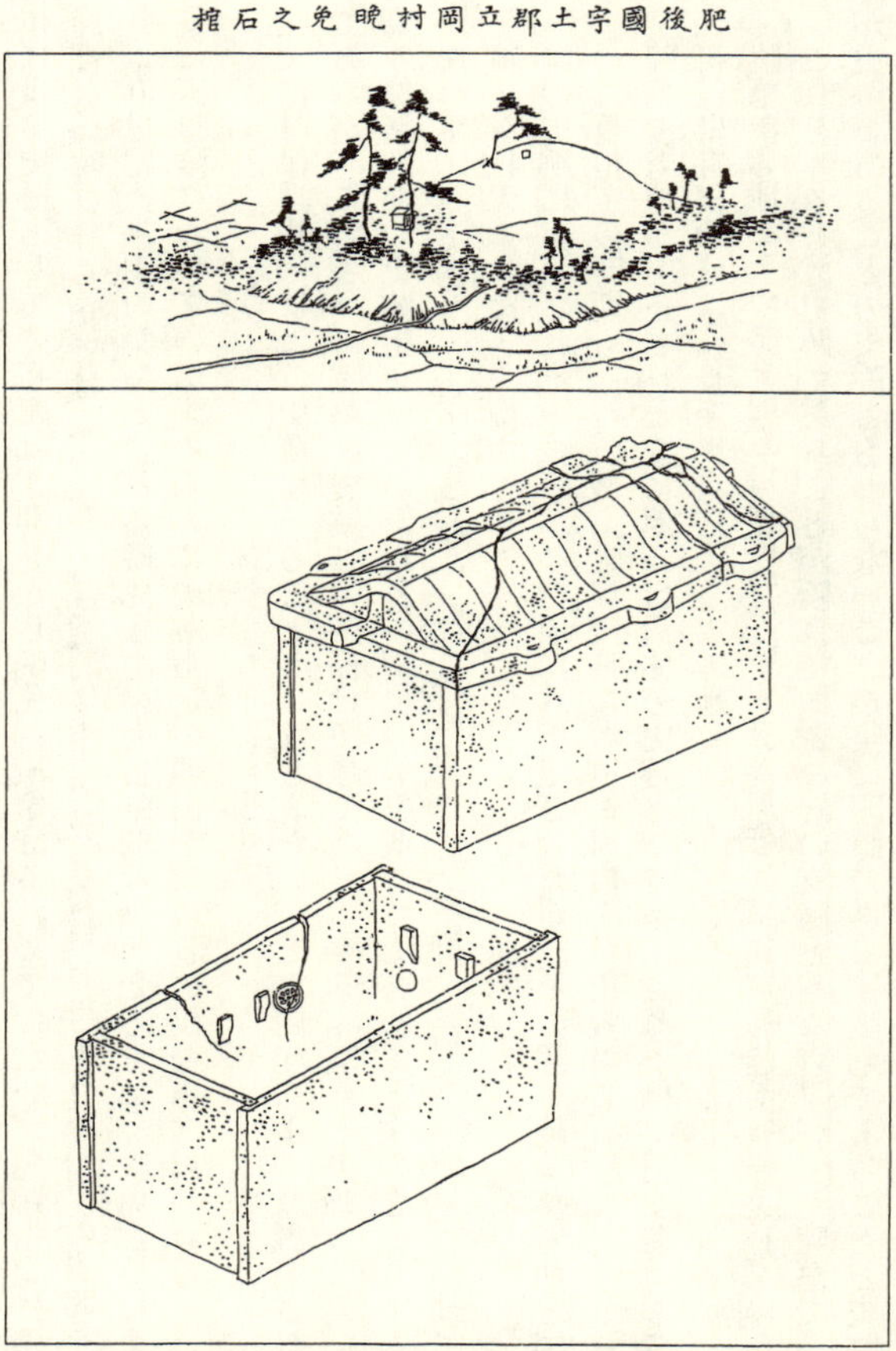

資料22　花園陵墓参考地（晩免古墳）の石棺（小杉榲邨著「肥後国に埋蔵するめづらしき石棺」〔『帝国古蹟取調会会報』第３号、明治35年12月〕）

発の手が伸びている様子は今日なお全く見受けられない。つまり、晩免《ばんめん》古墳の宇土町・宇土市による史跡としての指定は、開発から晩免《ばんめん》古墳を守るためではない。史跡指定に際しての詳細な経緯は詳らかではないが、右にみた宇土市教育委員会による案内板の説明をみる限り、五世紀後半頃の築造とされる晩免《ばんめん》古墳の考古学的な価値とともに、晩免古墳にまつわる安徳天皇陵についての伝説の両方に史跡指定の理由を求めるのが適当と思われる。

＊

「文化財保護法」による史跡であることとはなじまない、と宮内庁によって説明される陵墓であるが、このように陵墓と史跡との関係は多様である。表５「陵墓と史跡の二重指定・陵墓の外濠外堤の史跡指定」でみた以外の例について改めてまとめると次のとおりである。

・かつて陵墓であった古墳が後年国の史跡に指定された例（豊城入彦命墓・総社二子山古墳・春日大娘《かすがのおおいらつめ》陵・黒姫山《くろひめやま》古墳）
・国の史跡に指定されその後陵墓参考地にも指定されたが、その間、陵墓参考地と国の史跡の二重指定の時期もあった例（大塚陵墓参考地・河内大塚山古墳）
・陵墓参考地が廃止された後に地方自治体の史跡として指定された例（河根《かね》陵墓参考地・南朝玉川宮伝承地（元長慶天皇御陵墓参考地））
・陵墓参考地がそのまま地方自治体の史跡として指定された例（花園陵墓参考地・晩免《ばんめん》古墳）

これをみると、史跡であることが陵墓であることの支障ともならず、また陵墓であることが史跡であることの支障ともならないことが実に明瞭である。陵墓であることと史跡であることがなじまないなどとはとんでもない。本書でみた例について言えば、いったいどこに陵墓と史跡との境界があるのかとすら思うばかりである。

右の晩免古墳をめぐる記述については、宇土市教育委員会文化振興課から提供された資料を参考にした。心からの謝意を申し上げる。

2　天皇陵研究法

「天皇陵研究法」とは、文字通りどのようにして天皇陵を研究するかということである。これが案外と難しい。何しろこれまでみたように天皇陵、ないし陵墓といってもさまざまであるし、そもそも天皇陵には調査・研究のために立ち入ることはできないのである。それをどのようにして研究するというのであろうか。

宮内庁書陵部

天皇陵、また陵墓一般について研究しようとする時、まず注目すべき資料の宝庫は何といっても陵墓管理の当事者宮内庁書陵部である。書陵部についてはこれまでも折に触れて述べてきたが、ここでは、書陵部が日常の業務のなかで蓄積した資料を研究者、また国民一般がどのように利用することができるかについてみることにしたい。

陵墓地形図

陵墓に立ち入って内部を見ることは許されなくても、地形図を見ることはできる。書陵部陵墓課は陵墓管理のために陵墓地形図を作製し保存しているが、その陵墓地形図は手続きを経て利用できるほか出版もされている。

末永雅雄《すえながまさお》著『古墳の航空大観』（昭和五十年、学生社）は三分冊のうち一冊を「陵墓図」として陵墓地形図にあて、崇神《すじん》天皇陵図以下計二十四の陵墓図（天皇陵のほか皇后陵・陵墓参考地をも含む）を載せる。いずれも国内有数の規模を誇り、あるいは研究上重要な位置を占める古墳ばかりである。

これは、陵墓地形図がまとまった形で公刊されたはじめての例である。『古墳の航空大観』の「陵墓図」に掲載された陵墓地形図は、陵墓として管理されている古墳の研究のための重要な資料としてさまざまな局面で利用されてきた。

しかし陵墓地形図ということで最も注目すべき刊行物は、宮内庁書陵部陵墓課編『陵墓地形図集成』（一九九九年、学生社）である。実に大部なもので、価格もなんと十五万円（税別）もする。同書はとても大きな特徴をもっている。それは書陵部が管理するすべての陵墓の地形図を収録していることである。同書の刊行は、「陵墓は、皇室の御先祖のお墓であって、現に祭祀が行われ、皇室と国民の追慕《ついぼ》尊崇《そんすう》の対象となっている場所であるから、静安と尊厳の保持のため、部外者に発掘は無論のこと、立入もさせないことを基本に管理している」（同書一〇ページ、以下同じ）という年来の宮内庁の陵墓管理の原則と、「その一方で、陵墓は、古代高塚式のもの（引用註、一般にいう古墳）をはじめ、文化遺産としての側面を併せもっているものがあり、こうしたものについて、研究者は、調査研究上の課題を現地で直接に確認・解決することができないことから、近年陵墓への立入りを求める声が大きくなってきている」という、現実に生じている陵墓公開の要求との矛盾の解決のひとつの手段として位置付けられるものである。陵墓として管理されている古墳の考古学的な研究にも地形図で解決できる部分はあるであろう、というのである。

しかし、考古学の上での古墳の研究が地形図だけで済ませられるわけはない。墳丘上の表面観察や発掘調査なくして、古墳研究などあり得べくもない。古墳の築造企画の研究にしたところで、書陵部による陵墓地形図が示すのはあくまでも測量時点での古墳の形状である。築造当初の古墳の形状は、後世における古墳の改変がどのようなものであったかを調査によって確定した上ではじめて理解できるものである。こと古墳研究に関する限り、陵墓地形図によって知られる事柄は決して多くはないといわざるを得ない。

とはいうものの、『陵墓地形図集成』刊行の意義は大きい。それまでは申請・許可を経て平日に書陵部に赴いて閲覧するか、あるいは願書を提出して写しの頒布を受けるかしなければならなかったのである。確かに個人で購入するには高価であり、所蔵する図書館も少ないことではあろうが、本書の刊行によって陵墓地形図利用の便宜は格段に向上した。宮内庁書陵部陵墓課と版元学生社の英断と評されて然るべきである。

書陵部所蔵の資料

さて宮内庁書陵部は、すでに「はじめに――天皇陵と宮内庁」でみたように図書課・編修課・陵墓課と陵墓監区事務所から成るが、諸種の古文書・典籍、また公文書の類を保存・公開しているのは図書課である。図書課によって保存・公開されている資料は、宮内庁書陵部による『和漢図書分類目録』(三冊、昭和二十七年〔一九五二〕〜三十年〔一九五五〕)・『和漢図書分類目録増加一』(昭和四十三年〔一九六八〕)、またその後の追加分は毎年刊行されている『書陵部紀要』に収録されている。いずれも「陵墓」の項目が「伝記」の分類に含まれているのが特徴的である。

閲覧のためにはその都度ごとの申請・許可が必要で、土・日・祝日等のほか年末・年始には閲覧できないという制約はあるものの、旧諸陵寮《しょりょうりょう》が収集もしくは写しを取った陵墓関係の資料も多く、陵墓の研究のためには極めて貴重な資料群である。これまでの陵墓研究では、これら図書課が管理する書陵部所蔵の資料をいかに正しく位置付けて積極的に活用するかが大きなポイントであった。

書陵部で陵墓に関する資料を管理するのは図書課だけではない。当然のことながら陵墓課も管理している。陵墓課が、直接陵墓の管理・調査・考証に関する事務を掌《つかさど》る部局であれば当然である。陵墓課にある陵墓関係の資料は、陵墓課が業務として行なう陵墓の管理・調査・考証のためのいわば現用文書である。これまでその内容が網羅的に紹介され、研究者、あるいは国民一般の利用に供せられることはなかった。

しかし、平成十一年(一九九九)五月十四日公布の「情報公開法」(正式には「行政機関の保有する情報の公開に関する法律」)以降その状態は一変した。「情報公開法」は、文字どおり官庁が持つ「情報」を国民が所定の手続きを経た上で入手できることを定めた法律であり、第一条には「この法律は、国民主権の理念にのっとり、行政文書の開示を請求する権利につき定めること等により、行政機関の保有する情報の一層の公開を図り、もって政府の有

法規目録	1法令・例規　2書目　3一覧・表・統計　4諸調　5職員
勘註・決定書	1総記　2陵・火葬塚・分骨所・灰塚　3墓
考説・考証資料	1総記　2陵・火葬塚・分骨所・灰塚　3墓・分骨所　4参考地　5陵墓関係参考資料（1一般墓・古墳・出土品・考古学的論考　2陵墓関係文献・陵制等論考）　6歯髪爪塔　7山陵絵図（帖仕上げ以外の冊子本形式のものを対象とする）
管理資料	1山陵探索修陵　2諸陵寮（沿革、補任、守戸、寮誌、名簿等を含む）　3葬儀・祭祀　4陵墓管理（管理方針、工事、陵墓地、陵印、制札、経費等）　5山陵功労者・研究家　6皇陵巡拝・案内・解説　7出土品関係
一般調査資料	1一般調査資料　（1皇室関係・其の他　2文書・銘文　3記録　4系図・地誌・雑）　2南朝関係資料　3社寺資料（1神社　2寺院　3寺伝・僧伝）
公文書写	
絵図類	1陵　2火葬塚・分骨所・灰塚・歯髪爪塔　3墓　4宮墓地　5参考地　6神社　7寺院　8山城国　9大和国　10その他の地方・雑
図帖類	元禄・享保・文化・文久　国別陵墓・陵墓実測図・雑
巻子本類	陵墓関係拓本・一般碑文　画像・古文書・資料・陵印譜

表6　陵墓課保管歴史的資料の分類　典拠『歴史的資料目録（陵墓課保管分）』（昭和50年〔平成13年3月追加補訂〕）。一部わかりやすく改めた。

するその諸活動を国民に説明する責務が全《まっと》うされるようにするとともに、国民の的確な理解と批判の下にある公正で民主的な行政の推進に資することを目的とする」とある。宮内庁もまたひとつの国の行政機関である以上、この法律が宮内庁にも適用されるのは当然である。そのうえではじめて、宮内庁書陵部による行政が「国民の的確な理解と批判の下」に置かれたことになるのである。

これによって、宮内庁長官官房秘書課（情報公開室）を窓口とした開示請求ができるようになった。さらに、陵墓課が保管する資料については特に『歴史的資料目録（陵墓課保管分）』（昭和五十年〔平成十三年三月追加補訂〕）としてその目録が公にされ、その全貌が明らかになった。『歴史的資料目録』における資料の分類は表6「陵墓課保管歴史的資料の分類」のとおりである。ここからは、陵墓がどのように決定・管理・調査されたか、また陵墓についての法規や公文書にはどのようなものがあったのかをよく把握すること等が、陵墓課における陵墓管理の要《かなめ》であることをよくうかがうことができる。ちなみに、第一章「創られた天皇陵」１「江戸時代の姿」、第二章「天皇陵決定法」６「長慶天皇陵を探せ」と、第三章「天皇陵の改定・解除」１「天武・持統天皇陵の改定」・２「豊城入彦命墓のゆくえ」で取り上げた『臨時陵墓調査委員会書類及資料』は、表６「陵墓課保管歴史的資料の分類」の「考説・考証資料」１「総記」に、第五章「もうひとつの天皇陵」１「昭和二十四年十月『陵墓参考地一覧』の発見」で取り上げた昭和二十四年十月『陵墓参考地一覧』は、同じく「法規目録」３「一覧・表・統計」に分類されている。

もちろん『歴史的資料目録（陵墓課保管分）』にしても、別に刊行・市販されたというわけではない。ひっそりと書陵部庁舎内の閲覧室の書架に置かれたに過ぎない。それでもたまたま資料の閲覧に訪れていた私に、陵墓課の方は「これを見たらいい」とこの『歴史的資料目録（陵墓課保管分）』を教えてくれたのである。こういうことがなくても私はいずれ『歴史的資料目録（陵墓課保管分）』にたどり着いたこととは思うが、『歴史的資料目録（陵墓課保管分）』の公開は、陵墓課による誠実な「情報公開法」への対応と評価されるべきである。この『歴史的資料目録（陵墓課保管分）』自体も情報公開室を窓口とする開示請求の対象であり、所定の手続きを経て複写を入手することができる。

近年の陵墓研究では、もはや『歴史的資料目録（陵墓課保管分）』に収められた資料の利用は欠かすことができないものとなっている。なにしろ、陵墓の管理・調査・考証を業務とする部局の現用公文書が一挙に公開されたのである。研究者にとってみれば、まさに宝の山である。これまではともすると、公開された資料の少なさにはがゆい思いをすることが多かったが、今やむしろ、豊かな資料のなかで研究の指針をいかに見失わないかということの方がよほど大切である。

『書陵部紀要』

宮内庁書陵部は、一年に一冊『書陵部紀要』を発行している。昭和二十六年（一九五一）三月の第一号以来毎年欠かすことなく発行され、本年（平成十九年）には第五十八号が発行されている。『書陵部紀要』には、陵墓課のほか、書陵部に属する編修課・図書課に関連する分野の論文等も掲載されている。市販されてはいないものの、国立国会図書館や各地の主要公立図書館・大学図書館等で利用することができる。

『書陵部紀要』からは、陵墓課によるさまざまな陵墓をめぐる動向が明らかである。それは、陵墓に関する調査や研究成果の発表であったり、陵墓の保全整備工事（営繕工事ともいう）の報告であったりする。

このうち陵墓の保全整備というのは、書陵部が陵墓として管理する古墳の保存のために実施される工事のことである。古墳で工事などとんでもないと思う向きもあるかも知れないが、実際には古墳の保存のためにはある種の工事が必要な場合がある。それは、例えば台風等による倒木や表土の崩落への対応のための工事の場合もあるが、最も大きな問題は、周濠《しゅうごう》（墳丘のまわりの濠《ほり》）に湛《たた》えられた水が、長い間には墳丘や外堤《がいてい》（周濠《しゅうごう》の外側の堤防）を浸《しん》食《しょく》（水がしみこんで土がくずれること）してしまうことへの対応のための工事である。放置のである。

したままでは墳丘も外堤も削られてしまうので、浸食を止めるための石積み等の工事をするのである。

とはいえ古墳での工事である。古墳の破壊につながらないような慎重さが必要である。そこで、一部を事前に試掘してどのような工法が適当かを調査するのである。その際に古墳についての考古学的な知見が得られるので、およそ一年に一度陵墓問題に関心を持つ学協会の代表に人数を限って実地見学を実施するとともに、その成果を『書陵部紀要』に発表する。とはいうものの、これは保全整備のための工事の事前調査の報告であって学術調査とは性格を異にするというのが、書陵部の基本的な姿勢である。そのため、例えば、古墳の築造期の形状を知るための調査もなされず、ましてや埋葬施設の調査など望むべくもない。それでも、報告そのものはおしなべて精緻《せいち》なものである。

また、第一章「創られた天皇陵」２「文久の修陵」で取り上げた戸原純一著「幕末の修陵について」も『書陵部紀要』（第十六号、昭和三十九年〔一九六四〕十月）に掲載されたものである。この戸原論文は、文久の修陵の経過を詳しくたどるとともに鶴澤探眞画「山陵図」をはじめて紹介した点で、天皇陵研究史上記憶されるべき業績である。

これら『書陵部紀要』に掲載された報告等のうち、陵墓関連のものは、昭和五十五年〔一九八〇〕に学生社から発行された『陵墓関係論文集』とそれに続くシリーズ（同論文集は現在〔平成十九年〕までに続編、三～五巻が学生社から発行されている）に再録され、もちろん市販されている。

展示会

また書陵部はおおむね年一回所蔵資料の展示会を書陵部庁舎内で行なっており、およそ三年に一度陵墓課が所蔵する考古資料の展示の機会がめぐってくる。

これまでに陵墓課の関連では、埴輪や古鏡、また武器・武具・馬具が展示されてきた。これは会期も平日の四〜五日間と短期間に限られている上に招待の葉書が必要であり、決して社会一般の要求に応えたものとはいえないが、図録がやはり学生社から発行されており、これによって展示の内容を知ることができる。

なお昨年（平成十八年）は埴輪の展示で、十一月十三日（月）〜十八日（土）までの六日間にわたって開催された。埴輪をテーマとした展示会としては五回目で、すでに展示された古市古墳群・百舌鳥古墳群・大和古墳群・柳本古墳群・佐紀古墳群以外の地域の古墳から出土した埴輪を中心に展示された。今回は会期が拡大され、土曜を含む六日間とされたことは大いに評価される。しかし、陵墓や各地の古墳からの出土品を見学することができる数少ない貴重な機会である。いずれはたとえ有料であっても、誰でも自由に見学することができる展示会になればと心から思うものである。

ここで、今回の展示会から提起された問題について述べることにしたい。展示会の図録（宮内庁書陵部陵墓課編集『出土品展示目録埴輪V』〔平成十八年十一月二日、宮内庁書陵部〕）は、孝昭天皇陵（奈良県御所市）から出土したとされる埴輪片二点について特に言及し、「孝昭天皇掖上《わきのかみ》博多山上陵においてはこれまで埴輪の存在が確認されていなかったが、今回初めてその存在が推測されることとなった」とする。図版にも、「奈良県孝昭天皇掖上博多山上陵」からの出土品として円筒埴輪二点（口縁部・胴部）を載せる（写真26「孝昭天皇陵出土の埴輪片（口縁部・胴部）」）。

ところがこの孝昭天皇陵については、第一章「創られた天皇陵」1「江戸時代の姿」でみた蒲生君平著『山陵志』も「大祖《たいそ》より孝元に至るや、猶《なお》丘隴《きゅうろう》に就《つ》いて墳を起こす」（原漢文）、つまり、神武天皇から孝元天皇までは、ただ丘によりそって墳を起こしただけである、とするように、天皇陵の制度が備わった開化天皇以降とは明らかに区別して考えられていたのである。そして今日における考古学においても、孝昭天皇陵は古墳ではないとされている。例えば『「天皇陵」総覧』（歴史読本特別増刊事典シリーズ19）（一九九三年、新人物往来社）の「事典篇①古代天皇陵47」に収められた水野《みずの》正好《まさよし》著「欠史七代『綏靖《すいぜい》天皇陵』〜『孝元天皇陵』」は「第五代『孝昭天皇陵』」の項で、「現在の治定地は自然丘陵であり、考古学上でいう古墳の態をなさない」、また「考古学上、現治定陵は自然地形だけに検討の対象とならず」と断じる。それでは、なぜ、そのような古墳ではないところから埴輪が出土したのであろうか。

この問題を的確に捉えて報道したのは、『読売新聞』平成十八年（二〇〇六）十二月十五日付（朝刊）の「孝昭天皇陵　戦前出土の埴輪の破片発見」との見出しの記事である。これによれば、この孝昭天皇陵から出土したという埴輪片二点は展示会のための準備のなかで見つかったもので、出土の時期は昭和十年（一九三五）十一月という。陵墓課の福尾正彦陵墓調査官の「修陵の際などに、外から運ばれてきた土の中に混ざっていたものが見つかっただけかもしれない。当時の発見の状況が分からないので、何とも言えない」とのコメントも掲載されている。

福尾氏のコメントは、実にもっともである。七十一年前に出土したという埴輪片二点が見つかったからといって、出土状況が確認できなければそこが古墳かどうかの判断はできない。しかしそうであればこそ今回の展示会を良い機会として、孝昭天皇陵についての学術的な調査が陵墓課においても進められるべきだと思うのである。

さらに付け加えると、陵墓課所蔵の考古資料はさまざまな展示施設に貸し出される場合がある。つまり見学の機会は、決して、ここでみた書陵部庁舎で行なわれる展示会に限られているのではない。

写真26　考昭天皇陵出土の埴輪片（口縁部・胴部）（『出土品展示目録埴輪Ｖ』）

たまたま私は、平成十八年（二〇〇六）十一月二十三日に東京国立博物館の考古展示室（平成館）を見学する機会があったが、多くの陵墓課所蔵の考古資料の展示があった。そのなかでも大塚陵墓参考地（新山古墳、奈良県北葛城郡広陵町大字大塚。すでにみた大阪府松原市・羽曳野市の大塚陵墓参考地〔河内大塚山古墳〕とは別）からの出土品が最も多く、鏡六点（仿製《ほうせい》三神三獣鏡・三神三獣鏡〔二点〕・三角縁仏獣鏡・直弧文鏡・鼉龍《だりゅう》鏡《きょう》）・台形石製品一点・鏃形石製品一点の計八点が展示されていた。ただし展示品の説明に「奈良県広陵町新山古墳出土」と、「新山古墳」との考古学のうえでの名称を用い、宮内庁による「大塚陵墓参考地」との名称によらなかったことや、新山古墳の年代を四世紀と表示したことは、東京国立博物館の側の見解というべきであろう。

森浩一氏の議論

実証的な考古学研究の見地から陵墓をめぐる議論を学界、また広く社会一般に提起したという点で、森浩一氏の業績は忘れることはできない。

森氏は昭和四十年（一九六五）に『古墳の発掘』（中公新書）を著し、高度経済成長のなか無秩序な開発によって消滅する多くの古墳と、そこから得られた資料によって急速な進歩を遂げる考古学との構造的な矛盾を厳しく指摘した。さらに同書は「タブーの天皇陵」の項を設け、宮内庁による天皇陵の比定《ひてい》（どの古墳が何天皇陵かということ）に考古学のうえでの研究成果を根拠に疑問を述べるとともに、宮内庁が天皇陵として管理する古墳が、研究・学術調査の対象となり得ない現状をも強く批判した。

このような森氏の主張は、昭和五十六年（一九八一）の『巨大古墳の世紀』（岩波新書）（後に『巨大古墳―治水王と天皇陵―』〔二〇〇〇年、講談社学術文庫〕として刊行）でますます鮮明《せんめい》になる。同書における天皇陵をめぐる議論のなかでも読者に大きな驚きを与えたのは、「文久の修陵」について述べるなかで明らかにされた天皇陵の大規模な工事の実態であろう。図版として、本書でも第一章「創られた天皇陵」２「文久の修陵」で資料４「鶴澤探眞画「山陵図」より」ⓑ「推古《すいこ》天皇陵」としてみた鶴澤探眞画「山陵図」から推古天皇陵

(山田高塚古墳、大阪府南河内郡太子町)の「荒蕪」図・「成功」図が掲載され(ただし森著『巨大古墳の世紀』に掲載されたのは、先にみた戸原著「幕末の修陵について」で掲載されたものと同じく書陵部所蔵本)、文久の修陵の前と後では古墳の姿が跡形《あとかた》もなく変わってしまったことをこの上もなく明瞭な形で証明した。

また森氏は、宮内庁によって天皇陵として管理されている古墳の名称についても新たな考え方を提示した。その根底にあるのは、「〇〇天皇陵」というような宮内庁による陵墓比定《ひてい》を前提とする名称を、研究者が無批判に用いることへの批判である。

森氏はまず「〇〇天皇陵古墳」という名称を提唱した。これは、宮内庁が「〇〇天皇陵」として管理している古墳という意味であり、事実上宮内庁による陵墓比定《ひてい》に真っ向から異を唱えているところに最大の眼目がある。

さらに森氏は進んで、宮内庁が天皇陵として管理する古墳にも、一般の古墳と同様に地名に基づいた名称を用いることを主張する。これは、たとえば仁徳天皇陵を大山《だいせん》古墳、応神天皇陵を誉田山《こんだやま》古墳とするとおりである。このような名称は、宮内庁による陵墓比定《ひてい》に惑わされない議論を組み立てる際に極めて有効であり、今日では広く用いられている。

天皇陵をめぐる森氏による著書・論文等は他にも多いが、歴史科学協議会編集『歴史評論』二〇〇四年七月号(校倉書房)が「日本考古学と『捏造』『誇張』」として森氏のインタビュー記事(聞き手宮瀧交二氏)を載せている。そこで森氏は考古学による古墳研究の今後の展開について次のように述べる。

これからの若い学者は、自分なりの基準をこしらえてからこの研究を始めたらどうかな。記紀（引用註、『古事記』と『日本書紀』）に書いてある○○天皇陵はどこだという記事をスタートに使い、その記事にふさわしい古墳はどれかという方法ではなく、むしろ日本古代の大王は、古墳からみたら何人ぐらいおったのかとか、新しい基準を作って。ただしその場合でも本当に大王の墓が絶えず一番大きいのかどうかはわからないですよ。十分最初の基礎研究をやってみて、それから誰かがまたやったらいいんじゃないかな。（同書九ページ）

この「記紀に書いてある○○天皇陵はどこだという記事をスタートに使い、その記事にふさわしい古墳はどれかという方法」とは、まさに第二章「天皇陵決定法」１「仁徳天皇陵の探しかた」で、そういうことが果たして可能かどうか検証した方法である。この方法が否定され、右に森氏が述べる研究法が実践されてはじめて、考古学の上での古墳研究が天皇陵の呪縛《じゅばく》から真に解き放たれたことになるのであろう。それは逆にいえば、天皇陵、あるいは天皇制というものがこれまでいかに大きな重圧を学問・研究に与え続けてきたかということの何よりの証でもある。

学協会の取り組み

また、考古学・歴史学関係の学会・協会による取り組みもなされている。学協会の代表は、例年七月に宮内庁庁舎で書陵部長と陵墓問題について話し合うとともに、十一月頃に書陵部による陵墓の保全整備工事に先立つ事前調査の現場を見学している。今日では前者は「懇談」、後者は「限定公開」と位置付けられている。「懇談」は書陵部の考え方や業務の内容について見解を聞き意見を交換するための、「限定公開」は陵墓管理の実態を実地に見学するための良い機会である。ここに「限定公開」というのは学協会の側による表現であるが、陵墓の公開というのなら学協会の代表に限らずより広く公開されるべきであるにもかかわらず、実際には学協会の代表に限定されている、という含みがある。

　このうち「限定公開」については、しばしばマスコミで報道されるのでご存知の向きも多いであろう。「限定公開」は、昭和五十四年（一九七九）十月二十六日の白髪山《しらかやま》古墳（清寧《せいねい》天皇陵、大阪府羽曳野市）を第一回として、非公式に開催されたものも含めて平成十七年（二〇〇五）十二月二日の北花内《きたはなうち》ミサンザイ古墳（飯豊《いいとよ》天皇陵、奈良県葛城《かつらぎ》市）で三十一回を数える。

　もっとも「限定公開」といっても、学協会の代表が陵墓として管理されている古墳を自由に観察できるわけでも、ましてや内部施設を見学することができるわけでもない。書陵部が外堤部・墳丘裾部に設定したトレンチ（試掘坑）をめぐって担当者から説明を受け、その後出土品を見学するにとどまるのである。

　しかしそれでも、「限定公開」が研究者が陵墓の域内に立ち入ることができる貴重な機会であることには違いない。また、当初外堤部に限られていた見学箇所は後には墳丘裾部に移ったが、それに従って見学のための経路が墳丘上に設定されることも珍しいことではなくなった。平成七年（一九九五）十一月二十五日の成務《せいむ》天皇陵（佐紀石塚山古墳、奈良県奈良市）における「限定公開」以降のことである。通行の安全の確保のためというのが書陵部の説明であるが、書陵部の側が設定した極めて限定された一定の条件のもとに限ってであれば、確かに墳丘裾部への立ち入りは認められるようにはなってきた。

とはいうものの、この学協会の取り組みに対しては厳しい批判がある。はじまって何十年も経つのに、しかも多くの学協会が名を連ねているのに、大した成果はあがっていないではないか、というものである。右に指摘した「限定公開」における見学箇所の外堤部から墳丘裾部への移動にしても、書陵部による保全整備工事の対象部分が外堤部から墳丘裾部に移ったことによるものであって、決して学協会の運動の成果によるものではない。そもそも「限定公開」で対象になる陵墓は、書陵部の側が保全整備工事の必要性に応じて指定するのであり、学協会の側の学問的な関心によって選ばれるのではない。

毎年毎年根気よく「懇談」「限定公開」に参加し、書陵部の考えを聞き意見を交換し、書陵部が指定する陵墓の限られた範囲の見学を通じて僅かばかりの考古学的な知見を積み重ねてみたところで、それを学協会の側の主体的な学問的蓄積ということはできない。

もちろん学協会の側も、ただ手をこまねいてばかりいるのではない。平成十七年（二〇〇五）七月八日の書陵部長（田林均氏、当時）との「懇談」では、学協会は、学協会の側の指定する陵墓への立ち入りを要請した。つまり、応神天皇陵（誉田山古墳、大阪府羽曳野市）、仁徳天皇陵（大山古墳、大阪府堺市）、履中天皇陵（百舌鳥陵山古墳、大阪府堺市）、大市墓（箸墓古墳、奈良県桜井市）、神功皇后陵（五社《ごさし》神古墳、奈良県奈良市）、手白香《たしらか》皇女衾田陵《ふすまだ》（西殿塚古墳、奈良県天理市）、成務天皇陵（佐紀石塚山古墳、奈良県奈良市）、大塚陵墓参考地（河内大塚山古墳、大阪府松原市・羽曳野市）、推古天皇陵（山田高塚古墳、大阪府南河内郡太子町）、聖武天皇陵（多聞城、奈良県奈良市）、明治天皇陵（伏見城、京都市伏見区）である。このなかにはこの国の古墳時代を代表する古墳のほか、書陵部が陵墓として管理してはいるけれどもその実体は城郭である例もある。

それから一年を経た平成十八年（二〇〇六）七月七日に学協会の代表と書陵部長（折笠竹千代氏、現）との「懇談」があった。昨年の要請については「検討中」とのことであった。

それでは書陵部は部外者の陵墓への立ち入りを一切認めていないのかというと、それがそうでもない。片岡正人著「古代史情報」（『東アジアの古代文化』第一二七号〔二〇〇六年五月〕、大和書房）は、「情報公開法」による公文書開示にもとづいて平成十二～十七年度の陵墓への立ち入りの実態について明らかにしたものであるが、これによるとこの六年間に計三十七件の陵墓への立ち入り申請があり、少なくともこのうち後半の三年間における十九件の申請はすべて許可されているはずであるという。

この十九件の立ち入りの目的についてみれば、ここでみた学協会の代表を対象とした「限定公開」のほか、大阪府環境農林水産部緑整備室によるガンカモ科鳥類生息調査（応神天皇陵・仁徳天皇陵・反正天皇陵）、宮崎県教育委員会による地中レーダー探査（男《お》狭《さ》穂《ほ》塚《づか》女《め》狭《さ》穂《ほ》塚《づか》陵墓参考地）、また、国土地理院近畿地方測量部による国土調査に伴う基準点測量及びそれに伴う樹木伐採（大塚陵墓参考地）等である。

このうち宮崎県教育委員会による男《お》狭《さ》穂《ほ》塚《づか》女《め》狭《さ》穂《ほ》塚《づか》陵墓参考地への立ち入りは、西都《さいと》原《ばる》古墳群の整備事業の一環として位置付けられたもので、特に、「皇室において祭祀が行われている墳墓であることを認識し、行動すること」等を条件に許可されたものである。

このような実績がある以上、学協会による立ち入り要請は無下に却下することはできない。その後の宮内庁の対応が注目されるところであったが、平成十九年（二〇〇七）一月一日付（朝刊）『読売新聞』は、「陵墓　立ち入り調査容認　宮内庁　古代史研究前進も」の見出しで、新たな宮内庁の対応を報じた。これによると、宮内庁は新たな規則（「方針」）を設けて、学協会による立ち入り要請に応じる途を開いたということである。見学の人数や立ち入りの範囲には限定があるが、研究者から構成される学協会による学術調査目的の立ち入りが認められることの意義は大きい。制約があるとはいえ、研究者による実地の観察によって得られる知見には多くを期待することができよう。

しかしこれをもって、陵墓の公開ということができないのはもちろんである。この新たな事態に、学協会の側がどのような姿勢でのぞむのか。現在問われているのはむしろ学協会の側の姿勢である。

新「取扱方針」

この度、右に引いた『読売新聞』平成十九年（二〇〇七）一月一日付の記事が取り上げた「新たな規則」を「情報公開法」に基づいて入手したので、ここで紹介することにしたい。参考文書1「陵墓の立入りの取扱方針について」（平成十九年一月一日実施）と参考文書2「旧方針と新方針の相違点」（平成十八年十一月二十七日）のとおりである。なお参考文書3「古代高塚式陵墓の見学の取扱方針について」（昭和五十四年二月一日決裁）は、右に述べた学協会代表を対象とした「限定公開」や、片岡論文で明らかにされた平成十二〜十七年度に申請され、その多くが許可されたとみられる各種の団体による陵墓への立ち入り等の実施の根拠となったものである。以下これ（参考文書3）を旧「方針」、平成十九年一月一日実施のもの（参考文書1）を新「方針」として、両者を比較・検討することにしたい。

もっとも旧「方針」と新「方針」の比較は、参考文書2「旧方針と新方針の相違点」に明確であるが、まずは、念のため敢えて繰り返してみよう。

①立ち入ることのできる陵墓の範囲。「古代高塚式陵墓」（一般にいう古墳）のみが対象であったものを、「堂塔式陵墓」（堂や塔が建立されている陵墓）など陵墓全般に拡大したこと。

②立ち入る者の範囲。考古学等の史学の研究者のみが対象であったものを、それ以外の研究者にも拡大したこと。

③立ち入りの範囲。例えば古墳であれば「堤防その他の外周」までであったものを、「墳丘の最下段上面のテラスの巡回路」をも含めたこと。

しかし考えてもみれば、すでにみた片岡論文が論証したように、考古学等の史学以外の研究者の立ち入り（②）や、墳丘への事実上の立ち入り（③）は、新「方針」の実施以前にもなされていたことである。そうしてみれば、古墳以外の陵墓も立ち入りの範囲としたこと（①）を除いては、新「方針」は現状を追認したものに過ぎない。

とはいえ、現状が新「方針」として明文化されたことのもつ意味は大きい。『読売新聞』平成十九年（二〇〇七）三月二日付（朝刊）は、「宮内庁が立ち入り緩和を明文化　陵墓

（平成18年11月27日起案、同月29日決裁、施行年月日空白）

案

陵墓の立入りの取扱方針について

記

1　書陵部長は、この方針に基づき、管理上支障のない範囲において、陵墓の立入りを許可することができる。

2　書陵部長が立入りを許可することができる場所は、業務の遂行や安全等に支障のない限りにおいて、次の各号に掲げる分類に応じ、当該各号に定めるところとする。

(1)　古代高塚式陵墓
堤防その他の外周部から墳丘の最下段上面のテラス巡回路まで（巡回路が無い場合は、墳丘裾に一番近い巡回路まで）

(2)　前号以外の陵墓
書陵部長が定める外構囲障まで

3　書陵部長が立入りを許可することができる者は、考古学などの歴史学又は動物学、植物学などを専攻する次の各号に掲げる者とする。

(1)　大学、短期大学又は高等専門学校の教員
(2)　都道府県又は市町村教育委員会に所属する者
(3)　研究機関又は研究団体が主体となって行う研究に従事する者
(4)　前3号に掲げる者のほか、書陵部長が適当と認める者

4　書陵部長は、立入りを希望する者が所属する、機関の長又は団体の代表者からの申請に基づき、立入りを許可するものとする。ただし、特別な理由があると書陵部長が認める場合及び立入りを希望する者が機関又は団体に属していない場合は、本人からの申請に基づき、立入りを許可するものとする。

5　許可する日時、人員、区域、その他立入りの実施に当たり必要な事項は、その都度、書陵部長が定める。

6　この方針に基づく立入りの実施は、書陵部職員の立会いの下に行うものとする。

7　この方針の実施について必要な事項は、書陵部長が定めることができる。

附則

1　この方針は、平成19年1月1日から実施する。

2　当分の間、原則として、この方針に基づく立入りの許可の件数は、年間で数件とし、かつ、一件当たりの人数を16名以内とする。

参考文書1　「陵墓の立入りの取扱方針について」（平成19年1月1日実施）

［参考］

平成18年11月27日

書陵部

旧方針と新方針の相違点

はじめに

「陵墓の立入りの取扱方針について」（以下「新方針」という。）は、昭和54年２月１日に定めた「古代高塚式陵墓の見学の取扱方針について」（以下「旧方針」という。）との大きな相違点は下記のとおりである。

記

1　対象陵墓が旧方針では古代高塚式陵墓のみであったのを、新方針では堂塔式陵墓を含めた陵墓全般としたこと。

〔理由〕陵墓には形態的には古代高塚式陵墓以外にも、堂塔式陵墓などがあり、また、立地から見ると、城郭地のなかに含まれる陵墓（明治天皇陵など）もある。古代高塚式陵墓のみを対象としていたのでは、遺漏をきたすことによる。

2　見学の対象者が考古学等の史学を専門とする研究者であったのを、動植物の研究者などにも拡大したこと。

〔理由〕陵墓の立入については、考古学研究者のみばかりではなく、動植物の研究者、地質学等の研究者などからも要望がある。これらについては従来、対応できる内規がなかったため、旧方針の趣旨を準用していた。今回、新方針の策定にあたり、考古学以外の研究者も対象としたのはそのためである。

3　見学の対象範囲

(1)　古代高塚式陵墓の場合、堤防その他の外周部までとしていたのを、墳丘の最下段上面のテラスの巡回路までとしたこと。

(2)　新たに堂塔式陵墓ほかという項目を設けたこと。

〔理由〕古代高塚式陵墓の事前調査の際に、歴史関係学会が立入見学が《ママ》行う場合、安全対策のため、墳丘の最下段上面のテラスの巡回路までに立ち入ることもあって、旧方針との間に乖離が認められるようになったこと、また、古代高塚式陵墓以外の陵墓（堂塔式陵墓など）においても、動植物の生態調査などがあること、などによる。

4　その他、基本的内容は旧方針を引き継ぐものである。

参考文書２　「旧方針と新方針の相違点」（平成18年11月27日）

（昭和54年１月30日起案、同年２月１日決裁、施行年月日空白）

古代高塚式陵墓の見学の取扱方針について（伺い）

考古学等の研究者の古代高塚式陵墓の見学を下記の方針により取り扱うこととしてよいか、伺います。

記

1　書陵部長は、考古学等の史学を専門とする研究者を対象として、古代高塚式陵墓（陵墓参考地を含む。）の堤防その他の外周部について、管理上支障のない範囲において、立入り見学を許可することができる。

2　見学することができる者は、次に掲げる者とする。

⑴　大学、短期大学若しくは高等専門学校の教員又は都道府県若しくは指定都市の教育委員会に所属する者

⑵　研究機関又は研究団体が主体となって行う考古学等の史学の研究に従事する者

⑶　前２号に掲げる者のほか、書陵部長が適当と認める者

3　見学の申請は、見学を希望する研究者が所属する機関の長又は研究団体の代表者から行わせるものとする。ただし、所属する機関又は研究団体のない者については、本人から申請させるものとする。

4　見学の日時、人員、区域その他実施方法については、その都度、書陵部長の定めるところによる。

参考文書３　「古代高塚式陵墓の見学の取扱方針について」（昭和54年２月１日決裁）

『新規則』に意義」との見出しで文化部記者片岡正人氏による記事を掲載し、新「方針」の内容を紹介しつつ、書陵部陵墓課勤務の経験をもつ土生田純之《はぶたよしゆき》氏（専修大学教授）と書陵部陵墓課の陵墓調査官福尾正彦氏と外池のコメントを載せた。土生田《はぶた》氏は新「方針」を「ドラスティックな変化」と高く評価したものの、福尾氏は「実態に合わせて明文化しただけ」と強調する。このふたつのコメントの差はことばの上でみる限り確かに大きい。しかしふたつのコメントがともに新「方針」の本質をよく捉えたものであることにこそ、今日の陵墓を取り巻く環境の複雑さがよく表現されているとみることができる。

その上で片岡氏は、「学界は今後、『新規則』（引用註、新「方針」）を活用して積極的に陵墓の立ち入り調査を行い、その成果を社会に還元していく必要がある。現在のような学界だけの運動の枠を超えて、地域住民との連携を図っていくことが、一般公開への道を開く上で極めて重要となるだろう」と記事を結ぶ。

しかしこの新「方針」については、これとは異なった視点からの報道もある。『神社新報』平成十九年（二〇〇七）三月五日付は、一面トップの扱いで「旧方針との相違三点　陵墓立入りに新方針　宮内庁『従来の方針に変はりはない』」との見出しで、新「方針」の内容を報じた。ここにいう「三点」とは、右にみた①〜③である。記事は学協会による運動についても言及しつつ、「しかし祭祀の場たる陵墓の尊厳護持を訴へてきた神社界では陵墓見学の範囲を広げる動きを憂慮し、『学問を理由に、祭祀の場たる陵墓の静謐と安寧を乱されることのないやう、今後も陵墓発掘に向けての動きを注視していきたい』との声が多く聞かれる」とする。

本書でこれまで述べてきたように、確かに陵墓は天皇による祭祀の場である。しかしそれと同時に、陵墓として管理されている古墳は他にかけがえのない貴重な文化財でもある。つまり、学問の対象である。その両者は果たして全く矛盾することでしかあり得ないのであろうか。同じく新「方針」を大きく取り上げた『読売新聞』三月二日付と『神社新報』三月五日付とを読み較べての、率直な感想である。

地域史の視点から

近年の陵墓研究の特徴に、地域史の視点から陵墓を捉え直そうという動向がある。考古学や古代史の立場から今日陵墓として管理されている古墳の築造された当初の姿を想定して研究の対象とするのではなく、古墳がどのようにして陵墓として管理されるようになったのか、あるいは、陵墓は地域社会のなかでどのような役割を果たしてきたか等という視点による研究である。この場合拠り所となる史料にはもちろん宮内庁書陵部所蔵のもの等もあるが、やはり何といっても地域に伝えられてきた史料が主要な位置を占める。

このような視点による研究のなかでまず取り上げたいのは、西田孝司著『雄略天皇陵と近世史料—河内国丹南郡南嶋泉村松村家文書—』（一九九一年、末吉舎）である。書名によって明らかなとおり、雄略天皇陵（高鷲丸山古墳・平塚古墳、大阪府羽曳野市）に接する南嶋泉村の庄屋松村家文書をひもとくなかで、主に江戸〜明治期における雄略天皇陵と地域社会とのつながりを論じたものである。江戸時代にあっては雄略天皇陵は、地域社会のなかで農業用水を供給する溜池として、また入会地《いりあいち》（一定地域の住民が立ち入って樹木の伐採や下草刈り等ができる一定の場所のこと）として貴重であった。それが幕末期の文久の修陵以降、次第に天皇による祭祀の対象として整備されていったのである。同書は庄屋文書に拠りつつその経緯を丹念に明らかにしたものである。

陵墓をめぐるこのようなテーマは、何も雄略天皇陵に限ったことではない。雄略天皇陵も存する羽曳野市による『羽曳野市史』は、市域内の陵墓についての史料を網羅的に取り上げている。

『羽曳野市史』第二巻本文編２（平成十年）は、「近世編」では第五章「幕末の羽曳野」に第三節「陵墓の改修」（執筆者藪田貫氏）を、「近代編」では第二章「近代国家と羽曳野」に第五節「近代の陵墓及び教育」（執筆者小路田泰直氏）を設け、地域社会と陵墓とのつながりについてよく論じている。

また、この『羽曳野市史』本文編に先立って発行された『羽曳野市史』史料編も地域に伝わる陵墓に関わる史料を博捜し、多くのページを割いて載せていることも注目に値する。『羽曳野市史』第五巻史料編３（昭和五十八年）（担当委員藪田貫氏）は近世史料を収録するなかで一〇「陵墓」に１「陵墓改め」・２「修陵」・３「山陵研究」を設け、『羽曳野市史』第六巻史料編４（昭和六十年）（担当委員山中永之佑氏・酒井一氏）は近代史料を収録するなかで〔教育・文化〕二「陵墓と文化財」に１「陵掌・陵丁と陵墓の管理」・２「白鳥陵の陵地献上」・３「陵墓の調査」・４「文化財の発見と保護」を設けている。このことは、『羽曳野市史』が史料編全体のなかで陵墓に関する史料を、市域の歴史を語るために欠かすべからざるものとして位置付けていることの何よりのあらわれである。

『羽曳野市史』を初めて閲覧した時、私はこの地域における陵墓に関する近世・近代史料の層の厚さに驚くとともに、『羽曳野市史』が陵墓関連の史料を豊富に収録していることに対して畏敬《いけい》の念すら抱いた。と同時に私は、陵墓について研究をするといっても、宮内庁書陵部所蔵の史料等ももちろん大切であるが、この『羽曳野市史』が収録するような地域に伝わる史料にもしっかりと学ぶ必要を痛感したのである。例えば、第一章「創られた天皇陵」2「文久の修陵」でみた資料6「安閑天皇陵敷地買い上げ絵図」も、この『羽曳野市史』で紹介され、検討も加えられたものなのである。その後右にみた西田氏の業績に触れ、私はますますその感を強くしたのであった。

ここに紹介した西田著『雄略天皇陵と近世史料』と、『羽曳野市史』は、その成果においても、またその研究法においても、陵墓の研究についての新しい分野を切り開いたものである。いずれも羽曳野市、あるいは古市古墳群に関するものであったが、基本的には、陵墓が存するそれぞれの地域でこのような研究法が可能なはずである。事実、羽曳野市に隣接し、やはり古市古墳群に属する多くの巨大前方後円墳を擁する藤井寺市による『藤井寺市史』も、史料編で地域に伝わる陵墓関係の史料を豊かに収録する。

さらに他の地域にあっても、陵墓に関する史料に注目した調査・研究成果が続けて発表されている。今後ますます、地域史の視点からの陵墓研究はさまざまな角度から取り組まれることであろう。

＊

陵墓についての研究には、ここでみたようにさまざまな方法がある。研究・学術調査目的の立ち入りが宮内庁によって禁じられ、情報・資料が包み隠されている感のある陵墓ではあるが、それにもかかわらず実に多くの研究の方法があり得るのである。陵墓は決して隠し切れるものではない。

それはなぜか。陵墓が社会一般の関心事であるからである。この国の国家形成期に形作られたかけがえのない貴重な文化財が、文化財としての指定も受けず、一切の学術調査から遮《しゃ》断《だん》されている現状に広く社会一般の批判の眼差《まなざ》しが向けられているからである。ここでみた陵墓研究のためのさまざまな方法は、何も研究者の伊達《だて》や酔狂《すいきょう》のためにあるのでも、学者や学界の勢力争いのためにあるのでもない。社会一般の陵墓に対する関心に応えるためにあるのである。陵墓に関する事柄を専攻するひとりの研究者として、自戒を込めてこう言いたい。

おわりに――「聖域」としての天皇陵

本書もいよいよ終わりに近づいてきた。ここでは改めて「はじめに――天皇陵と宮内庁」で設定した問題に立ちかえって、天皇陵が「聖域」とされる理由に直接立ち向かうことにしたい。その際のキーワードはやはり天皇による祭祀というほかはないが、陵墓をめぐる最近の動向にも眼を配りながら、今日天皇陵が現実に「聖域」として管理されていることの真相に迫ることにしたい。

陵墓の制札

読者の皆さんのなかには天皇陵を訪れたことがある方も多いであろう。すると必ず「宮内庁」による制札がある。本書でもしばしば話題にしてきたところである。そこには次のようにある。

○○天皇陵
一、みだりに域内に立ち入らぬこと
一、魚鳥等を取らぬこと
一、竹木等を切らぬこと
宮内庁

一見何ということもない。しかしこうして読み直してみると、陵墓についての重要なメッセージが込められていることに気付く。

まず初めに書かれていることは、ここには誰が葬られているのかということである。次には、中に入ってはいけないということが書かれている。魚や鳥を取るなとか竹や木を切るなというのも、要は中に入るなということである。「みだりに域内に立ち入らぬこと」という一行に尽くされているとみてよい。そして、中に入ってはいけないという主体は「宮内庁」である。

しかし制札には、なぜ立ち入りが禁じられているのかについては記されていない。陵墓を訪れた人びとは制札によって中に入ってはいけないことはわかっても、その理由は自分で考えなければならない。

とはいえ、宮内庁が陵墓の内部への立ち入りを禁止している理由は、読者の皆さんにはもうよくおわかりのことであろう。陵墓には皇室の先祖の御霊が安んじておりその静安は守られねばならず、現に天皇による祭祀が行なわれている場所であるから、というのがその理由である。宮内庁の説明は実に一貫していてぶれるところがない。

この説明からすれば、天皇による祭祀の対象は御霊である。その御霊が存するのが陵墓の域内であり、そのために陵墓の域内は「聖域」とされるのである。このような天皇による祭祀の成立の経緯については、すでに第四章「天皇による祭祀」で触れた。そこで述べたように、今日における祭祀の原型は明治三年（一八七〇）十一月二十八日「御追祭定則」で初めて創り出されたものである。

宮中三殿と陵墓

さてそれでは、その天皇による祭祀の実態とはどのようなものなのであろうか。

まずは宮中三殿である。皇居内にある宮中三殿は、中央の賢所《けんしょ》、左側の皇霊《こうれい》殿、右側の神殿、また皇霊殿の左の神嘉《しんが》殿等から成る。ご神体は、賢所には伊勢神宮にある神鏡の写しが「一ノ御座」と「二ノ御座」の二座、皇霊殿には歴代天皇の霊と皇族の霊の二座、神殿には天神地祇（天の神、地の神）の一座がある。このうち陵墓に直接関係があるのは皇霊殿である。

ここで、皇霊殿における祭祀と陵墓とのかかわりについてみることにしたい。といっても史料上の制約からその詳細を確認することは困難である。そこで、平成十八年（二〇〇六）四月十三日の桓武天皇千二百年式年祭と同月三日の神武天皇祭を取り上げて、一般に明らかにされている皇室の動静の範囲からその実態を探ることにしたい。式年祭とはすでに亡くなった天皇・皇族のいわば年忌で、第四章「天皇による祭祀」２「式年祭とは」でみたとおりである。神武天皇祭は神武天皇が亡くなったとされる四月三日に毎年行なわれる祭祀である。

まずは四月十三日の桓武天皇千二百年式年祭についてである。四月五日に天皇・皇后、また皇太子・同妃は御所で「千二百年御式年にあたり桓武天皇ご事蹟について」のご進講を受けた。そして桓武天皇千二百年式年祭当日の四月十三日には、皇霊殿と桓武天皇陵（京都市伏見区）で祭祀が行なわれた。皇霊殿での祭祀には、天皇・皇后、皇太子、秋篠宮・同妃、常陸宮・同妃、高円宮妃の、桓武天皇陵での祭祀には、三笠宮寛仁親王の参列があった。

このように、桓武天皇千二百年式年祭における祭祀は、皇霊殿と桓武天皇陵とで行なわれたが、敢えて言えばその中心は皇霊殿での祭祀にあると考えられる。桓武天皇陵には勅使が差遣されたと思われるが、それを含めて考えても皇霊殿での祭祀の優位性は揺らがない。

それは、四月三日の神武天皇祭についてみても同様である。皇霊殿で行なわれた「神武天皇祭皇霊殿の儀」には、天皇・皇后、皇太子、秋篠宮・同妃、常陸宮・同妃、三笠宮寛仁親王、高円宮妃の参列があったものの、神武天皇陵（奈良県橿原市）での祭祀には皇族の参列はなかった（以上、皇室の動静については『皇室』第三十一号〔平成十八年夏号、扶桑社〕による）。

今僅かに二例を挙げたに過ぎないが、基本的な構造はこれによっておおむね推し測ることができよう。

とはいえ陵墓は、天皇による祭祀のなかで、皇霊殿と並んで「聖域」として重要な位置を占めていることが明らかである。これが、陵墓の制札に「みだりに域内に立ち入らぬこと」とあることの理由である。

祭祀と宮内庁

さて宮内庁は、このような天皇による祭祀にどのようにかかわっているのであろうか。明らかにし得ない部分があまりにも多く、ここでそのすべてを述べることは到底できないが、およその構造は解明できるのではないかと思っている。

宮内庁の組織についてはすでに「はじめに——天皇陵と宮内庁」で触れた（図1「宮内庁組織図」）を、ここで今一度振り返ると、まず、宮内庁長官のもとに内部部局、施設等機関と地方支分部局の三部局に分かれる。このうち内部部局は、長官官房、侍従職、東宮職、式部職、書陵部と管理部から成る。さて、天皇による祭祀に関与しているのはどこなのであろうか。

天皇・皇后が行なう祭祀ということでいえば、侍従職が関与していることが考えられる。勅使の差遣についても同様である。また、皇太子・同妃の参列があるということでいえば東宮職、各宮家の参列があるということでいえば長官官房の関与が考えられる。長官官房に属する宮務課は、各宮家に関する事務を管掌する。そして儀式に関する諸事は式部職の掌る所である。儀式に際して雅楽を奏でる楽部は式部職に属している。

そこで気になるのが、書陵部、なかでも陵墓課や陵墓監区事務所である。陵墓監区事務所は現地における陵墓の日常的な管理を業務とし、陵墓における祭祀にも携わるのではあるが、それはあくまで現地における日常的な陵墓管理の範囲であり祭祀の主体としてではない。また陵墓課は陵墓管理係と陵墓調査室から成るが、陵墓の管理と調査を業務とするものであって、陵墓における祭祀には関与していない。宮内庁全体を見渡しても名称に「陵」「陵墓」を冠する部局は、書陵部や陵墓課・陵墓監区事務所しかないが、書陵部に属する部局が陵墓における祭祀に主体的にかかわることがないというのは、いささか意外な感を免れ得ない。

この点について後藤真《ごとうまこと》著「現用文書よりみた陵墓—情報公開請求による文書の分析を中心

に――」(『奈良歴史研究』第六十六号〈二〇〇六年九月、奈良歴史研究会〉)は、「情報公開法」による開示請求によって得られた陵墓の祭祀をめぐる公文書の分析を通じて、陵墓課が天皇による祭祀に関与していないことを明らかにした。

この後藤氏の論文に機敏に反応したのが『読売新聞』である。平成十八年(二〇〇六)十月二十四日付『読売新聞』大阪本社版(夕刊)は「奈良歴史研究会　会誌で陵墓問題特集　〝本義〟果たせぬ宮内庁陵墓課」との見出しで後藤論文を紹介し、「この事実は、これまで歴史・考古学の学術団体が、陵墓公開の運動を書陵部陵墓課を対象に行ってきたことに、重大な疑義を提起することにもなる。陵墓課が公開の決断を左右しうる部署だったのか――。学界側も戦略の練り直しが迫られそうだ」と、第六章「聖域か文化財か」2「天皇陵研究法」で取り上げた学協会による取り組みをも視野に入れつつ、天皇による祭祀と陵墓課との関係を論じているのは注目される。

掌典職

それに対して、天皇による祭祀に極めて重要な役割を果たす組織がある。掌典職《しょうてん》である。宮内庁には属さず天皇に直接仕える内廷職員とされ、人件費は天皇・皇后をはじめとする内廷の私的生活費としての内廷費から支出される。つまり公務員ではない。そのため掌典職は「はじめに――天皇陵と宮内庁」の図1「宮内庁組織図」には載せられていない。

掌典職には、掌典長の統括の下に掌典次長・掌典・内掌典等が置かれている。掌典職は天皇による祭祀を管掌するが、一年を通じてそのスケジュールは過密であり、これらに掌典職は関与するのである。そしてこのなかには、宮中三殿での祭祀とともに陵墓で行なわれる祭祀が含まれる。右にみた式年祭・神武天皇祭もそこに数えられる。陵墓が祭祀の対象であることが、ここによくあらわれている。宮中三殿（賢所・皇霊殿・神殿、また神嘉殿）とともに、陵墓は確かに聖域として位置付けられている。

掌典職の職務の内容については詳らかでない部分が多いが、高谷朝子著『宮中賢所物語―五十七年間皇居に暮らして―』（二〇〇六年、ビジネス社）は、昭和十八年（一九四三）六月一日に内掌典を拝命してから平成十三年（二〇〇一）三月三十一日に退職するまで五十七年間もの長きにわたって内掌典として天皇による祭祀に仕えた著者からの聞き書きとして、この上なく貴重である。

トピック①宮中三殿の耐震補強工事

このように、祭祀は天皇にとってはまさに本質であり、宮内庁にとっても極めて大きな問題である。以下、これに関連する動向から注目されるトピックを二点取り上げることにしたい。

まずは宮中三殿をめぐってである。平成十八年（二〇〇六）五月二十九日付の夕刊各紙は、宮中三殿の老朽化のため耐震補強工事を五月末から約十か月かけて行なうことになり、それに先立って同日午前に三殿の「ご神体」を仮殿に移す「奉遷の儀」が行なわれたことを報じた。皇宮警察の防災査察さえ拒否するという宮中三殿であるが、平成十六年（二〇〇四）夏の耐震劣化詳細調査の結果、補強が必要とされたのである。

ここで注目されるのは、同日付『読売新聞』(夕刊)が「神事を行う三殿は皇室の財産だが、『公的な色彩を持つ』として、改修費には公費である宮廷費を充てる」と報じた費用の出所である。宮廷費とは、皇室の私的な費用である内廷費に対して、皇室の公的活動のための経費である。宮中三殿の耐震補強工事の費用が宮廷費から支出されるということは、宮中三殿について、少なくとも何らかの意味において公的なものとされたことを示すものである。

しかし、宮中三殿そのものは天皇の所有である。そして、宮中三殿での祭祀を担当する掌典職が内廷職員とされ、その人件費が内廷費から支出されていることもいまみたとおりである。

いったい、天皇による祭祀の要である宮中三殿は私的なものであるのか公的なものであるのか。天皇による祭祀の根幹にかかわる問題である。この度の耐震補強工事の費用が宮廷費から支出されることが、今後のこの問題をめぐる動向に一定の指針を示すことになるのか。それすらも定かなこととは言い難い。

トピック②合葬と規模縮小

次には、今後営まれる天皇陵のあり方についての報道である。平成十八年(二〇〇六)七月七日付(朝刊)の『東京新聞』『神奈川新聞』等は、「宮内庁　天皇陵の在り方検討　数年前から『合葬』中心テーマ」等の見出しのもとに、将来の課題として、宮内庁が象徴天皇制にふさわしい天皇陵のあり方の検討を数年前から始めていたことを報じた。共同通信社のスクープである。

検討の要点は、ひとつには天皇と皇后の合葬であり、もうひとつには陵の規模の縮小であり、さらには葬儀の簡素化である。いずれも、陵墓についての根本にかかわる極めて重要な問題ばかりである。

しかしここで考えなければならないことは、極めて重要なこの問題の検討を宮内庁のどこの部局が担当しているのかということである。共同通信社配信の記事はこの点について、「検討は法令解釈や皇室制度を担う審議官室が中心となり、皇室の歴史や天皇、皇族の陵墓を扱う書陵部、側近部局の侍従職、儀式の式部職などが担当する」とする。審議官室は宮内庁のなかでも長官官房に属する。つまり、このような天皇陵の根幹にかかわる事柄はまさに宮内庁全体の問題ということなのである。その場合中心になるのはあくまでも長官官房であり、陵墓に関する検討事項だからといって書陵部が中心となるのではない。記事が侍従職・式部職と並べて書陵部を挙げるように、書陵部といえども関連する部局のひとつにすぎないのである。

しかもこの問題は、宮内庁として結論が出ればそれで良いのではない。記事はその点について、「法令などの新たな制定や改正は必要ないとしているが、将来は内閣と調整することになる」とする。こうなるともはや政府全体の問題である。もちろんこの間には天皇・皇室の意向が反映されることであろう。

しかし考えてもみれば「天皇陵の在り方検討」といっても、そもそも現在の天皇陵のあり方はどのような法的根拠に立脚しているのであろうか。本書では、第二章「天皇陵決定法」

4「明治天皇陵の謎」で明治天皇陵がいわば超法規的に造営されたこと、同じく5『皇室陵墓令』と大正天皇陵」で大正天皇陵が大正十五年（一九二六）十月二十一日の「皇室陵墓令」を根拠に造営されたことを述べた。それでは、昭和天皇陵は何に基づいて造営されたのであろうか。

「皇室陵墓令」は「皇室令」として公布されたので、昭和二十二年（一九四七）五月三日の「日本国憲法」施行の前日で廃止された。その際「皇室陵墓令」にかわる新たな法令が制定されなかったので、同日付宮内府長官官房文書課長高尾亮一による「通牒」を根拠として、事実上「皇室陵墓令」の内容が引き継がれて今日に至っているのである。第四章「天皇による祭祀」2「式年祭とは」でみた明治四十一年（一九〇八）九月十八日「皇室祭祀令」の場合と全く同様である。

とすれば、宮内庁が象徴天皇制にふさわしい天皇陵のあり方を検討して今後営まれる天皇陵にそれを適用するのなら、いくら「法令などの新たな制定や改正は必要ない」とはいっても、それは少なくとも事実上の大正十五年十月二十一日「皇室陵墓令」の否定であることには違いない。

雅楽の文化財指定

ところで、宮内庁のなかでも「文化財保護法」による文化財指定を受けているものがある。式部職楽部による雅楽である。昭和三十年（一九五五）五月十二日に国の重要無形文化財に指定された。

この度文化庁に「情報公開法」に基づいて開示請求して入手した「雅楽」の「重要無形文化財としての指定について」(「昭和二十九年度諮問第四十号に関する文化財専門審議会における雅楽の指定説明資料」)1「雅楽について」は、雅楽の文化財としての価値について次のように述べる。

雅楽は平安の頃、最も盛んであつたが、一時非常に衰えたものを、江戸期に至つて再び盛況を見、明治以後は宮内省に専門の楽部が置かれ、楽人の養成と演奏に当つている。斯く歴史的にも芸術的にも極めて価値の高いもので重要無形文化財として国の保存保護の対象として挙げられるに価するものである。

「歴史的にも芸術的にも極めて価値の高い」ものであるから、「重要無形文化財として国の保存保護の対象」とする、つまり、「文化財保護法」の適用のもとに置く、というのである。これ程明確な「文化財保護法」と文化財との関係についての説明はない。とはいえこれは、文化財として指定する側の説明である。それでは、指定される側、つまり宮内庁の説明はどのようなものなのであろうか。

そこで、一般向けのパンフレットとして作成された宮内庁式部職楽部監修「雅楽」(平成十七年、財団法人菊葉文化協会)をみることにしよう。その「雅楽の文化的価値」の項は、「文化財保護法」と楽部の演奏する雅楽との関係について左のように述べる。

雅楽には（略）いろいろの種類や演奏形態がありますが、いずれも千数百年の伝統を有し、世界の最も古い音楽文化財として貴重な歴史的価値を持つものであり、宮内庁式部職楽部の楽師が演奏する雅楽は国の重要無形文化財に指定され、楽師の全員が重要無形文化財保持者に指定されております。

雅楽は、西洋音楽とは異る様式や楽器による高い芸術的価値を備えており、とくに和声と音組織における高度の芸術的構成によって、現代音楽の創造、進展に大きく寄与するとともに、雅楽それ自体が世界的芸術として発展する大きな可能性を有しております。

ここに、式部職による、楽部の楽師が演奏する雅楽の位置付けが極めて明瞭である。これは、まさに「文化財保護法」が「この法律は、文化財を保存し、且《か》つ、その活用を図り、もつて国民の文化的向上に資するとともに、世界文化の進歩に貢献することを目的とする」（第一条）、文化財のあり方そのものに他ならない。

このような式部職の雅楽についての考え方は、本書で述べてきた書陵部の陵墓についての考え方とおよそ対極をなすものである。しかも楽部の楽師によって演奏される雅楽は、陵墓の現地でなされる場合も含めて、天皇による祭祀にあって極めて重要な役割を果たす。同じ宮内庁であっても「文化財保護法」への対応が書陵部と式部職でこれ程異なるというのは、全く信じられない程である。

陵墓の公開とは

最後に述べておきたいのは、陵墓は公開されなくてはならないのか、また、何をもって陵墓の公開とするのか、という問題である。

まず、陵墓の公開とは何か、についてである。読者の皆さんは、どういうことを陵墓の公開というとお考えであろうか。私は、陵墓として管理されている古墳が学術調査の対象となり、その成果が分かりやすい形で学界・社会一般に公表されることを、陵墓の公開と考える。この点についてはあまり異論はないと思われるが、その学術調査の内容は何かということになると、実は議論が分かれるところである。

考古学者のなかには、学術調査といっても主には古墳の表面の観察や遺物の採集、また現況の記録にとどめ、発掘をともなった調査、なかでも埋葬施設、つまり石室・石棺等の発掘調査にまでは進むべきでない、という考え方がある。この背景には、発掘をともなった調査というのは古墳の破壊という一面を必然的に抱えるものであって、理想的な古墳の保存・調査・公開のためには、発掘をともなった調査、なかでもことに埋葬施設の発掘調査は避けるべきである。ましてや、今日宮内庁が陵墓として管理する古墳には巨大で学術上価値が高いものが多く、宮内庁によって管理されているために開発等による破壊の心配はない。となればなおさらである、という判断がある。

確かに古墳であれ何であれ、一度発掘してしまえばもう完全にもとのとおりには戻らない。そう考えれば、発掘調査をするべきでないという判断も一見もっとものようである。

しかし私は、どうしてもこの判断に賛成することができない。それは、現実に宮内庁によって陵墓として管理され、学術調査から隔絶されている巨大古墳の多くが、この国の国家形成期の歴史を示す、他にかけがえのない貴重な文化財としての価値があると思われるからである。遺跡の価値に優劣などあるべきではないが、それでもここで問題としている数多くの巨大古墳の文化財としての価値が極めて大きいことに、異を唱える向きはないであろう。どのような価値があるのか、どのような点で貴重なのか、それを学術上の手続きを経て解明し、その成果を学界にも社会一般にも誰にでもわかることばで説明してほしいと思うのである。その際、発掘はしませんでした、埋葬施設には手を付けませんでした、ということで良かろう筈はない。

もちろん拙速な発掘はいけない。充分な時間と経費をかけ、決して高松塚古墳で文化庁が犯した愚行を繰り返さないような組織の枠組みを作って、最高の技術を用い、慎重の上にも慎重を期して調査と保存に臨まなければならない。何年かかろうと、何十年かかろうと、それは当然のことであるし、是非そうしなければならない。そしてそのための努力と責任は、文化財の保存と活用（公開）に携わる人びとや学界の人士のみならず、広く社会一般にも課されるべきである。しかし、最終的な学術調査の到達点は、埋葬施設を含めた古墳全体の文化財としての価値の解明であるべきで、この学術調査に直接・間接に関与する者の側が、自ら古墳のなかで学術調査が及ばない部分を作り出すことがあってはならない。

今最もなされなければならないのは、陵墓として管理されている古墳の学術調査が、天皇による祭祀と果たして矛盾するのかしないのかについての、後世の検証に耐え得る手順を尽くした冷静な議論である。

＊

永年陵墓の研究を続けてきて思うことがある。これは官僚制相手の闘いであると。陵墓を現実に管理しているのは、まさに官僚制である。このことを忘れると、学術研究目的だから何とか理解を示して貰えるのではないか、などという甘い期待をつい抱いてしまう。これは何も宮内庁に限ったことではない。読者の皆さんもよくご存知のとおり、高松塚古墳も文化庁の官僚制の犠牲となって無残にも破壊されてしまうのである。

むしろ私には、陵墓が天皇による祭祀の対象であることの方がよほどわかりやすい。天皇であれ誰であれ、古墳であれ何であれ、祭祀の対象としようとしまいとそれはそれで構わないのではないか。しかしそのことによって、真摯な学術研究が妨げられてはならない。この国の国家形成期の、そしてその時代のアジアの歴史・文化・社会を明らかにしようとする営みが、何ものによっても、いささかなりとも妨げられることがあってはならない。これは何も一部の学者の研究テーマにとどまるものではない。社会一般の大きな関心事である。そのための学術的な営みと祭祀とは必ずや両立できる筈であるし、両立させなくてはならない。今日陵墓とされている古墳が宮内庁の管理のもとにある以上、宮内庁は国の機関のひとつであることの証としてその途を探る責任がある。

あとがき

本書では、歴史学の視点からの陵墓の研究を終生のテーマに選んで以来、悶々《もんもん》と思い続けてきたことを存分に書き連ねることができた。読者の皆さんの厳しい御批判を得られれば幸いである。

述べるべきことは本文でもう充分に述べたので、ここで敢えて書き足すこともない。本書を最後まで読んでくださった読者の皆さんに感謝を申し上げるばかりである。私としては今後もひたすら研究に精進し、その成果をわかりやすい言葉で世に問い続けてゆきたいと思う。

「まえがき」でも述べたように、本書を著すにあたって特に留意したことは、ひとつにはわかりやすい表現であること、そしてもうひとつは最新の研究や動向をよく採り入れることであった。それは陵墓の問題が、第一には、宮内庁だけの問題でも一部の研究者だけの問題でもなく、広く社会一般の問題であるからであり、第二には、陵墓についての問題は、もう解決済みの古い問題ではなく、まさに現在進行中の新しい問題だからである。

今後、陵墓の問題がどのように展開してゆくか、全く予断を許さない。読者の皆さんにも、どうぞ注目を怠らないでいただきたい。

最後になったが、新人物往来社『歴史読本』編集部佐藤實氏には、私のささやかな研究にもいささかの社会的な価値があることをお認めいただき、『別冊歴史読本』の天皇陵特集や『文久山陵図』、そして本書の原型となった『月刊歴史読本』の連載でもご一緒に仕事をする機会を与えてくださった。本書の刊行も、もとより佐藤氏のご尽力によるものである。記して、新人物往来社、ならびに、佐藤氏に心からの感謝を申し述べたい。また、貴重な所蔵史料をご提供くださった山田邦和氏に、御礼を申し上げたい。

外池　昇

平成十九年六月一日

参考文献（本文で示した文献は省いた。各文献の発行年は元号・西暦をあえて統一せず、それぞれの奥付に従った）

第一章　創られた天皇陵

1　江戸時代の姿

山田邦和・外池昇著「『文化山陵図』の一写本――家蔵考古学史史料の紹介と検討」（京都文化博物館『京都文化博物館研究紀要　朱雀』第十集、一九九八年）
三島吉太郎編『増補校訂蒲生君平全集』（明治四十四年発行、昭和八年増補校訂、盛文社）

2　文久の修陵

『羽曳野市史』第五巻　史料編3（昭和五八年、羽曳野市）
外池『幕末・明治期の陵墓』（平成九年、吉川弘文館）
外池『天皇陵の近代史』（歴史文化ライブラリー、二〇〇〇年、吉川弘文館）

3　神武天皇陵はどこに

日本史研究会編『日本の建国』（一九六六年、青木書店）
星野良作著『研究史神武天皇』（昭和五十五年、吉川弘文館）
原武史著『皇居前広場』（二〇〇三年、光文社新書）
神宮司庁古事類苑出版事務所編『古事類苑』（明治二十九年、神宮司庁）
三島吉太郎編『増補校訂蒲生君平全集』（明治四十四年発行、昭和八年増補校訂、盛文社）
『勤王文庫第三編山陵記集』（大正十年、大日本明道会）
森浩一編『考古学の先覚者たち』（昭和六十年、中央公論社）

外池『天皇陵の近代史』(歴史文化ライブラリー、二〇〇〇年、吉川弘文館)
和田軍一著「臨時陵墓調査委員会」(黒板博士記念会編『古文化の保存と研究——黒板博士の業績を中心として』昭和二十八年、吉川弘文館)
外池「『文久の修陵』における神武天皇陵決定の経緯」(調布学園短期大学『調布日本文化』第九号、平成十一年)
鈴木良・高木博志編『文化財と近代日本』(二〇〇二年、山川出版社)

第二章　天皇陵決定法

2　決定陵と未定陵

宮内庁著『明治天皇紀』第七(昭和四十七年、吉川弘文館)
外池『幕末・明治期の陵墓』(平成九年、吉川弘文館)

3　聖徳太子墓の謎

外池「江戸・明治期の聖徳太子墓」(佐伯有清編『日本古代史研究と史料』二〇〇五年、青史出版)

5　「皇室陵墓令」と大正天皇陵

椚國男著『土の巨人——考古学を拓いた人たち』(多摩歴史叢書四、平成八年、たましん地域文化財団)
外池「東京都の陵墓④—豊島岡墓地補遺、大正天皇多摩陵」(『多摩地域史研究会会報』第五十二号、二〇〇一年一月)
多摩地域史研究会編『多摩陵の造営と地域社会——多摩地域史研究会第15回大会《発表要旨》』(二〇〇五年、多摩地域史研究会)

外池「特別展『多摩陵・高尾と八王子』（八王子郷土資料館）を観て」（『多摩地域史研究会会報』第七十七号、二〇〇六年十二月）

6　長慶天皇陵を探せ

外池『事典　陵墓参考地――もうひとつの天皇陵』（二〇〇五年、吉川弘文館）

第三章　天皇陵の改定・解除

1　天武・持統天皇陵の改定

玉利勲著『墓盗人と贋物づくり』（一九九二年、平凡社選書）

増田一裕著「山陵図の基礎的考察――大和国山陵図を中心として」（日本考古学会『考古学雑誌』第八十一巻第二号、一九九六年二月）

外池「天武持統天皇陵の改定」（佐伯有清編『日本古代中世の政治と文化』平成九年、吉川弘文館）

外池『天皇陵の近代史』（歴史文化ライブラリー、二〇〇〇年、吉川弘文館）

2　豊城入彦命墓のゆくえ

群馬県史編さん委員会編『群馬県史資料編三　原始古代三（古墳）』（昭和五十六年、群馬県）

アーネスト＝サトウ著（庄田元男訳）『日本旅行日記　2』（一九九二年、平凡社東洋文庫）

外池「宮内省官員による群馬県内の古墳調査――明治十一年『宮内省諸陵掛検註写』」（調布学園女子短期大学『調布日本文化』第七号、平成九年）

外池『幕末・明治期の陵墓』（平成九年、吉川弘文館）

外池『天皇陵の近代史』（歴史文化ライブラリー、二〇〇〇年、吉川弘文館）

第四章　天皇による祭祀

2　式年祭とは

武田秀章著『維新期天皇祭祀の研究』（平成八年、大明堂）
外池「近代における陵墓の決定・祭祀・管理——式年祭の変遷」（歴史科学協議会『歴史評論』第六七三号、二〇〇六年五月）

第五章　もうひとつの天皇陵

2　安徳天皇陵と陵墓参考地

外池『事典　陵墓参考地——もうひとつの天皇陵』（二〇〇五年、吉川弘文館）

3　陵墓参考地の断面

外池『事典　陵墓参考地——もうひとつの天皇陵』（二〇〇五年、吉川弘文館）

第六章　聖域か文化財か

1　陵墓と文化財

小杉榲邨著「肥後国に埋蔵するめづらしき石棺」（帝国古蹟取調会『帝国古蹟取調会会報』第三号、明治三十五年）
濱田耕作・梅原末治・島田貞彦著「九州に於ける装飾ある古墳」（京都帝国大学『京都帝国大学文学部考古学教室研究報告』第三冊）
宇土郡役所編『宇土郡誌』（大正十年、宇土郡役所。昭和四十八年に名著出版より復刻）
九度山町史編纂委員会編『九度山町史』（昭和四十年、九度山町）

花岡興輝校訂「古墳発顕記録（抄）」（宇土市史研究会『宇土市史研究』第三号、昭和五十七年）
山中永之佑著「堺県公文録（一〇）」（堺市立中央図書館『堺研究』第十四号、昭和五十八年）
美原町史編纂委員会編『美原町史』第四巻　史料編三　近世・近現代（平成五年、美原町）
九度山町史編纂委員会編『改訂九度山町史』民俗文化財編（平成十六年、九度山町）
外池『事典　陵墓参考地――もうひとつの天皇陵』（二〇〇五年、吉川弘文館）

おわりに――「聖域」としての天皇陵

高橋紘著『象徴天皇』（一九八七年、岩波新書）
外池「最近の陵墓問題をめぐる動向について」（地方史研究評議会『地方史研究』第五十七巻第二号、二〇〇七年）

学術文庫版のための補足とあとがき

今後の天皇陵

ここで述べるのは、今後営まれることになる天皇陵についてである。今後の天皇陵のことは決まっているのではあろうけれども、その内容が外に洩れることなどないと思われるかも知れないが、そんなことはない。上皇（当時の天皇）自らの意思を発端として宮内庁内部で検討され、それがマスコミの報じるところとなったのである。ここでは主に新聞記事、また宮内庁の発表に拠りながらその経過をたどることにしよう。

これから述べる一連の動向の発端は、平成十八年（二〇〇六）七月七日付朝刊の新聞紙面に掲載された共同通信によるスクープである。これについては、「おわりに――『聖域』としての天皇陵」の「トピック②合葬と規模縮小」ですでに取り上げたのであるが、ここでもまずは同記事を手掛かりとしてみてゆくことにしたい。

さてこの記事は、共同通信による配信であったから、加盟社発行各紙には載ったであろうけれども、それ以外の各紙には掲載されていない。ここでは、管見の限りで記事の量が多い『神奈川新聞』に拠る。見出しは「天皇陵の在り方検討／宮内庁『合葬』が中心テーマ」で、記事の冒頭には「宮内庁が、将来の課題として、象徴天皇制にふさわしい天皇陵の新たな在り方について数年前から検討を始めていたことが六日、明らかになった。皇后との『合葬』が中心テーマになっている。昨年には検討課題を列挙した内部文書を作成している」とある。これによれば、宮内庁は平成十八年を遡る数年前から「天皇陵の新たな在り方」について検討をしていたという。

その主たる内容は何といっても合葬である。合葬陵の例を繙けば天武・持統天皇陵を挙げることができるが、それでも明治以降の天皇陵の在り方からすれば大きく外れるものである。また天皇陵の規模も、昭和天皇・香淳皇后の陵よりも小さなものとし、あわせて葬儀の簡素化を図ることも検討されているという。ここで陵の合葬なり規模なりを問題にし得たというのは、大正十五年（一九二六）十月二十一日に定められた「皇室陵墓令」等の「皇室令」が、昭和二十二年（一九四七）五月三日の「日本国憲法」の施行に伴なって失効していたからにほかならない。

しかし、共同通信のこのスクープに他紙が追随することもなく、また、宮内庁も少なくとも表向きには反応せず、以後暫くの間は関連する動向が紙面を賑わすこともなかった。

それが再び新聞紙上にあらわれるのは、平成二十四年（二〇一二）三月に天皇が東大病院での冠動脈バイパス手術を無事に終えて退院した後のことであった。

同年四月二十六日の定例記者会見で羽毛田信吾《はけたしんご》宮内庁長官は、両陛下が自身の葬儀・陵をできるだけ簡素にすることを望んでいるとし、火葬を前提として合葬も視野に入れ、陵の規模や葬送のあり方について約一年かけて検討する旨述べた（『読売新聞』平成二十四年四月二十七日付朝刊等）。

この意向は「かなり以前から両陛下が繰り返し言われていた」（『毎日新聞』同日付朝刊）

とされるが、そうであれば、すでにみた平成十八年七月の共同通信の配信記事は、真実を伝えるまさにスクープであったといえるのである。また、両陛下の意向が根源だということであれば、より詳しいその内容に社会一般の関心が向かうのは、むしろ当然であろう。

宮内記者会は、平成二十四年十月二十日の皇后の七十八歳の誕生日に向けて予め質問を寄せていたが、そのなかには、この件について「陛下とどのような話をされているか」との項目もあった。

これについての回答は、宮内庁の「事柄が両陛下のご喪儀に関することであり、この問題に対するお気持ちを皇后陛下のお誕生をご慶祝する日にお示しいただくことは適切ではない」（平成二十四年十月二十日「皇后陛下お誕生日に際し」）との判断により、他日に期されることになった。

風岡典之《かざおかのりゆき》宮内庁長官は平成二十五年十一月十四日に、「今後の御陵及び御喪儀のあり方についての天皇皇后両陛下のお気持ち」を発表した。そこには、陵をやや縮小すること、合葬も視野に入れることが述べられているのと同時に、合葬は「あまりに畏れ多く感じられる」との皇后の「お気持ち」、そして「火葬の場合は御陵の規模や形式をより弾力的に検討でき」、「今の社会では、既に火葬が一般化していること」も述べられている。

同日宮内庁はあわせて「今後の御陵及び御喪儀のあり方について」も公表し、より具体的な見通しを示した。そのおよその主旨を述べれば、地形を勘案し陵の場所を大正天皇陵の西側とすること、合葬とはしないが天皇陵と皇后陵を一体的な御陵であるようにすること、火葬のための専用の施設を設置すること、というものである。ここに天皇・皇后の合葬は実現されないことになったのである。

そのことによって、面積は、昭和天皇陵と香淳皇后陵の合計（四三〇〇㎡）の八割程度（三五〇〇㎡）となる見通しであるとする。[註] また、祭祀はそれぞれについて行なうという。この段階に至って、合葬については祭祀との関連で捉えられるようになっているのが何より特徴的である。以下、この点についてみることにしたい。

先にみた「今後の御陵及び御喪儀のあり方についての天皇皇后両陛下のお気持ち」から、祭祀の記述をみると、皇后が、「遠い将来、天皇陵の前で祭事が行われることになる際に、その御陵の前では天皇お一方のための祭事が行われることが望まし」いと述べることが眼を引く。また、「今後の御陵及び御喪儀のあり方について」をみると、「将来、天皇陵及び皇后陵で行われる祭祀が、それぞれの御陵で、その意義にふさわしく厳行できるような御陵の形状とする」、また、「鳥居及び御拝所は両御陵それぞれに設け、祭祀はそれぞれについて行うことになる形とする」との見通しが、明確に示されている。

とすれば、この一連の動向の当初の段階においては最も重要なテーマであった合葬が実現しなかった理由は明らかである。天皇陵が何のために存するのかということを考えればよい。本書の本編を読み終えられた皆さんにはもうおわかりいただけていることであろう。天皇陵は、まず何よりも祭祀の対象であるために存するのである。そして陵で行なわれる祭祀とは、あくまでもそれぞれの天皇・皇后を個別に対象としたものであったのである。

以上を通して、この動向以前の段階からみて変更された部分と変更されなかった部分があることが明瞭である。その変更された部分は合葬であり、変更されなかった部分はまさに祭祀ということになる。しかし、本書「第四章天皇による祭祀」でみたように、祭祀といってもその具体的な在り方は、およそ幕末から明治初頭にその萌芽がみられ、紆余曲折を経て明治四十一年（一九〇八）九月「皇室祭祀令」において結実したものの、昭和二十二年五月三日の「日本国憲法」の施行によって「皇室令」の効力が失われるという、決して平坦ではない道程をたどって、今日に至っているのである。

ここでみた、今後の天皇陵の在り方をめぐる動向も、天皇陵がその時々の人びとの考え方を反映しつつ、さまざまな在り方を経てきたことの一つの局面として捉えることができるであろう。今後もこの動向の展開について注視したい。

（註）この計算は、やはり宮内庁による同年十二月十二日の「武蔵陵墓地内に今後営建される御陵の規模に関する追加説明」によって、「天皇陵と皇后陵の間の樹林地が今後不要となることによる用地面積の縮小」を考慮した上で、大正天皇・貞明皇后陵に比して五十一パーセント、昭和天皇・香淳皇后陵と比して五十八パーセントとなることが、追加説明された。

世界遺産と天皇陵

令和元年（二〇一九）七月六日、ユネスコの世界遺産委員会は日本の推薦による「百舌鳥《もず》・古市《ふるいち》古墳群」（大阪府）の世界文化遺産への登録を決定した。近年登録された国内の世界文化遺産としては「『神宿る島』宗像・沖ノ島と関連遺産群」（平成二十九年七月）や「長崎と天草地方の潜伏キリシタン関連遺産」（平成三十年六月）等がよく知られているが、それに続くこの「百舌鳥・古市古墳群」は十九番目である。なお、世界遺産には世界文化遺産と世界自然遺産があるが、世界自然遺産をも含めて世界遺産全体としてみれば、この「百舌鳥・古市古墳群」は国内二十三番目である。「百舌鳥・古市古墳群」の世界文化遺産への登録については、これまでにも何度となく今年こそは決定するのではないかとの観測が流れたこともあったが、それを乗り越えての今回の決定であった。

各紙ともこれを大きく取り上げ、『読売新聞』七月七日付朝刊は、「大阪の古墳群世界遺産／ユネスコ決定　仁徳陵など49基」との見出しを掲げ、世界遺産委員会が示したその評価について「この時代の社会政治的構造、社会的階層差および高度に洗練された葬送体系を証明している」とした。

さて、この「百舌鳥・古市古墳群」の世界文化遺産への登録の最大の眼目は、何といってもその「古墳群」の主要部分を、そして極めて多くの部分を宮内庁が管轄する陵墓が占めていることである。右の『読売新聞』の記事の見出しにも「仁徳陵など49基」とあるほか、各紙同日付朝刊の見出しから拾えば、『朝日新聞』に「『仁徳陵』世界遺産に登録」、『日本経済新聞』に「『仁徳陵』世界遺産に決定」、『産経新聞』に「仁徳陵　世界遺産／陵墓で初、古墳群49基」等とある通りである。全四十九基の古墳のうち、二十九基が陵墓や陵墓参考地として宮内庁の管轄下にある。そうしてみれば、この度の世界文化遺産の決定は、「百舌鳥・古市古墳群」と銘打ってはいるものの、その中心は、そしてその大半は陵墓なのである（表7「世界文化遺産に登録された百舌鳥・古市古墳群の古墳・陵墓」参照）。

本書の読者はすでに、宮内庁が陵墓として管理する古墳には、極めてわずかの例外を除いては一切立ち入ることができないことはご存知である。そしてその理由が、それらの古墳が

表7　世界文化遺産に登録された百舌鳥・古市古墳群の古墳・陵墓

●百舌鳥古墳群

〈堺市〉

反正天皇陵古墳　反正天皇百舌鳥耳原北陵
仁徳天皇陵古墳　仁徳天皇百舌鳥耳原中陵
茶山古墳　仁徳天皇百舌鳥耳原中陵陪冢（域内陪冢）
大安寺山古墳　仁徳天皇百舌鳥耳原中陵陪冢（域内陪冢）
永山古墳　仁徳天皇百舌鳥耳原中陵陪冢（と号飛地）
源右衛門山古墳　仁徳天皇百舌鳥耳原中陵陪冢（ち号飛地）
塚廻古墳　国史跡
収塚古墳　国史跡
孫太夫山古墳　仁徳天皇百舌鳥耳原中陵陪冢（い号飛地）
竜佐山古墳　仁徳天皇百舌鳥耳原中陵陪冢（ろ号飛地）
銅亀山古墳　仁徳天皇百舌鳥耳原中陵陪冢（に号飛地）
菰山塚古墳　仁徳天皇百舌鳥耳原中陵陪冢（ほ号飛地）
丸保山古墳　仁徳天皇百舌鳥耳原中陵陪冢（へ号飛地）
国史跡
長塚古墳　国史跡
旗塚古墳　国史跡
銭塚古墳　国史跡
履中天皇陵古墳　履中天皇百舌鳥耳原南陵
寺山南山古墳　国史跡
七観音古墳　国史跡
いたすけ古墳　国史跡
善右ヱ門山古墳　国史跡
御廟山古墳　百舌鳥陵墓参考地
ニサンザイ古墳　東百舌鳥陵墓参考地

●古市古墳群

〈藤井寺市〉

津堂城山古墳　藤井寺陵墓参考地　国史跡（城山古墳）
仲哀天皇陵古墳　仲哀天皇恵我長野西陵
鉢塚古墳　国史跡
浄元寺山古墳　国史跡
青山古墳　国史跡

〈羽曳野市〉

応神天皇陵古墳　応神天皇恵我藻伏崗陵
国史跡（応神天皇陵古墳外濠外堤）

允恭天皇陵古墳　允恭天皇恵我長野北陵
仲姫命陵古墳　仲姫命仲津山陵
鍋塚古墳　国史跡
助太山古墳　国史跡
中山塚古墳　仲姫命仲津山陵陪冢〔い号飛地〕
八島塚古墳　仲姫命仲津山陵陪冢〔ろ号飛地〕
古室山古墳　国史跡
大鳥塚古墳　国史跡
東山古墳　国史跡
はざみ山古墳　国史跡
野中古墳　国史跡
誉田丸山古墳　応神天皇恵我藻伏崗陵陪冢〔域内陪冢〕
二ツ塚古墳　応神天皇恵我藻伏崗陵陪冢〔域内陪冢〕
東馬塚古墳　応神天皇恵我藻伏崗陵陪冢〔い号飛地〕
栗塚古墳　応神天皇恵我藻伏崗陵陪冢〔ろ号飛地〕
向墓山古墳　応神天皇恵我藻伏崗陵陪冢〔に号飛地〕
西馬塚古墳　応神天皇恵我藻伏崗陵陪冢〔は号飛地〕
峯ヶ塚古墳　国史跡
白鳥陵古墳　白鳥陵

〈羽曳野市・藤井寺市〉

墓山古墳　応神天皇恵我藻伏崗陵陪冢〔ほ号飛地〕　国史跡

（註）・古墳の名称は、世界文化遺産への登録の際のもので、文化庁によるもの。
・各古墳名の下に、宮内庁によって陵墓として管理されている古墳の場合には陵墓としての名称を記し、文化庁によって国史跡として管理されている古墳の場合には「国史跡」と記した。ただし、世界文化遺産の名称と国史跡としての名称に齟齬がある場合には、カッコ内に国史跡としての名称を追記した。
・「陪冢」「飛地」「域内陪冢」は宮内庁所管の場合の名称で、「陪冢」は、一般にいう「陪塚」と同じく大型古墳の近くに従うように造られた小規模の古墳を言い、そのうち「飛地」は元となる陵墓から離れて存するもの、「域内陪冢」は本となる陵墓の域内に存するものを言う。
・「白鳥陵」は、日本武尊（『日本書紀』による。『古事記』では「倭建命」）が亡くなって「能褒野陵」に葬られた後、白鳥と化して飛び立ってからとどまった二か所（「大和琴弾原」と「旧市《ふるいち》」）についていう。今日宮内庁は、「能褒野陵」として三重県亀山市に所在する古墳を景行天皇皇子日本武尊能褒野墓にあてるが、「白鳥陵」としては、奈良県御所市（「大和琴弾原」）と大阪府羽曳野市（「旧市」）に所在する古墳をそれぞれ「白鳥陵」にあてる。

天皇による祭祀の対象であることによるというのも、やはりご承知である。第四章「天皇による祭祀」等で縷縷《るる》みた通りである。

だとするとここに疑問が湧いてくる。以下、しばらく述べることにしたい。

公益社団法人日本ユネスコ協会連盟のホームページなどからみると、世界遺産というものはかなり厳格なものであることがわかる。まず、世界遺産は条約に基づいているということである。昭和四十七年（一九七二）十一月にパリで開かれた第十七回ユネスコ総会において採択され昭和五十年（一九七五）十二月に発効した「世界遺産条約」（正式には「世界の文化遺産及び自然遺産の保護に関する条約」）について、日本は平成四年（一九九二）六月に締結した。これに基づいて世界遺産に登録しようとするには、「世界遺産条約履行のための作業指針」で示された十の「登録基準」のうち、いずれか一つ以上を満たすとともに、そのデザイン、材質、機能などが本来の価値を有していることなどを示す「真実性」（オーセンティシティ）や、顕著な普遍的価値を示す「完全性」（インテグリティ）の条件も満たさなければならず、かつ、国内法によって適切な保護管理がなされていることをも求められるというのである。

文化遺産にしても自然遺産にしても、それぞれが独自にたどってきた歴史的経緯が必ずあるのだから、そもそも統一の規格による検討など簡単にできよう道理もないが、それでも右の条件に照らし合わせて考えなければならない。そうしてみると今回の「百舌鳥・古市古墳群」が世界文化遺産に登録される場合、概ね次のような問題が生ずるのではないかと考えられる。

①宮内庁によって陵墓として管理されている古墳には、立ち入りが厳しく制限されている。そのために古墳としての学術調査がなされないのが現状である。そのことの当然の帰結として、その固有名詞まではわからないとしても、例えばどのような人が葬られているのかということについての学術的な証明はできていない。宮内庁が○○天皇陵としているといっても、それは今日の学術的な水準を反映してのことではない。

②古墳は、築造された当初と今日とではその姿を大きく変えている。例えば、墳丘上の植生についてみても、少なくとも築造された当初には墳丘上には樹木など全くなかったと思われるが、その後長い年月を経て付近の村落の再生産の構造に組み込まれる中でそれに相応しい植生を有するに至り、あるいは城郭として利用されるようになり、幕末期の文久の修陵以降、次第に植生が陵墓に相応しいものへと変更されるようになって今日に至ったのである。どの時点を捉えて、古墳の植生の本来の姿とみたらよいのであろうか。

③ことに「百舌鳥・古市古墳群」の場合、都市化の影響が著しい。古墳を中心とした歴史的な景観が果たしてどこまで保存されているというのか。

④宮内庁が陵墓として管理する古墳には、文化財一般の保存・活用を規定する「文化財保護法」が適用されていない。かと言って、天皇陵について規定する「皇室典範」にも陵墓の保存・活用のための具体的な規定がある訳ではない。これで果たして、国内法によって適切な保護管理がなされていると言えるのであろうか。

ここまでみてくると、さらに次のようなことまでもが頭を過ぎってしまう。

⑤①でみた宮内庁の管理の理由は、天皇による祭祀の対象であるというものである。それな

らば、陵墓とされている古墳を世界文化遺産に登録するためには、天皇による祭祀をも含めた上で改めて考え直さなければ、整合性はとれないのではないか。

このように事態は複雑である。しかしそうであればこそ、天皇陵とされている古墳を「文化財保護法」に定められている史跡に指定するということは、充分考慮に値することだと思われる。なぜなら「文化財保護法」の第一条は「この法律は、文化財を保存し、且つ、その活用を図り、もつて国民の文化的向上に資するとともに、世界文化の進歩に貢献することを目的とする」というものであり、世界遺産の主旨にもよく適うと思われるからである。何も、世界遺産に媚びようというのではない。この条文は国内法における文化財行政についての最高の指針として素晴らしく、まさに国内の文化財は等しくこのようにあるべきではないか。

もっとも、百舌鳥・古市古墳群世界文化遺産登録推進本部会議（大阪府・堺市・羽曳野市・藤井寺市）のホームページ「世界文化遺産を大阪に／百舌鳥・古市古墳群」には、この点について「日本では、世界遺産の構成資産は、文化財保護法の指定等により恒久的に保護する必要があります」とあるのだから、この点は具体的な道筋がすでに立っているのかも知れない。もっとも、「文化財保護法の指定等」（傍点引用者）とある以上は、この点についての予断は禁物である。

と、色々思いを巡らせているうちに、その日は来た。本項冒頭にみた通り、令和元年（二〇一九）七月六日に「百舌鳥・古市古墳群」は世界文化遺産に登録されることが決まり、翌日の各紙朝刊では、大きな活字が紙面を賑わせたのである。

それでは記事をみることにしたい。ただしここでみるのは、決して「百舌鳥・古市古墳群」の世界文化遺産への登録をめぐる概論的な記事でもなければ、右にみた①~⑤の問題について取り上げた記事でもない。敢えて言えば、「百舌鳥・古市古墳群」の世界文化遺産への登録について、①~⑤のような問題にのみ執着しているようでは、世界文化遺産の本当の姿は見えはしないということを教えてくれる記事である。そのような記事を読むことによって、世界文化遺産ばかりではなく天皇陵についても、新たな視点を見出すことができるのではないかと思われる。

まず注目されるのは、『日本経済新聞』七月八日付（朝刊）の「おもてなし早くも始動／『仁徳陵』世界遺産に／ツアー企画や博物館にVR」との見出しの記事である。島根県から息子と観光に訪れた九十三歳の主婦の談話が載っている。同記事には「仁徳天皇陵古墳の拝所でボランティアガイドから説明を聞く人たち」との説明の入った写真が掲載されているから、この談話も当然仁徳天皇陵の拝所前でなされたのであろう。引用する。

「上から見た映像と全く違い、目の前で見ると壮大で迫力がある」と驚いた様子。「貴重な体験ができた」と満足げに写真を撮っていた。

この主婦が見たのは仁徳天皇陵なのであるから、当然墳丘には入れない。しかしそれでもこの主婦は「壮大」で「迫力がある」と感じ、「映像とは全く違」う「貴重な体験ができた」というのである。

ここには、その古墳が宮内庁の管理下にあるかどうかなどという考えが入り込む隙は少しもない。古墳にはなるべく近くに寄った方がよく見えるのではないかとか、できることなら立ち入るとかして間近に観察できた方が「迫力」をより感じられるのではないかとか、あるいは、拝所から遥か遠くにこんもりと木々が繁った景色を眺めただけではあまり古墳の様子はわからないのではないかと思われるが、少なくともこの談話の場合ではそういうことでもないようである。また、近くに寄ったり立ち入ったりできないのなら、VR（バーチャルリアリティー）も含めて諸種の映像が理解の助けとなるであろうとの考えも、ここではそうとも言えないようである。

もっとも、この記事とは反対の傾向を示す記事もある。『毎日新聞』七月十八日付朝刊「史跡指定で市民の手に／百舌鳥・古市古墳群　世界文化遺産」との見出しの大阪学芸部花澤茂人氏による記名記事である。登録決定二日後の七月八日の、やはり仁徳天皇陵の拝所前での同記者による観察である。「観光客らしき人が20人ほどいたが、多くはボランティアガイドの説明を聞いて記念写真を撮ると去っていった。『これだけかあ』という男性の声が聞こえた。／古墳に沿って歩いてみた。柵越しに見えるのは濠《ほり》の濁った水と、森のような堤だけ。墳丘に近づけないというだけでなく、拒絶されたような寂しさが残った」というものである。いかにも多くの人びとがそう感じるのではないかと思わせる記事ではあるが、これをもって右の主婦の談話の価値がいささかも否定されるものではない。

もう一つ、決して見過ごすことができない記事がある。『神奈川新聞』七月七日付「49基驚きの〝満額回答〟／百舌鳥・古市古墳群／復元巡り激論、一部除外覚悟」との見出しの記事である。共同通信の配信であろう。引用する。

問題になったのは、整備の方法。世界遺産の登録には「オーセンティシティ（真実性）」、すなわち「本物であること」が求められる。人の手を極力加えないのが望ましい、という考え方だ。

陵墓を訪れた委員は、宮内庁が市民の立ち入りを制限し、厳粛に管理する姿を高く評価。「パーフェクト。これなら真実の姿が未来に伝わる」と感嘆していたという。

ここで「委員」というのは、ユネスコの諮問機関である国際記念物遺跡会議（イコモス）の委員である。さらに記事の先を見よう。

日本の文化財行政は「復元整備」が基本。地下に埋もれた遺跡の価値が分かりやすいよう、建物や状況を復元する―という論理だ。

堺市は、寺山南山古墳に発掘で確認した円筒埴輪《はにわ》を並べて当初の姿に復元、墳丘にも登れるようにする計画だった。古墳とはどんなものか見せたい、という意図だったが、委員は「今のままでいい。それが真実性だ」と全否定したという。

藤井寺市では、鍋塚古墳や助太山古墳で崩れた墳丘に土を盛っていた。

焦げ茶色の腐葉土が積み重なった墳丘に、黄色っぽい真砂土を盛った現状に、委員は「なぜ手を加えたのか」「オリジナルと同じ土を使うべきではないか」と指摘。

同市の山田幸弘世界遺産登録推進室長は「土を盛らないと、風雨で墳丘の崩壊が進む。あえて違う土を使ったのは、オリジナルの墳丘と区別できるから。いつでも元に戻せる」と力説した。

まず前段である。ここで重要なことは、宮内庁による立ち入り「制限」についての評価である。これを「パーフェクト」だの「真実の姿が未来に伝わる」だのというのであれば、それは宮内庁による管理の無条件の賞賛である。宮内庁による立ち入り「制限」の理由は、すでに述べたように天皇による祭祀の対象であることによるものであるが、イコモスの委員はその理由での立ち入り「制限」を賞賛しているのではない。世界文化遺産としての価値の「未来」への継承のための方策として立ち入り禁止は「パーフェクト」だというのである。それにしてもイコモスの委員は、「百舌鳥・古市古墳群」の世界文化遺産への登録にあたって、宮内庁による陵墓への立ち入り「制限」の実態（それはほとんど禁止に近いものであるが）をよく調べた上でこう言っているのであろうか。

後段に眼を移そう。今度は古墳の「復元」の方法が論点である。もちろん、決して「当初の姿」に「復元」するばかりが「地下に埋もれた遺跡の価値」を分かりやすく見せる方法でもないであろうが、現状では有力な選択肢の一つであることは疑いない。むしろ、古墳の「真実性」を考えればこその「復元」であろうと思われるが、イコモスの委員はそれは違うというのである。現状のままを全く手を加えずそのままに放置するのが、あるいは徐々に崩れていくのであればそれをただ見ているのが何よりの「真実性」とでもいうのであろうか。

ここにおいても、すでにみた①~⑤の考えは決して無効になったのではない。しかしこのような事態が明らかになってみればこそ、物事の基本に立ち返って、改めて考え直してみる必要は充分にありそうに思える。

私はこのことを、自らの問題として考えた。嫌でも気付かざるを得ないのは、この世界遺産という大きなグローバル化の渦の中では、もはやそれを無視しては天皇陵のことすらも満足には語り切れないということである。それに対抗するためには、それでもなおグローバル化とは訣別して自らが選んだ独自の立場を固守しつつ天皇陵の研究を継続するか、あるいは、グローバル化の渦に向かってしっかりと眼を見開いた上で、グローバルでもローカルでもない第三の道を求めつつ、その中で天皇陵研究の新たな方法の構築への道筋を見出そうとするかのいずれかしかないと思うのであるが、いかがであろうか。それとも、その他に方法はあり得るのであろうか。

いずれにしても、天皇陵と世界文化遺産をめぐる動向からは今後も目が離せない。注目し続ける必要も価値も充分にある。

学術文庫版のあとがき

旧著を文庫に収めるためのいくつかの山をようやく越えようとしている段になって、この「学術文庫版のあとがき」に記すべき内容が、ごく自然に浮かんでくるようになった。それは、自分が言ったり書いたりしたことには、自分なりに責任を持たなければならないということである。こんなことはごく当たり前であるが、それではこの度の場合はどうすれば良いのかということを考えていたのである。
それはやはり、この学術文庫版を読んで下さった読者の皆さんのためには、旧著刊行以降の私の研究の方向性等を、この「学術文庫版のあとがき」に記すことにほかならないであろう。

旧著以降、私は研究の焦点を絞り込むことに成功した。かなりはっきりとした方向性に基づいてテーマを定め、そのテーマについてのみ論文を書き続けるようになったのである。旧著の元となる連載の原稿を著していた頃までは、その時々に触れ得た史料を拠り所としつつ、またあるいは依頼されたテーマに合った史料を渉猟《しょうりょう》し、陵墓に関するさまざまな事柄について論文等を書いてきたのである。しかしそれはそれとしつつも、私には天皇陵研究の上で夢中になれるよりはっきりとした具体的なことができたのである。

それでは私は今何に夢中になっているかというと、ひとつには神武天皇陵、そしてもうひとつには長慶天皇陵である。ともに本書でも取り上げたテーマである。

まずは、神武天皇陵についてである。神武天皇陵をめぐっては、私は二つの視点から関心を持っている。

一つ目は、神武天皇陵の普請《ふしん》の具体的な様相についてである。神武天皇陵は、文久三年（一八六三）二月の孝明天皇の勅裁《ちょくさい》によって神武田（ミサンザイ）に治定されたが、その後同地には立派な陵を営むべく大掛かりな普請がなされるに至る。普請そのものは宇都宮戸田藩が行なったが、奈良奉行はそれを管理する立場にあった。その奈良奉行配下の与力中条良蔵による手記（『庁攬』〔奈良県立図書情報館所蔵〕）に夢中なのである。天皇陵の造営の実際をよく窺うことができるまさに稀有の史料である。一字一句を疎かにせず、詳細な注釈を作ることから始めている。

二つ目は、明治初期から中期にかけてあらわれた神武天皇陵に蝟集《いしゅう》した人びとである。私は、その中でも特に奥野陣七《おくのじんしち》に注目している。奥野陣七は、自ら神武天皇陵付近に居を構え、結社（報国社、後に畝傍橿原教会）を主宰した。このような人物は他に何人も確認することができる。奥野陣七らは、自ら諸種の刷物や書籍を刊行し、自らの結社の会員を募り、かつ積極的に各地方を回って神武天皇陵への参拝者を誘引したのである。

それが明治二十三年（一八九〇）四月二日に神武天皇陵に接して橿原神宮が神武天皇・媛《ひめ》蹈鞴《たたらい》五十鈴《すず》媛《ひめ》皇后を祭神として鎮座するようになって、橿原神宮と奥野陣七らはある時には協力し合い、またある時には反目し合うようになる。この経過は、私にはいわば神社神道と教派神道との相克のようにも映り、大変興味深いのである。ただしこのテーマは、旧著（つまり本書）の段階では全く構想されていなかった。

さて次には長慶天皇陵である。これをめぐっては、本書でもかなり詳しく述べたところである。

しかし旧著を著してから後に、私の長慶天皇陵研究に一大画期が訪れた。宮内公文書館において臨時陵墓調査委員会の会議録や関連文書等一連の史料群が公開され、私は手続きを経てこれらを閲覧・複写することができたのである。私はこれらの史料群に接した時、大きな感慨を覚えた。こういうものがこれまできちんと大切に保存されてきたのか、そして、こういうものが遂に公開される世の中になったのか、という感慨である。そして次の瞬間、私はこれから学者としての一生を通じてこの史料群の研究をし続けるのだという、いわば使命感を自覚したのである。

何しろ会議録といっても、議題と決定事項のみを記したいわゆる議事録ではない。各出席者の一言一句を総て記した発言録（あるいは速記録）なのである。これを仔細に検討すれば、長慶天皇陵が「擬陵」との認識のもとに慶寿院址に治定されるに至る経緯や、全国各地の長慶天皇陵伝承地について臨時陵墓調査委員会がどのように考えていたのかについて、会議の出席者ひとりひとりの発言を通じてその一切を事細かに知ることができる。

このような史料群に接することができるなどと、私は夢想だにしたことはなかったのである。私には、この臨時陵墓調査委員会をめぐる史料群の存在自体が、日頃新聞紙面を賑わせている政府の何とも杜撰な公文書管理に対する警鐘のように思われる。この史料群の価値を充分に証明することのできる学者のひとりとして、この史料に拠って執筆した論文を、なるべく多くかつ高い水準で書き上げたいと切に思うものである。

右のような次第で現在私は神武天皇陵と長慶天皇陵に夢中である。そしてその基本的な部分は、すでに本書の範囲において存していたことは、読者の皆さんはよくご承知である。

現在私は、神武天皇陵と長慶天皇陵についての論文を勤め先の大学の紀要にひたすら書き続けている。それらが区切りがつくようになったら、分かりやすく書き直していずれ何らかの形で書籍として刊行したいと思っている。その書籍が本書の読者の皆さんの眼にとまるようなことになれば、私にとってこれに過ぎる喜びはない。

最後になったが、本書が成るにあたっては、講談社学芸部学術図書編集チーム担当部長梶慎一郎氏の労を煩わせた。記して感謝を申し述べたい。また、同志社女子大学現代社会学部教授山田邦和氏には、史料の図版の掲載をご許可下さった御厚意に御礼を申し上げたい。

令和元年八月

外池　昇

歴代天皇陵一覧

代数	天皇	陵　名	所在地　　◆＝陵形　◇＝古墳名
1	神武《じんむ》	畝傍山東北陵《うねびやまのうしとらのすみのみささぎ》	奈良県橿原市大久保町 ◆円丘　◇ミサンザイ古墳
2	綏靖《すいぜい》	桃花鳥田丘上陵《つきだのおかのえのみささぎ》	奈良県橿原市四条町 ◆円丘
3	安寧《あんねい》	畝傍山西南御陰井上陵《うねびやまのひつじさるのみほどのいのえのみささぎ》	奈良県橿原市吉田町 ◆山形
4	懿徳《いとく》	畝傍山南纖沙渓上陵《うねびやまのみなみのまなごのたにのえのみささぎ》	奈良県橿原市西池尻町 ◆山形
5	孝昭《こうしょう》	掖上博多山上陵《わきのかみのはかたのやまのえのみささぎ》	奈良県御所市大字三室 ◆山形
6	孝安《こうあん》	玉手丘上陵《たまてのおかのえのみささぎ》	奈良県御所市大字玉手 ◆円丘
7	孝霊《こうれい》	片丘馬坂陵《かたおかのうまさかのみささぎ》	奈良県北葛城郡王寺町本町３丁目 ◆山形
8	孝元《こうげん》	劒池嶋上陵《つるぎのいけのしまのえのみささぎ》	奈良県橿原市石川町 ◆前方後円　◇中山塚
9	開化《かいか》	春日率川坂上陵《かすがのいざかわのさかのえのみささぎ》	奈良市油阪町 ◆前方後円　◇念仏寺山古墳
10	崇神《すじん》	山辺道勾岡上陵《やまのべのみちのまがりのおかのえのみささぎ》	奈良県天理市柳本町 ◆前方後円　◇行燈山古墳
11	垂仁《すいにん》	菅原伏見東陵《すがわらのふしみのひがしのみささぎ》	奈良市尼辻西町 ◆前方後円　◇宝来山古墳
12	景行《けいこう》	山辺道上陵《やまのべのみちのえのみささぎ》	奈良県天理市渋谷町 ◆前方後円　◇渋谷向山古墳
13	成務《せいむ》	狹城盾列池後陵《さきのたたなみのいけじりのみささぎ》	奈良市山陵町 ◆前方後円　◇佐紀石塚山古墳
14	仲哀《ちゅうあい》	恵我長野西陵《えがのながののにしのみささぎ》	大阪府藤井寺市藤井寺４丁目 ◆前方後円　◇岡ミサンザイ古墳
15	応神《おうじん》	恵我藻伏崗陵《えがのもふしのおかのみささぎ》	大阪府羽曳野市誉田６丁目 ◆前方後円　◇誉田御廟山古墳
16	仁徳《にんとく》	百舌鳥耳原中陵《もずのみみはらのなかのみささぎ》	大阪府堺市堺区大仙町 ◆前方後円　◇大山古墳
17	履中《りちゅう》	百舌鳥耳原南陵《もずのみみはらのみなみのみささぎ》	大阪府堺市西区石津ヶ丘 ◆前方後円　◇上石津ミサンザイ古墳
18	反正《はんぜい》	百舌鳥耳原北陵《もずのみみはらのきたのみささぎ》	大阪府堺市堺区北三国ヶ丘町２丁 ◆前方後円　◇田出井山古墳
19	允恭《いんぎょう》	恵我長野北陵《えがのながののきたのみささぎ》	大阪府藤井寺市国府１丁目 ◆前方後円　◇市野山古墳
20	安康《あんこう》	菅原伏見西陵《すがわらのふしみのにしのみささぎ》	奈良市宝来４丁目 ◆方丘
21	雄略《ゆうりゃく》	丹比高鷲原陵《たじひのたかわしのはらのみささぎ》	大阪府羽曳野市島泉８丁目 ◆円丘　◇高鷲丸山古墳
22	清寧《せいねい》	河内坂門原陵《こうちのさかどのはらのみささぎ》	大阪府羽曳野市西浦６丁目 ◆前方後円　◇白髪山古墳
23	顕宗《けんぞう》	傍丘磐坏丘南陵《かたおかのいわつきのおかのみなみのみささぎ》	奈良県香芝市北今市 ◆前方後円

代数	天皇	陵　名	所在地　◆=陵形　◇=古墳名
24	仁賢《にんけん》	埴生坂本陵《はにゅうのさかもとのみささぎ》	大阪府藤井寺市青山３丁目 ◆前方後円　◇野中ボケ山古墳
25	武烈《ぶれつ》	傍丘磐坏丘北陵《かたおかのいわつきのおかのきたのみささぎ》	奈良県香芝市今泉 ◆山形
26	継体《けいたい》	三嶋藍野陵《みしまのあいののみささぎ》	大阪府茨木市太田３丁目 ◆前方後円　◇太田茶臼山古墳
27	安閑《あんかん》	古市高屋丘陵《ふるちのたかやのおかのみささぎ》	大阪府羽曳野市古市５丁目 ◆前方後円　◇高屋築山古墳
28	宣化《せんか》	身狭桃花鳥坂上陵《むさのつきさかのえのみささぎ》	奈良県橿原市鳥屋町 ◆前方後円　◇鳥屋ミサンザイ古墳
29	欽明《きんめい》	檜隈坂合陵《ひのくまのさかあいのみささぎ》	奈良県高市郡明日香村大字平田 ◆前方後円　◇平田梅山古墳
30	敏達《びだつ》	河内磯長中尾陵《こうちのしながのなかのおのみささぎ》	大阪府南河内郡太子町大字太子 ◆前方後円　◇太子西山古墳
31	用明《ようめい》	河内磯長原陵《こうちのしながのはらのみささぎ》	大阪府南河内郡太子町大字春日 ◆方丘　◇春日向山古墳
32	崇峻《すしゅん》	倉梯岡陵《くらはしのおかのみささぎ》	奈良県桜井市大字倉橋 ◆円丘
33	推古《すいこ》	磯長山田陵《しながのやまだのみささぎ》	大阪府南河内郡太子町大字山田 ◆方丘　◇山田高塚古墳
34	舒明《じょめい》	押坂内陵《おさかのうちのみささぎ》	奈良県桜井市大字忍阪 ◆上円下方　◇段ノ塚古墳
35	皇極《こうぎょく》	（重祚して斉明）	
36	孝徳《こうとく》	大阪磯長陵《おおさかのしながのみささぎ》	大阪府南河内郡太子町大字山田 ◆円丘　◇山田上ノ山古墳
37	斉明《さいめい》	越智崗上陵《おちのおかのえのみささぎ》	奈良県高市郡高取町大字車木 ◆円丘　◇車木ケンノウ古墳
38	天智《てんじ》	山科陵《やましなのみささぎ》	京都市山科区御陵上御廟野町 ◆上円下方　◇御廟野古墳
39	弘文《こうぶん》	長等山前陵《ながらのやまさきのみささぎ》	滋賀県大津市御陵町 ◆円丘　◇園城寺亀丘古墳
40	天武《てんむ》	檜隈大内陵《ひのくまのおおうちのみささぎ》	奈良県高市郡明日香村大字野口 ◆円丘　◇野口王墓古墳
41	持統《じとう》	檜隈大内陵《ひのくまのおおうちのみささぎ》	奈良県高市郡明日香村大字野口 ◆円丘　◇野口王墓古墳
42	文武《もんむ》	檜隈安古岡上陵《ひのくまのあこのおかのえのみささぎ》	奈良県高市郡明日香村大字栗原 ◆山形　◇栗原塚穴古墳
43	元明《げんめい》	奈保山東陵《なほやまのひがしのみささぎ》	奈良市奈良阪町 ◆山形
44	元正《げんしょう》	奈保山西陵《なほやまのにしのみささぎ》	奈良市奈良阪町 ◆山形
45	聖武《しょうむ》	佐保山南陵《さほやまのみなみのみささぎ》	奈良市法蓮町 ◆山形　◇法蓮北畑古墳
46	孝謙《こうけん》	（重祚して称徳）	
47	淳仁《じゅんにん》	淡路陵《あわじのみささぎ》	兵庫県南あわじ市賀集 ◆山形
48	称徳《しょうとく》	高野陵《たかののみささぎ》	奈良市山陵町 ◆前方後円　◇佐紀高塚古墳

代数	天皇	陵　名	所在地　◆＝陵形　◇＝古墳名
49	光仁《こうにん》	田原東陵《たはらのひがしのみささぎ》	奈良市日笠町 ◆円丘　◇田原塚ノ本古墳
50	桓武《かんむ》	柏原陵《かしわばらのみささぎ》	京都市伏見区桃山町永井久太郎 ◆円丘
51	平城《へいぜい》	楊梅陵《やまもものみささぎ》	奈良市佐紀町 ◆円丘　◇市庭古墳
52	嵯峨《さが》	嵯峨山上陵《さがのやまのえのみささぎ》	京都市右京区北嵯峨朝原山町 ◆円丘
53	淳和《じゅんな》	大原野西嶺上陵《おおはらののにしのみねのえのみささぎ》	京都市西京区大原野南春日町 ◆円丘
54	仁明《にんみょう》	深草陵《ふかくさのみささぎ》	京都市伏見区深草東伊達町 ◆方形
55	文徳《もんとく》	田邑陵《たむらのみささぎ》	京都市右京区太秦三尾町 ◆円丘　◇太秦三尾古墳
56	清和《せいわ》	水尾山陵《みずのおやまのみささぎ》	京都市右京区嵯峨水尾清和 ◆円丘
57	陽成《ようぜい》	神楽岡東陵《かぐらがおかのひがしのみささぎ》	京都市左京区浄土寺真如町 ◆八角丘
58	光孝《こうこう》	後田邑陵《のちのたむらのみささぎ》	京都市右京区宇多野馬場町 ◆円丘
59	宇多《うだ》	大内山陵《おおうちやまのみささぎ》	京都市右京区鳴滝宇多野谷 ◆方丘
60	醍醐《だいご》	後山科陵《のちのやましなのみささぎ》	京都市伏見区醍醐古道町 ◆円形
61	朱雀《すざく》	醍醐陵《だいごのみささぎ》	京都市伏見区醍醐御陵東裏町 ◆円丘
62	村上《むらかみ》	村上陵《むらかみのみささぎ》	京都市右京区鳴滝宇多野谷 ◆円丘
63	冷泉《れいぜい》	桜本陵《さくらもとのみささぎ》	京都市左京区鹿ヶ谷法然院町、鹿ヶ谷西寺ノ前町 ◆円丘
64	円融《えんゆう》	後村上陵《のちのむらかみのみささぎ》	京都市右京区宇多野福王子町 ◆円丘
65	花山《かざん》	紙屋川上陵《かみやがわのほとりのみささぎ》	京都市北区衣笠北高橋町 ◆方丘
66	一条《いちじょう》	円融寺北陵《えんゆうじのきたのみささぎ》	京都市右京区龍安寺朱山　龍安寺内 ◆円丘
67	三条《さんじょう》	北山陵《きたやまのみささぎ》	京都市北区衣笠西尊上院町 ◆円丘
68	後一条《ごいちじょう》	菩提樹院陵《ぼだいじゅいんのみささぎ》	京都市左京区吉田神楽岡町 ◆円丘
69	後朱雀《ごすざく》	円乗寺陵《えんじょうじのみささぎ》	京都市右京区龍安寺朱山　龍安寺内 ◆円丘
70	後冷泉《ごれいぜい》	円教寺陵《えんきょうじのみささぎ》	京都市右京区龍安寺朱山　龍安寺内 ◆円丘
71	後三条《ごさんじょう》	円宗寺陵《えんそうじのみささぎ》	京都市右京区龍安寺朱山　龍安寺内 ◆円丘
72	白河《しらかわ》	成菩提院陵《じょうぼだいいんのみささぎ》	京都市伏見区竹田浄菩提院町 ◆方丘
73	堀河《ほりかわ》	後円教寺陵《のちのえんきょうじのみささぎ》	京都市右京区龍安寺朱山　龍安寺内 ◆円丘

代数	天皇	陵　名	所在地　◆＝陵形　◇＝古墳名
74	鳥羽《とば》	安楽寿院陵《あんらくじゅいんのみささぎ》	京都市伏見区竹田浄菩提院町 ◆方形堂
75	崇徳《すとく》	白峯陵《しらみねのみささぎ》	香川県坂出市青海町 ◆方丘
76	近衛《このえ》	安楽寿院南陵《あんらくじゅいんのみなみのみささぎ》	京都市伏見区竹田浄菩提院町 ◆多宝塔
77	後白河《ごしらかわ》	法住寺陵《ほうじゅうじのみささぎ》	京都市東山区三十三間堂廻り町 ◆方形堂
78	二条《にじょう》	香隆寺陵《こうりゅうじのみささぎ》	京都市北区平野八丁柳町 ◆円丘
79	六条《ろくじょう》	清閑寺陵《せいかんじのみささぎ》	京都市東山区清閑寺歌ノ中山町 ◆円丘
80	高倉《たかくら》	後清閑寺陵《のちのせいかんじのみささぎ》	京都市東山区清閑寺歌ノ中山町 ◆方丘
81	安徳《あんとく》	阿弥陀寺陵《あみだじのみささぎ》	山口県下関市阿弥陀寺町 ◆円丘
82	後鳥羽《ごとば》	大原陵《おおはらのみささぎ》	京都市左京区大原勝林院町 ◆十三重塔
83	土御門《つちみかど》	金原陵《かねがはらのみささぎ》	京都府長岡京市金ヶ原金原寺 ◆八角丘
84	順徳《じゅんとく》	大原陵《おおはらのみささぎ》	京都市左京区大原勝林院町 ◆円丘
85	仲恭《ちゅうきょう》	九条陵《くじょうのみささぎ》	京都市伏見区深草本寺山町 ◆円丘
86	後堀河《ごほりかわ》	観音寺陵《かんおんじのみささぎ》	京都市東山区今熊野泉山町　泉涌寺内 ◆円丘
87	四条《しじょう》	月輪陵《つきのわのみささぎ》	京都市東山区今熊野泉山町　泉涌寺内 ◆九重塔
88	後嵯峨《ごさが》	嵯峨南陵《さがのみなみのみささぎ》	京都市右京区嵯峨天龍寺芒ノ馬場町　天龍寺内 ◆方形堂
89	後深草《ごふかくさ》	深草北陵《ふかくさのきたのみささぎ》	京都市伏見区深草坊町 ◆方形堂
90	亀山《かめやま》	亀山陵《かめやまのみささぎ》	京都市右京区嵯峨天龍寺芒ノ馬場町　天龍寺内 ◆方形堂
91	後宇多《ごうだ》	蓮華峯寺陵《れんげぶじのみささぎ》	京都市右京区北嵯峨朝原山町 ◆方形堂、五輪塔
92	伏見《ふしみ》	深草北陵《ふかくさのきたのみささぎ》	京都市伏見区深草坊町 ◆方形堂
93	後伏見《ごふしみ》	深草北陵《ふかくさのきたのみささぎ》	京都市伏見区深草坊町 ◆方形堂
94	後二条《ごにじょう》	北白河陵《きたしらかわのみささぎ》	京都市左京区北白川追分町 ◆円丘
95	花園《はなぞの》	十楽院上陵《じゅうらくいんのうえのみささぎ》	京都市東山区粟田口三条坊町 ◆円丘
96	後醍醐《ごだいご》	塔尾陵《とうのおのみささぎ》	奈良県吉野郡吉野町大字吉野山字塔ノ尾　如意輪寺内 ◆円丘
97	後村上《ごむらかみ》	檜尾陵《ひのおのみささぎ》	大阪府河内長野市寺元　観心寺内 ◆円丘
98	長慶《ちょうけい》	嵯峨東陵《さがのひがしのみささぎ》	京都市右京区嵯峨天龍寺角倉町 ◆円丘

代数	天皇	陵名	所在地　◆＝陵形　◇＝古墳名
99	後亀山《ごかめやま》	嵯峨小倉陵《さがのおぐらのみささぎ》	京都市右京区嵯峨鳥居本小坂町 ◆五輪塔
北朝	光厳《こうごん》	山国陵《やまくにのみささぎ》	京都市右京区京北井戸町丸山　常照皇寺内 ◆円丘
北朝	光明《こうみょう》	大光明寺陵《だいこうみょうじのみささぎ》	京都市伏見区桃山町泰長老 ◆円丘
北朝	崇光《すこう》	大光明寺陵《だいこうみょうじのみささぎ》	京都市伏見区桃山町泰長老 ◆円丘
北朝	後光厳《ごこうごん》	深草北陵《ふかくさのきたのみささぎ》	京都市伏見区深草坊町 ◆方形堂
北朝	後円融《ごえんゆう》	深草北陵《ふかくさのきたのみささぎ》	京都市伏見区深草坊町 ◆方形堂
100	後小松《ごこまつ》	深草北陵《ふかくさのきたのみささぎ》	京都市伏見区深草坊町 ◆方形堂
101	称光《しょうこう》	深草北陵《ふかくさのきたのみささぎ》	京都市伏見区深草坊町 ◆方形堂
102	後花園《ごはなぞの》	後山国陵《のちのやまくにのみささぎ》	京都市右京区京北井戸町丸山　常照皇寺内 ◆宝篋印塔
103	後土御門《ごつちみかど》	深草北陵《ふかくさのきたのみささぎ》	京都市伏見区深草坊町 ◆方形堂
104	後柏原《ごかしわばら》	深草北陵《ふかくさのきたのみささぎ》	京都市伏見区深草坊町 ◆方形堂
105	後奈良《ごなら》	深草北陵《ふかくさのきたのみささぎ》	京都市伏見区深草坊町 ◆方形堂
106	正親町《おおぎまち》	深草北陵《ふかくさのきたのみささぎ》	京都市伏見区深草坊町 ◆方形堂
107	後陽成《ごようぜい》	深草北陵《ふかくさのきたのみささぎ》	京都市伏見区深草坊町 ◆方形堂
108	後水尾《ごみずのお》	月輪陵《つきのわのみささぎ》	京都市東山区今熊野泉山町　泉涌寺内 ◆九重塔
109	明正《めいしょう》	月輪陵《つきのわのみささぎ》	京都市東山区今熊野泉山町　泉涌寺内 ◆九重塔
110	後光明《ごこうみょう》	月輪陵《つきのわのみささぎ》	京都市東山区今熊野泉山町　泉涌寺内 ◆九重塔
111	後西《ごさい》	月輪陵《つきのわのみささぎ》	京都市東山区今熊野泉山町　泉涌寺内 ◆九重塔
112	霊元《れいげん》	月輪陵《つきのわのみささぎ》	京都市東山区今熊野泉山町　泉涌寺内 ◆九重塔
113	東山《ひがしやま》	月輪陵《つきのわのみささぎ》	京都市東山区今熊野泉山町　泉涌寺内 ◆九重塔
114	中御門《なかみかど》	月輪陵《つきのわのみささぎ》	京都市東山区今熊野泉山町　泉涌寺内 ◆九重塔
115	桜町《さくらまち》	月輪陵《つきのわのみささぎ》	京都市東山区今熊野泉山町　泉涌寺内 ◆九重塔
116	桃園《ももぞの》	月輪陵《つきのわのみささぎ》	京都市東山区今熊野泉山町　泉涌寺内 ◆九重塔
117	後桜町《ごさくらまち》	月輪陵《つきのわのみささぎ》	京都市東山区今熊野泉山町　泉涌寺内 ◆九重塔
118	後桃園《ごももぞの》	月輪陵《つきのわのみささぎ》	京都市東山区今熊野泉山町　泉涌寺内 ◆九重塔

代数	天皇	陵　名	所在地　　◆＝陵形　◇＝古墳名
119	光格《こうかく》	後月輪陵《のちのつきのわのみささぎ》	京都市東山区今熊野泉山町　泉涌寺内 ◆九重塔
120	仁孝《にんこう》	後月輪陵《のちのつきのわのみささぎ》	京都市東山区今熊野泉山町　泉涌寺内 ◆九重塔
121	孝明《こうめい》	後月輪東山陵《のちのつきのわのひがしのみささぎ》	京都市東山区今熊野泉山町　泉涌寺内 ◆円丘
122	明治《めいじ》	伏見桃山陵《ふしみのももやまのみささぎ》	京都市伏見区桃山町古城山 ◆上円下方
123	大正《たいしょう》	多摩陵《たまのみささぎ》	東京都八王子市長房町　武蔵陵墓地 ◆上円下方
124	昭和《しょうわ》	武蔵野陵《むさしののみささぎ》	東京都八王子市長房町　武蔵陵墓地 ◆上円下方

注）代数・陵名・所在地・陵形は、『陵墓要覧』（平成24年３月、宮内庁書陵部）による。

本書は、二〇〇七年、新人物往来社より刊行された『天皇陵論——聖域か文化財か』を改題し、加筆して文庫化したものです。

外池 昇（といけ　のぼる）

1957年，東京都生まれ。成城大学大学院文学研究科日本常民文化専攻博士（後期）課程単位取得修了。調布学園女子短期大学日本語日本文化学科専任講師等を経て，現在，成城大学文芸学部教授。博士（文学，成城大学）。著書に『幕末・明治期の陵墓』『天皇陵の近代史』『事典陵墓参考地』『天皇陵の誕生』『検証　天皇陵』ほか。

講談社学術文庫

定価はカバーに表示してあります。

天皇陵《てんのうりょう》　「聖域《せいいき》」の歴《れき》史《し》学《がく》

外《と》池《いけ》 昇《のぼる》

2019年10月10日　第１刷発行

発行者　渡瀬昌彦
発行所　株式会社講談社
東京都文京区音羽 2-12-21 〒112-8001
電話　編集（03）5395-3512
販売（03）5395-4415
業務（03）5395-3615
装　幀　蟹江征治
印　刷　豊国印刷株式会社
製　本　株式会社国宝社
本文データ制作　講談社デジタル製作

ISBN978-4-06-517393-0

「講談社学術文庫」の刊行に当たって

これは、学術をポケットに入れることをモットーとして生まれた文庫である。学術は少年の心を養い、成年の心を満たす。その学術がポケットにはいる形で、万人のものになることは、生涯教育をうたう現代の理想である。

こうした考え方は、学術を巨大な城のように見る世間の常識に反するかもしれない。また、一部の人たちからは、学術の権威をおとすものと非難されるかもしれない。しかし、それはいずれも学術の新しい在り方を解しないものといわざるをえない。

学術は、まず魔術への挑戦から始まった。やがて、いわゆる常識をつぎつぎに改めていった。学術の権威は、幾百年、幾千年にわたる、苦しい戦いの成果である。こうしてきずきあげられた城が、一見して近づきがたいものにうつるのは、そのためである。しかし、学術の権威を、その形の上だけで判断してはならない。その生成のあとをかえりみれば、その根は常に人々の生活の中にあった。学術が大きな力たりうるのはそのためであって、生活をはなれた学術は、どこにもない。

開かれた社会といわれる現代にとって、これはまったく自明である。生活と学術との間に、もし距離があるとすれば、何をおいてもこれを埋めねばならない。もしこの距離が形の上の迷信からきているとすれば、その迷信をうち破らねばならぬ。

学術文庫は、内外の迷信を打破し、学術のために新しい天地をひらく意図をもって生まれた。文庫という小さい形と、学術という壮大な城とが、完全に両立するためには、なおいくらかの時を必要とするであろう。しかし、学術をポケットにした社会が、人間の生活にとってより豊かな社会であることは、たしかである。そうした社会の実現のために、文庫の世界に新しいジャンルを加えることができれば幸いである。

一九七六年六月

野間省一